博学而笃志,切问而近思。
（《论语·子张》）

博晓古今,可立一家之说;
学贯中西,或成经国之才。

复旦博学·复旦博学·复旦博学·复旦博学·复旦博学·复旦博学

主编简介

姚林香，女，1965年1月生，博士，教授，博士生导师。现任职于江西财经大学财税与公共管理学院，为江西省新世纪百千万人才工程人选、江西省高校中青年学科带头人、江西省高校教学名师。兼任中国税收筹划研究会副会长、中国税收教育研究会理事、江西省税务学会理事。长期致力于财税理论与政策的研究，在《财政研究》《税务研究》《改革》《当代财经》等刊物上发表论文60余篇；主持国家自然科学基金项目1项，主持省部级项目18项，副主持、参加国家及省部级项目10多项；出版专著2部，主编教材9部，副主编、参编教材10余部。多项科研成果获省部级奖项。

席卫群，女，1970年4月生，博士，教授，博士生导师。现为江西财经大学财税研究中心副主任，江西省税务学会理事，工业和信息化部工业文化发展中心的咨询专家，江西省情研究特约研究员，以及江西省哲学社会科学重点研究基地、CTTI来源智库江西省情研究中心研究员。先后作为第一负责人主持国家社科基金项目2项、省部级课题10余项，作为第二负责人主持多项国家社科基金重点项目、国家自然科学基金项目、世界银行委托项目。出版专著7部，主编教材4部；在CSSCI等专业刊物上发表论文百余篇，多篇研究报告获得江西省主要省领导批示。

博学·财政学系列

PUBLIC FINANCE SERIES

（第三版）

税收筹划教程

主　编　姚林香　席卫群
副主编　万　莹　伍　红

复旦大学出版社

内容提要

本书紧密结合我国社会主义市场经济改革与发展实际，吸收近年来税收筹划研究的最新成果，全面阐述了税收筹划的理论和实务，内容新颖，体例独特，案例丰富，实用性强。

全书共分八章：税收筹划的基本理论；税收筹划的方法和流程；流转税的税收筹划；所得税的税收筹划；其他税种的税收筹划；企业生命周期的税收筹划；跨国税收筹划；税收筹划综合案例。

PREFACE 前 言

　　税收筹划是指纳税人通过对其涉税事项的预先安排,以非违法性为基本特点,以减轻或免除税收负担、延期缴纳税款为主要目标的理财活动。税收筹划在我国改革开放初期还鲜为人知,但随着改革开放的不断深入和市场经济的进一步发展,特别是随着中国加入WTO,开始参与全球化的经济运行,税收筹划逐渐为人们所认识、了解并加以实践。在我国税收法制日臻完善的情况下,税收筹划已成为企业的必然选择,是建立现代企业制度的必然要求。我们相信,随着依法治税的理念和依法纳税的观念不断加强,税收筹划作为中国税收法制完善的助推器,会迎来一个新的发展高潮。

　　本书第一版、第二版自2010年6月、2016年3月由复旦大学出版社出版发行以来,受到了读者的一致好评,取得了良好的社会反响,2012年获第五届江西省普通高校优秀教材二等奖。本书在第二版的基础上删除了营业税的税收筹划,重点更新了增值税和个人所得税的税收筹划,并根据最新的税收政策和会计政策对其他章节进行了调整、补充和完善,对练习题也做了部分修改。全书紧密结合我国社会主义市场经济改革与发展实际,吸收近年来税收筹划研究的最新成果,全面阐述了税收筹划的理论和实务,内容新颖、体例独特、案例丰富、实用性强。具体来说,本书有三大特点。第一,内容全面系统。既介绍了税收筹划的基本理论、方法及流程,又介绍了现行税种的税收筹划、企业生命周期的税收筹划以及跨国税收筹划,使读者能够完整地掌握税收筹划的整体思路。第二,案例丰富。全书各个部分都穿插了案例,既有涉及各税种及企业生命周期各环节的个案,又有涉及多方面内容的综合案例,使读者能够较快地掌握税收筹划的内容和方法,并将之运用到实践中。第三,体例安排上有所创新。本书每章开篇首先概述本章内容,正文中穿插案例,最后附每章小结和练习题,使读者能够准确把握每章的知识要点,并通过练习加以巩固。

本书适应税收筹划教学的需要,可作为高等院校的教材使用,同时可作为财税部门、企业、各类经济实体的培训教材,以及财税干部、财务人员的自学用书。

本书由姚林香、席卫群任主编,万莹、伍红任副主编。全书共八章,具体分工如下:本书大纲的设计与撰写由姚林香负责;第一章由邱慈孙、夏飞飞撰写;第二章由伍云峰撰写;第三章的第一节、第二节由姚林香撰写,第三节由万莹撰写;第四章由席卫群撰写;第五章由万莹撰写;第六章由邱慈孙撰写;第七章由伍红撰写;第八章由席卫群撰写。最后,全书由姚林香统筹并定稿。

在本书的写作过程中,作者参阅了大量文献资料,虽竭尽所能,但由于水平有限,书中错误和遗漏恳请读者批评指正。

最后,感谢复旦大学出版社责任编辑方毅超、李荃所做的辛勤工作。

作　者

2019年6月

CONTENTS 目 录

前言 / 001

第一章 税收筹划的基本理论 / 001

第一节 税收筹划的产生与发展 / 001
第二节 税收筹划的概念与分类 / 002
第三节 税收筹划的动因与目标 / 006
第四节 税收筹划的原则与特点 / 008
第五节 税收筹划的作用与意义 / 011
本章小结 / 012
练习题 / 013

第二章 税收筹划的方法和流程 / 014

第一节 税收筹划的方法 / 014
第二节 税收筹划的流程 / 026
本章小结 / 031
练习题 / 031

第三章 流转税的税收筹划　　　/ 032

第一节　增值税的税收筹划　　　/ 032
第二节　消费税的税收筹划　　　/ 047
第三节　关税的税收筹划　　　/ 053
本章小结　　　/ 064
练习题　　　/ 064

第四章 所得税的税收筹划　　　/ 066

第一节　企业所得税的税收筹划　　　/ 066
第二节　个人所得税的税收筹划　　　/ 085
本章小结　　　/ 098
练习题　　　/ 098

第五章 其他税种的税收筹划　　　/ 100

第一节　土地增值税的税收筹划　　　/ 100
第二节　房产税的税收筹划　　　/ 107
第三节　印花税的税收筹划　　　/ 112
第四节　契税的税收筹划　　　/ 116
第五节　资源税的税收筹划　　　/ 121
第六节　城镇土地使用税的税收筹划　　　/ 124
第七节　耕地占用税的税收筹划　　　/ 126
第八节　车船税的税收筹划　　　/ 128
本章小结　　　/ 130
练习题　　　/ 130

第六章　企业生命周期的税收筹划　　/ 132

第一节　企业设立的税收筹划　　/ 132
第二节　企业筹资的税收筹划　　/ 135
第三节　企业投资的税收筹划　　/ 144
第四节　企业经营的税收筹划　　/ 149
第五节　企业重组与破产清算的税收筹划　　/ 154
本章小结　　/ 161
练习题　　/ 162

第七章　跨国税收筹划　　/ 163

第一节　跨国公司税收筹划概述　　/ 163
第二节　跨国公司课税主体的税收筹划　　/ 165
第三节　跨国公司课税客体的税收筹划　　/ 168
第四节　跨国公司利用国际避税地的税收筹划　　/ 171
第五节　跨国公司利用转让定价的税收筹划　　/ 175
第六节　跨国个人的税收筹划　　/ 178
本章小结　　/ 182
练习题　　/ 182

第八章　税收筹划综合案例　　/ 183

第一节　企业合并的税收筹划　　/ 183
第二节　不妨将"买十送二"改为"加量不加价"　　/ 185
第三节　电力施工企业筹划方案如何"四选一"　　/ 187
第四节　商场促销"满就送",何种方案税负轻　　/ 190
第五节　充分利用所得税减免优惠　　/ 192

第六节　土地转让三种方式税负比较　　　／193

第七节　委托加工的税收筹划　　　／195

第八节　房地产销售筹划：比税负，更要比收益　　　／197

第九节　租赁还是销售需算细账　　　／199

第十节　吸引人才，如何提供住房　　　／200

第十一节　捐赠筹划　　　／202

本章小结　　　／203

练习题　　　／203

参考文献　　　／205

第一章

税收筹划的基本理论

税收筹划是一门实践性很强的学科。本章介绍税收筹划的基本理论,帮助读者对税收筹划的概念、目标、原则、特点、作用等进行总体把握,从而为分税种进行税收筹划以及分不同财务活动进行税收筹划打好基础。

第一节 税收筹划的产生与发展

税收筹划行为与税收分配活动紧密相连,它伴随着税收的产生而产生。国家强制、无偿地向纳税人征税,从而导致纳税人经济利益的直接减少。可以说,只要存在税收,纳税人就会有减轻或免除税收负担的动机,具体表现为违法的偷逃税和非违法的税收筹划。

有学者认为,我国税收筹划可以追溯到古代奴隶社会。在井田制下,私田无须缴纳赋税,于是奴隶主强迫奴隶开垦井田以外的荒地形成私田,是我国古代纳税人进行税收筹划的范例;春秋时期,公元前594年,鲁国实行初税亩,规定无论公田还是私田一律履亩征税,则可以看作反避税的成功典范[1]。我国唐代诗人杜荀鹤在《山中寡妇》中"任是深山更深处,也应无计避征徭"的诗句,虽然反映的是封建社会苛捐杂税的繁重,但也从另一侧面反映了我国古代纳税人的避税动机与税收筹划的客观存在。

在西方,英国于1696年开征窗户税,当时也曾经有过典型的税收筹划。当时的法令规定,凡房屋有10个以下窗户者,课税2先令;有窗10个至20个者,课税6先令;有窗20个以上者,课税10先令。纳税人为逃避纳税,有的将"明窗"改作"暗窗",有的在房屋上少设或不设窗户[2]。

但是,将税收筹划作为一种经济现象进行研究,明确税收筹划是纳税人一项权利的观点,则应上溯到20世纪30年代英国的一则判例。1935年,英国上议院在审理"税务局长诉温森特大公"一案时,议员汤姆林爵士提出了税收筹划的观点。他指出:"任何一个人都有权安排自己的事业,如果依据法律这样做可以少缴税。为了保证从这些安排中得到利益,……

---

[1] 倪俊喜.税收筹划学.天津:天津大学出版社,2007.
[2] 石坚,袁毅,郭蕴芳,等.财产税万花筒.北京:人民出版社,1992.

不能强迫他多缴税。"[1]此后,英国、澳大利亚、美国的税收判例经常援引这一判例的原则精神。1947年,美国法官汉德在一个美国税务案件中有如下一段话,后来成为美国税收筹划法律的依据:"法院一直认为,人们安排自己的活动以达到低税负目的,是不可指责的。每个人都可以这样做,不论他是富人,还是穷人。而且,这样做是完全正当的,因为他无须超过法律的规定来承担国家税收。税收是强制课征,而不是自愿捐献,以道德的名义来要求税收,纯粹是奢谈。"[2]

一般认为,税收筹划和对税收筹划的研究是从20世纪50年代末才真正开始的。成立于1959年的欧洲税务联合会明确提出,税务专家以税务咨询为中心开展税务服务,是一种独立于代理业务的新业务,这种业务的主要内容就是税收筹划。目前,在欧美等发达国家,税收筹划已经进入了一个比较成熟的阶段。

税收筹划在20世纪90年代初期被介绍到我国后,得到了很快的发展[3]。1994年,税务专家唐腾翔出版了我国第一部税收筹划专著——《税收筹划》;1996年,《注册税务师资格暂行规定》颁发,规定了注册税务师的代理范围,为税收筹划发展提供了可能;1999年,《中国税务报》开始推出《纳税筹划》周刊,向社会宣传介绍税收筹划业务;2001年,《税收征管法》明确规定了纳税人的权利,纳税人保护自身合法利益的税收维权意识明显增强,税收筹划逐渐成为企业不可或缺的重要理财活动。自此,各种税收筹划书籍相继问世并在书店热销,财经类高校开始设立税收筹划的本科专业,税收筹划课程成为高校财税专业与财会专业的热门课程。目前,税收筹划在我国从理论到实践都处于方兴未艾的阶段。可以预见,随着我国对外开放力度的进一步加大和"一带一路"战略的实施,国际税收筹划将明显增多,而随着税收政策法规的不断完善以及反避税力度的加大,人们对税收筹划的技术要求会越来越高,社会中介机构在税收筹划领域将发挥越来越重要的作用。

第二节 税收筹划的概念与分类

一、税收筹划的概念

(一) 税收筹划的定义

税收筹划又称税务筹划、纳税筹划,是根据英文tax planning一词意译而来的。国外专家学者对税收筹划有过下列界定[4]。

荷兰国际财政文献局在《国际税收词汇》中将税收筹划表述为:"税收筹划是使私人的经营及私人事务缴纳尽可能少的税收的安排。"

---

[1] Arthur Young. Taxation in Hong Kong. London: Longman, 1989: 447.
[2] 盖地.企业税务筹划理论与实务.2版.大连:东北财经大学出版社,2008.
[3] 倪俊喜.税收筹划学.天津:天津大学出版社,2007.
[4] 盖地.企业税务筹划理论与实务.2版.大连:东北财经大学出版社,2008.

印度税务专家 N.G.雅萨斯威在《个人投资和税收筹划》中将税收筹划界定为："税收筹划是纳税人通过财务活动的安排，充分利用税收法规所提供的包括减免税在内的一切优惠，从而获得最大的税收利益。"

美国南加州大学 W.B.梅格斯、R.F.梅格斯合著的《会计学》指出："人们合理而又合法地安排自己的经营活动，以缴纳尽可能低的税收。他们使用的方法可被称为税务筹划"；"在纳税发生之前，系统地对企业经营或投资行为做出事先安排，以达到尽量地少缴所得税的目的，这个过程就是税务筹划。"

税收筹划传入我国后，专家学者出版的大量税收筹划教材、专著都对税收筹划或税务筹划、纳税筹划进行了界定。有代表性的观点如下。

唐腾翔将税收筹划限定于节税，认为"税收筹划指的是在法律规定许可的范围内，通过对经营、投资、理财活动的事先筹划和安排，尽可能地取得节税的税收利益"[①]。

盖地主张对纳税人的纳税筹划使用"税务筹划"的概念，并将税务筹划范围界定为节税、避税和税负转嫁。他对税务筹划给出如下定义："税务筹划是纳税人依据所涉及的税境，在遵守税法、尊重税法的前提下，规避涉税风险、控制或减轻税负、有利于实现企业财务目标的谋划、对策与安排。狭义的税务筹划仅指节税，广义的税务筹划既包括节税，又包括避税，还包括税负转嫁。"[②]

张中秀采用"纳税筹划"这一概念，并将税收筹划的范围进一步拓宽，认为"纳税筹划应包括一切采用合法和非违法手段进行的纳税方面的策划和有利于纳税人的财务安排，主要包括节税筹划、避税筹划、转退税筹划和实现涉税零风险"[③]。

倪俊喜认为，税收筹划包括征税筹划和纳税筹划，是对税收立法、税收执法、税收司法进行筹划，达到国家税收预期目的，通过对融资、投资、生产、销售、分配、消费进行事前计划和安排，实现纳税人税收负担最小化的理财活动[④]。

综观中外学者对税收筹划给出的定义，其内涵相近、外延有别。一般而言，税收筹划的概念包括三层含义。其一，税收筹划的主体是纳税人。绝大多数专家学者认为税收筹划是以纳税人为筹划主体的理财活动，而不将征税部门作为税收筹划主体，不主张将税务部门完善税收制度、加强税收征管界定为税收筹划。其二，税收筹划是以非违法为原则开展的涉税理财活动。尽管有一些学者将税收筹划狭义地界定为合法的节税，但各类税收筹划的教材、专著所阐述的税收筹划内容普遍包括非违法的避税筹划，而非完全限于合法的节税筹划。另外，尽管出于税收筹划概念的完整性考虑，一些教材采用广义的税收筹划概念，将税收筹划的外延从节税、避税拓展到税负转嫁、涉税零风险，但绝大多数教材介绍税收筹划的方式方法时，仍然只介绍节税和避税方法，在某种程度上可以说并不真正把税负转嫁和涉税零风险作为税收筹划的内容。换言之，税负转嫁和涉税零风险只是在税收筹划理论研究中有其名，在具体筹划操作中则少有其实。其三，税收筹划具有明确的筹划目标。税收筹划的主要目标是减轻或免除税收负担、延期缴纳税款，以及规避涉税风险。

[①] 黄凤羽.税收筹划策略、方法与案例.大连：东北财经大学出版社，2007.
[②] 盖地.企业税务筹划理论与实务.2 版.大连：东北财经大学出版社，2008.
[③] 张中秀.纳税筹划宝典.北京：机械工业出版社，2001.
[④] 倪俊喜.税收筹划学.天津：天津大学出版社，2007.

综上所述,我们认为,税收筹划是指纳税人通过对其涉税事项的预先安排,以非违法性为基本特点,以减轻或免除税收负担、延期缴纳税款为主要目标的理财活动。狭义的税收筹划是指合法的节税和非违法的避税,广义的税收筹划还包括税负转嫁和涉税零风险。

(二) 税收筹划的内容

1. 节税

节税是指纳税人在税法规定的范围内,当存在多种税收政策、计税方法可供选择时,以税负最低为目的,对企业经营、投资、筹资等经济活动进行的涉税选择行为。节税完全合法,具有顺法性特征,符合税收立法意图。常见的节税方式主要有二:一是利用税收的照顾性政策、鼓励性政策,最大限度地享用税收优惠条款,从而达到减少纳税的目的;二是在税法允许的范围内,通过选择不同的会计方法、会计政策,做出有利于纳税人的涉税决策,合法地减轻税收负担或者延期缴纳税款。

2. 避税

避税是指纳税人在熟知相关税收法规的基础上,在不直接触犯税法的前提下,利用税法等有关法律的差异、疏漏、模糊之处,通过对经营活动、筹资活动、投资活动等涉税事项的精心安排,达到规避或减轻税负的目的的行为。避税可分为利用选择性条款避税、利用伸缩性条款避税、利用不明晰条款避税和利用矛盾性条款避税。避税不是纳税人对法定义务的抵制和对抗,而是根据"法无明文规定者不为罪"的原则进行选择和决策,通常是利用税法本身的纰漏和缺陷,采取非违法的手段来达到规避纳税或少纳税款的目的,具有非违法性特征。

3. 税负转嫁

税负转嫁是指纳税人为达到减轻税负的目的,通过价格的调整和变动,将税负转嫁给他人承担的经济行为。税负转嫁包括前转、后转、混转、税收资本化等形式。前转,又称顺转,是指纳税人将其所缴纳的税款通过提高售价的办法,转移给购买者或最终消费者负担。后转,又称逆转,是指纳税人将其所缴纳的税款通过降低购买价格的办法,转移给商品与生产要素的提供者负担。混转,也称散转,是指纳税人通过提高货物销售价格将一部分税负前转,与此同时,通过压低采购成本将一部分税负后转。税收资本化,即税收还原,是指土地等生产要素购买者将购买生产要素未来要缴纳的税款从购进价格中预先扣除,以压低购买价格的方法,将其向后转嫁给出售者。之所以将税负转嫁看作一种税收筹划,是因为通过提价销售或压价购进行税负转嫁的决策与减轻或免除实际税收负担直接相关。但是,购销定价考虑税收因素是市场经济体制的一种常态,无论征税与否、征税税率高低,价格主要取决于供求均衡状况,并不是税负转嫁者一方所能决定的,而且,就涉税事项而言,税负转嫁并不改变纳税人本身的纳税义务。因此,将税负转嫁看作税收筹划或多或少有些勉强。

4. 涉税零风险

涉税零风险是指纳税人在缴纳税款的过程中,正确进行税收操作,做到会计账目清楚、成本核算准确、纳税申报正确、税款缴纳及时,以避免税务行政处罚,即"在税收方面没有任何风险,或风险很小可以忽略不计的一种状态"①。相对于通过合法利用税收法规直接减轻

---

① 张中秀.纳税筹划宝典.北京:机械工业出版社,2001.

税负的积极性节税而言,涉税零风险的实质是一种消极性节税的方式,即纳税人尽量减少疏忽或错误,以避免因行为不符合税法的规定而遭受处罚或缴纳本可不必缴纳的税款。涉税零风险的意义在于避免不必要的经济损失,避免不必要的名誉损失,减轻纳税人担心受罚的精神成本。尽管实践中纳税人由于不熟悉税收法规而多缴税款或由于非故意的漏税而遭受税务处罚的现象屡见不鲜,但是,严格来说,会计核算准确、及时足额申报缴税是纳税人正确办税的基本要求,是否将正确办税当作一种税收筹划还有待商榷。

二、税收筹划的分类

税收筹划按照不同的分类标准,可以有八种分类方法。

(一)企业税收筹划与个人税收筹划

按税收筹划的主体分类,税收筹划可分为企业税收筹划与个人税收筹划。企业税收筹划是指通过对企业的投资、筹资、经营及其他涉税经济业务的合理安排而进行的税收筹划。个人税收筹划是指通过对个人涉税经济业务的合理安排而进行的税收筹划。

(二)国内税收筹划与国际税收筹划

按税收筹划是否跨越国境分类,税收筹划可分为国内税收筹划与国际税收筹划。国内税收筹划是指对纳税人在本国境内相关涉税经济业务而开展的税收筹划。国际税收筹划是指对纳税人跨国投资、经营或其他跨国经济活动而开展的税收筹划。

(三)一般税收筹划与特别税收筹划

按税收筹划是否针对特别税务事件分类,税收筹划可分为一般税收筹划与特别税收筹划。一般税收筹划是指就纳税人在一般情况下的投资、筹资、经营及其他涉税经济业务开展的税收筹划。特别税收筹划是指仅针对企业合并、收购、分立、清算等企业的特别税务事件或个人财产捐赠、个人财产遗赠等个人的特别税务事件而进行的税收筹划。

(四)绝对收益税收筹划与相对收益税收筹划

按税收筹划的筹划效果分类,税收筹划可分为绝对收益税收筹划与相对收益税收筹划。绝对收益税收筹划是指以纳税人纳税总额绝对减少为筹划目标的税收筹划。相对收益税收筹划是指通过税收筹划,纳税人一定时期内的纳税总额并没有减少,但其纳税义务递延到以后的纳税期实现,因而取得了递延纳税额的货币时间价值,获得相对的税收筹划收益。

(五)技术派税收筹划与实用派税收筹划

按税收筹划采用的技术方法分类,税收筹划可分为技术派税收筹划和实用派税收筹划。技术派税收筹划是指技术含量比较高的税收筹划,往往广泛地采用财务分析技术,包括复杂的现代财务原理和技术来对纳税人涉税经济业务进行税收筹划。实用派税收筹划是指采用简单、直观、实用的方法进行的税收筹划。

（六）政策派税收筹划与漏洞派税收筹划

按税收筹划采用的减轻纳税人税负的手段分类，税收筹划可分为政策派税收筹划与漏洞派税收筹划。政策派税收筹划主要通过用足用好现行税收优惠政策或者税法认可的会计政策进行合法的节税。漏洞派税收筹划则主要通过利用现行税收政策法规的纰漏与缺陷进行非违法的避税。

（七）短期税收筹划与长期税收筹划

按税收筹划期限长短分类，税收筹划可分为短期税收筹划和长期税收筹划。短期税收筹划往往是预期当年见效的税收筹划。长期税收筹划则是着眼于长期税收利益而开展的税收筹划，如一些企业大型购并方案的筹划就往往需要考虑以后若干年的税收负担问题。

（八）内部税收筹划与外部税收筹划

按税收筹划是由纳税人内部人员承担还是由外部人员承担分类，税收筹划可分为内部税收筹划与外部税收筹划。内部税收筹划是指企业财会人员自身开展的税收筹划。外部税收筹划则是借助会计师事务所、税务师事务所等社会中介机构而开展的税收筹划。税收筹划是一项专业性很强的业务，对于一些企业规模大、经济业务复杂、涉及重大涉税经济利益的业务，委托税收筹划经验丰富的专业中介机构进行税收筹划会获得较好的筹划效果。

第三节　税收筹划的动因与目标

一、税收筹划的动因

（一）税收筹划的内部动机

纳税人之所以有税收筹划的动机，归根结底是由于企业经济利益的驱动。市场经济是竞争经济，企业以利润最大化为经营目标，企业盈亏直接关系到企业的兴衰存亡。在市场经济体制下，国家与纳税人的经济利益关系主要体现为税收的征缴，税收负担高低直接影响企业税后的利润水平或个人可支配收入的多少，减轻或免除税收负担、降低税收成本，是纳税人追求利润最大化的重要途径。随着税收管理法治化、信息化、精细化水平的提高，税收征管力度日益加大，纳税人过去通过寻租方式获取税款核定和税收减免方面的利益以及通过违法偷逃税来达到减轻税收负担的途径已越来越不可行，这就迫使纳税人转而通过合法及非违法的税收筹划来减轻税收负担，增强竞争优势。

（二）税收筹划的外部原因

纳税人进行税收筹划，还需要外部许可的客观条件，即税收政策法规本身存在着可以用来进行税收筹划的空间。具体来说,这些客观条件主要表现为五个方面。

1. 税收政策的导向性

国家出于优化产业结构、行业结构、产品结构、区域结构的考虑,一般都会制定相关的产业、行业、区域发展规划,也往往会制定相应的税收优惠政策以引导市场资源配置的合理流动。用足用好税收优惠政策,既符合国家的政策导向,又能给企业带来减轻或免除税收负担的税收利益,这为纳税人减轻税收负担提供了筹划空间。

2. 纳税义务履行的滞后性

先有涉税业务,后有纳税义务,纳税义务是涉税经济业务发生之后才产生的。如增值税、消费税等都是在交易发生、取得营业收入后才需要缴纳,而企业营业收入按照税法规定扣除各项税前扣除项目金额后的应纳税所得额才需要缴纳企业所得税。这就使纳税人在纳税义务尚未发生之前通过安排、设计、规划进行税收筹划来达到减轻或免除税收负担的目的成为可能。

3. 税收制度的不完善

由于税收制度制定者的疏漏或企业经济业务的复杂性,税收政策法规难以做到尽善尽美,往往会存在一些纰漏或缺陷,如税收法规不配套甚至相互矛盾,税收政策模糊、笼统等,都为企业避税提供了空间。尽管企业避税的做法可能与国家税收立法的意图相背离,但企业出于减轻自身税收负担的需要而进行非违法行为无可厚非。在国家健全、完善相关税收法规之前,利用税法的空白和缺陷来减轻纳税人的税收负担是税收筹划的重要内容。

4. 税收法律的弹性

除税制本身的缺陷外,税收法规的弹性往往也会为纳税人进行税收筹划提供有利条件。

(1) 纳税人界定的可变通性。如企业所得税纳税人与个人所得税纳税人的界定,增值税一般纳税人与小规模纳税人的界定,都具有可变通性,可通过税收筹划来选择按税收负担较低的纳税人身份纳税。

(2) 课税对象金额的可调整性。如企业所得税以所得额为计税依据,土地增值税以增值额为计税依据,而所得额、增值额的计算都涉及扣除项目金额计算问题,纳税人出于减轻税收负担或推迟纳税时间的考虑,完全可以通过有意识地调整扣除项目的列支时间来进行税收筹划。

(3) 税率上的差别性。税率是衡量税收负担轻重的重要标志,不同的税种适用的税率不同,同一税种不同的税目适用的税率也不尽相同,如超额累进税率、超率累进税率,由于不同档次的边际税率不同,计税依据的增量部分税负较重,这为纳税人在税率适用方面避重就轻创造了条件。

5. 税收的国际化

随着经济全球化的趋势增强,跨国投资经营项目日益增多。在跨国经营中,企业虽然面临国际双重征税的风险,但同样也具有在更广阔的空间内、利用更为多样的方法进行税务筹划的可能性。各国税收制度差别较大,不同国家给予跨国投资者的优惠程度各异,双边或多边税收协定的内容也不尽相同,这些都是国际税收筹划成为可能的直接原因。

二、税收筹划的目标

与税收筹划的动因相联系,税收筹划的目标主要表现为三个方面,即减轻税收负担、延期缴纳税款、规避涉税风险。

（一）减轻税收负担

纳税人进行税收筹划的目标是获得最佳的理财效果。税收筹划是针对纳税人涉税业务而进行的筹划，因此其理财效果也主要体现为税收负担最低化，进而实现税后收益最大化。无论是节税还是避税，其所追求的最直接、最明显、最主要的筹划效果都是减轻或规避税收负担，以获得少缴税或不缴税的绝对收益。当然，税收筹划目标应当与其财务目标相一致，并服从、服务于财务目标。也就是说，实现纳税人税后收益最大化不能以个别税种的税收负担最低化为标准，也不能单纯以眼前税负的高低作为判断标准，而应当以纳税人整体利益和长远利益作为标准，甚至还要考虑税收筹划措施对纳税人生产经营产生的影响。如，小规模纳税人是否需要以会计核算健全为由成为增值税一般纳税人，除了要权衡两种不同纳税人身份的税负高低，还要考虑成为增值税一般纳税人后能为销货对象开具增值税专用发票对于自身销售业务的正面影响。

（二）延期缴纳税款

减轻税收负担、获得绝对筹划收益固然是税收筹划的首选目标或主要目标，但不是税收筹划的唯一目标。在很多情况下，纳税人可能难以通过税收筹划获得少缴税或不缴税的绝对筹划收益，但却可以通过税收筹划推迟纳税时间获得相对筹划收益。通过税收筹划实现推迟纳税，相当于从政府那里取得一笔无息贷款。因此，延期缴纳税款以获取资金时间价值最大化也是税收筹划的重要目标。

（三）规避涉税风险

不少加强税收征管的税收法规可能会给对税法不够熟悉、会计核算不够规范的纳税人带来风险。如增值税、消费税相关税法都规定兼营不同税率的税目应分别核算其相应的销售额，否则将从高适用税率；又如，按照税法规定，纳税人收取的包装物押金如果超过一年，则不论是否超过合同规定的偿还期限，一律应并入销售收入征收增值税、消费税；等等。实践中，的确有少数纳税人因非故意漏税而被处罚，也有纳税人因不熟悉税收法规而多缴冤枉税。规避诸如此类的涉税风险，恰当地履行纳税义务，可以说是税收筹划的最低目标。

第四节 税收筹划的原则与特点

一、税收筹划的原则

税收筹划的原则是从税收筹划实践中抽象出来的，并在实践中证明为正确的行为规范；是对实现税收筹划目标的实践活动起指导作用的一般准则[①]。具体来说，税收筹划应当遵循

---

① 申嫦娥,张雅丽,李爱鸽,等.税务筹划.西安：西安交通大学出版社,2007.

五个原则。

（一）守法性原则

税收筹划与偷逃税的根本区别在于税收筹划遵循守法性原则,而偷逃税是违法行为。守法包括合法和非违法两个层面,税收筹划也主要表现为合法的节税和非违法的避税。税收筹划如果固守"合法"的伦理道德标准,难免会使筹划空间受到限制;但如果突破"非违法"的法律底线,则纳税人将会因违法而受到法律制裁。非违法是税收筹划的最基本要求,纳税人进行税收筹划应当遵守税法、尊重税法。以税收筹划为名而行偷逃税之实无异于掩耳盗铃,其所谓的"税收筹划"是不会被征税部门认可的。

（二）效益性原则

税收筹划是目标性很强的理财活动,不能为筹划而筹划。一方面,税收筹划应当考虑所能取得的收益。税收筹划主要追求的是税收负担最小化或税后利润最大化,具体操作中往往是对涉税经济业务多种纳税方案进行比较选择,将税收筹划收益最大的方案作为首选方案。一般来说,能够获得绝对税收筹划收益的方案优于只获得相对税收筹划收益的方案,长期有效的税收筹划方案优于短期有效的税收筹划方案。另一方面,税收筹划需要考虑筹划成本,筹划成本除筹划本身的成本外,还包括筹划的机会成本,因为选择一种税收筹划方案而放弃其他方案会损失其他筹划方案相应的筹划利益。筹划方案还应慎重考虑税收筹划对正常情况下投资、筹资、经营决策扭曲的影响。筹划收益大于筹划成本的方案才是成功的税收筹划。

（三）时效性原则

纳税人进行税收筹划往往导致国家征收税款的减少或推迟,不少税收筹划方案与税收立法意图相悖,避税与反避税构成一组矛盾。纳税人总是试图利用现行税制的缺陷和征管漏洞进行非违法的避税,而税务部门则千方百计针对纳税人的避税行为建立健全税收政策法规、完善税收征管措施,税收政策法规处于动态的调整变化之中,过去有效的税收筹划方案现在不一定可行,现在可行的税收筹划也可能很快就未必合法。即使是合法的税收优惠政策往往也规定了优惠的时限,一旦超过时限,则纳税人将丧失获得税收优惠的利益。纳税人只有把握时机,适时制定、调整税收筹划方案,才能取得较好的筹划效果。

（四）整体性原则

税收筹划应当做到整体筹划、综合衡量,正确处理好个别税种税收筹划与其他税种税负之间的关系,正确处理好短期税负减轻与长期税负加重的关系,正确处理好税收筹划目标与企业财务目标的关系。因此,若要减轻税收负担,不能只顾个别税种的税负轻重,还应考虑与其相关的其他税种的税收负担变化情况。税收筹划"税负最低"的目标应当服从"企业价值最大"的财务目标,力求整体税负最轻、长期税负最轻、税后利润最大,防止顾此失彼、前轻后重的现象出现。例如,加速折旧在一般情况下具有延期纳税的筹划价值,但在减免税期间实行加速折旧就会在减免税期满后因折旧减少而多缴企业所得税。又如,通过增加署名作者来分劈稿酬税基少缴个人所得税,且不说这种虚假署名的"避税"手法本身已经超出"非违法"的范围,仅就多人合著与一人独著的知识产权的价值差异而言,从税收筹划中获得的经济利益也远不能弥补其失去的著作权价值。

(五) 稳健性原则

税收筹划有收益,同时也有风险。一般来说,筹划收益较大的方案,其筹划风险往往也较大。税收筹划的风险突出表现为不被税务部门认可,税务部门以反避税为由进行转让定价调整,这样纳税人除了补税还要被加算利息,有的筹划方案实施后甚至可能被税务部门认定为偷逃税行为而使纳税人受到处罚,带来不必要的麻烦或引发司法争讼,得不偿失。企业在进行税收筹划时应当权衡筹划收益与筹划风险,在熟知税法、会计准则、税收筹划技术和方法的同时,趋利避害,防范和规避可能出现的税收筹划风险。

二、税收筹划的特点

(一) 非违法性

税收筹划是以减轻或规避税收负担为主要目标的理财行为。减轻、规避税收负担的途径、形式多种多样,但只有合法或不违法的形式才属于税收筹划。可以说,非违法性是税收筹划的最大特点。税收筹划的非违法性也是界定税收筹划外延的重要标准,依据这一标准,税收筹划除包括合法的节税外,还应包括非违法的避税,此外,税负转嫁和涉税零风险也符合非违法性特征。

(二) 超前性

税收筹划突出表现为在应税行为发生之前进行谋划、设计、安排,即具有一定的超前性。在经济活动中,增值税、消费税等以流转额为计税依据的税种,以企业交易行为发生来确认纳税义务发生时间;企业所得税以销售收入和成本费用核算来确认收益实现,并据以计算缴税;财产行为税则是在财产取得或应税行为发生之后才需要缴纳。这种应税行为发生在前、纳税义务发生在后的税款确认方法,在客观上提供了纳税人在纳税前进行筹划的可能性。如果涉税业务已经发生,应纳税款已经确定,纳税义务已经形成,纳税人再去"谋求"少缴税款,就不属于税收筹划行为了。

(三) 目的性

税收筹划不是盲目的筹划,税收筹划是以取得税收利益为明确目标的行为。前文已述及,税收筹划的目标主要有三,即减轻税收负担、延期缴纳税款、规避涉税风险。减轻税收负担意味着通过降低税收成本来获得较高的资本回报率。延期缴纳税款,除了可以获得资金时间价值外,有时还可能因避免了企业经营前期较高的边际税率而减轻税收负担。税收筹划应当着眼于财务管理目标,筹划方案应注意避免引发其他费用增加或其他收入减少,防止得不偿失。

(四）综合性

税收筹划应当遵循整体性原则,这在很大程度上体现了税收筹划综合性的特征。这种综合性很强的理财行为,需要考虑的是纳税人整体的税负轻重和资本收益最大化。因此,税收筹划应服从企业的整体利益,考虑企业的社会形象、发展战略、预期效果、成功概率等。税收筹划的综合性特征,还体现在税收筹划应立足于企业的持续经营,全面考虑前后相关年度的课税额变化。

（五）动态性

随着政治、经济形势的变化,各国的税收政策会经常性地发生变化。因此,纳税人应随时关注涉税国家的税收法规变动,及时进行税收筹划的应变调整。税务部门不断地建立健全税收制度、完善税收政策法规也是一种常态,与此相适应,税收筹划也就具有随着税收政策法规的调整变化而变化的动态性。

（六）互利性

税收筹划固然是为了减轻纳税人自身税收负担,但是在实践中,涉税经济事项不仅与本企业相关,还直接影响其他企业的经济利益。不论是销售业务还是采购业务,不论是投资筹资还是兼并重组,都涉及购销双方或当事各方的经济利益,而且当事一方税收负担的减轻往往导致另一方税收负担的加重。因此,税收筹划方案是否可行,不是筹划方一厢情愿的事情,还需要另一方的协调配合,而且在很大程度上需要通过税收利益的适当让渡促成税收筹划方案的顺利实施。这就要求纳税人在税收筹划时应兼顾交易对方的课税情况及其税负转嫁的可能性,从而使税收筹划具有互利双赢的特征。

第五节　税收筹划的作用与意义

一、税收筹划的作用

（一）税收筹划有利于增强企业竞争力

市场经济竞争激烈,企业优胜劣汰。市场经济体制下,国家与企业的经济利益关系主要体现为税款的征缴,税收负担的轻重是影响企业盈利水平、竞争能力的重要因素。税收筹划以减轻或规避企业的税收负担为主要目标,可以直接降低企业的税收费用支出,使税后利润增多、竞争能力增强。

（二）税收筹划有利于提高企业财会管理水平

企业进行税收筹划,对涉税经济业务进行合理的筹划、安排,必然涉及资金、成本、利润的核算问题。税收筹划不仅要求办税人员熟知现行税收法规,还要求办税人员精通会计准则、会计制度,按照要求设账、记账、编报会计报表,填报纳税申报表及其附表,这有助于提高企业财务管理水平和会计管理水平。

二、税收筹划的意义

（一）税收筹划有利于提高纳税人的纳税意识

通过税收筹划减轻税收负担是纳税人维护自身合法权益的正当行为,在某种程度上说,税收筹划也是纳税人依法纳税意识提高到一定阶段的表现。税收筹划与偷逃税具有明显的区别,企业税收筹划所安排的经济行为不得违反税收法规,这本身就是对依法纳税的一种坚持。依法纳税,既不多缴也不少缴可以说是企业纳税意识的重要体现。而且,设立完整、规范的财务会计账表和正确进行会计处理是企业进行税收筹划的基础和前提,而依法建账是企业依法纳税的基本要求和重要特征。

（二）税收筹划有利于贯彻国家宏观政策

纳税人出于减轻税收负担的考虑,根据税法中税基与税率的差别以及税收优惠政策,进行投资经营决策、产业结构调整、产品结构调整等,表明国家税收的经济杠杆正在有效地发挥作用。企业按照税收政策合法节税,有利于国家宏观经济在产业结构、区域结构方面得到合理优化,也有利于促进资本的有效流动和资源的合理配置。如果所有企业都对税收优惠政策漠不关心、无动于衷,国家的产业政策、宏观调控目标就会落空。因此,税收筹划对于贯彻国家宏观经济政策具有重要意义。

（三）税收筹划有利于完善税收政策法规

税收筹划通常利用税收政策的漏洞做出有利于纳税人财务目标的安排。此类与税收立法意图相悖的税收筹划行为,可以促使税务部门及早发现现行税收政策法规的缺失与缺陷,及时按照法定程序对现行税收政策法规进行修订、完善,不断建立健全相关的税收法规。税收筹划的客观存在,也要求税务部门采取更加有效的税收征管措施,这可以促使税收征管水平进一步提高。

（四）税收筹划有利于促进社会中介服务的发展

税收筹划需要综合的专业知识,大型筹划方案更需要专门人才进行综合设计,而且其实施具有诸多不确定性。对多数企业来说,开展复杂的税收筹划活动会显得力不从心,需要税务代理咨询机构提供税收筹划服务,这就会促进会计师事务所、税务师事务所等社会中介服务的发展。

本 章 小 结

税收筹划是纳税人通过对涉税事项进行非违法的事先安排,以减轻或免除税收负担、延期缴纳税款为主要目标的理财活动。狭义的税收筹划是指合法的节税和非违法的避税,广义的税收筹划还包括税负转嫁和涉税零风险。税收筹划的内在动机是企业经济利益的驱动,外部原因则是税收政策法规本身存在可以用来进行税收筹划的空间。税收筹划应当遵循守法性原则、效益性原则、时效性原则、整体性原则和稳健性原则,与此相联系,税收筹划具有非违法性、超前性、目的性、综合性、动态性、互利性等特征。税收筹划对于纳税人而言可以减轻税收负担,提升企业的市场竞争能力,促进企业财会管理水平提高;而对于全社会来讲,税收筹划有利于提高依法纳税意识,更好地贯彻国家宏观调控政策,促进税收政策法规的健全完善,促进税务师事务所等社会中介服务机构的健康发展。

练 习 题

1. 有人说:"野蛮者抗税,愚昧者偷税,糊涂者漏税,精明者避税。"请谈谈你对税收筹划的看法。
2. 什么是税收筹划?税收筹划有哪些特点?
3. 税收筹划的外部原因有哪些?
4. 节税、避税、逃税三者之间有什么区别?
5. 税收筹划有哪些主要目标?如何理解税收筹划目标与企业财务目标的一致性?
6. 有人认为税收筹划应当遵循筹划风险与收益对等原则。如果你也认同这一观点,请谈谈这一原则与稳健性原则有何区别。
7. 如何理解税收筹划与完善税收政策法规之间的关系?
8. 请谈谈你对税收筹划必要性和可行性的认识。

第二章

税收筹划的方法和流程

本章主要介绍税收筹划的方法和基本流程,为学习具体税种及其企业生命周期的税收筹划奠定坚实的基础。

第一节 税收筹划的方法

税收筹划的方法主要包括利用税收优惠政策进行税收筹划,利用转移定价进行税收筹划,利用税负转嫁进行税收筹划,利用税法弹性进行税收筹划,利用税收临界点进行税收筹划,利用分散税基进行税收筹划,以及利用税负平衡点进行税收筹划。

一、利用税收优惠政策进行税收筹划

(一) 税收优惠政策的概念

所谓税收优惠政策,就是指政府利用税收制度,按预定的目的,通过减轻某些纳税人应履行的纳税义务的方式来补贴纳税人的某些活动或相应的纳税人。它是税收原则性与灵活性相结合的一种具体表现。税收优惠政策也是国家利用税收调节经济的重要手段,国家通过税收优惠政策,可以从宏观上调节国民经济的总量与结构。例如,利用税收优惠政策,扶持需要加快发展的特殊地区、特殊产业,增加特定人群的收入水平,降低出口产品的税收负担,增强出口产品在国际市场上的竞争优势。另外,将税收优惠政策与某些增加税收负担的政策相结合,可以对宏观经济进行更加灵活和有效的调控。

(二) 税收优惠政策筹划的主要方式

1. 减免税

减免税是指税务机关依据税收法律、法规以及国家有关税收规定给予纳税人的减税、免税优惠政策。减免税政策是国家财税政策的组成部分和税式支出的重要形式,是国家出于

社会稳定和经济发展的需要,对一定时期特定行业或纳税人给予的一种税收优惠,是国家调控经济、调节分配的重要方式。

减免税实质上相当于财政补贴,一般有两类减免税:一类是照顾性的减免税;另一类是奖励性的减免税。照顾性减免税取得的条件一般比较苛刻,所以难以利用这种减免税达到节税的目的,更多地是通过获得奖励性的减免税达到节税目的。例如,增值税法规定,生产原料中掺兑废渣比例不低于30%的特定建材产品,可以免缴增值税。又如,企业所得税税法规定,企业从事国家重点扶持的公共基础设施项目的投资经营所得,自项目取得第一笔生产经营收入所属纳税年度起,第1年至第3年免征企业所得税,第4年至第6年减半征收企业所得税。

减免税在使用中应该注意两点。一是尽量使减免税期最长化。许多减免税都有期限规定,减免税期越长,节减的税收就越多。二是尽量争取更多的减免税待遇。在税法允许的范围内,争取使尽可能多的项目获得减免税待遇。与缴纳的税收相比,减免的税收就是节减的税收,减免征收的税收越多,节减的税收也就越多。

2. 退税

退税是指税务机关按规定对纳税人已纳税款进行退还。税务机关向纳税人退税的情况一般有:税务机关误征或多征的税款,如税务机关不应征收或错误地多征收的税款;纳税人多缴纳的税款,如纳税人源泉扣除的预提税或分期预缴的税款超过纳税人应纳税额的税额;零税率商品的已纳国内流转税税额;符合国家退税奖励条件的已纳税额。

税收筹划中涉及的退税主要是税务机关退还纳税人符合国家退税奖励条件的已纳税额。例如,增值税法规定,销售以煤矸石、煤泥、石煤、油母页岩为燃料生产的电力和热力,实行即征即退50%的政策。

退税在使用中应该注意两点。一是尽量争取更多的退税项目。在税法规定的范围内,尽量争取更多的退税待遇,退还的税额越多,节减的税收也就越多。二是尽量使应退的税额最大化。在其他条件相同的情况下,退还的税额越大,企业的税后利润也就越大。

3. 税收抵免

税收抵免的原意是指纳税人在汇算清缴时可以用其贷方已纳税额冲减其借方应纳税额,现在多指从应纳税额中扣除税收抵免额。税收抵免可以避免双重征税,在采用源泉征收法和申报查定法两种税收征收方法的国家,在汇算清缴时都有税收抵免规定。除此之外,税收抵免也可以成为税收优惠或奖励的方法,还可以成为个人所得税基本扣除的方法。

税收筹划中涉及的税收抵免,主要是利用国家为贯彻其政策而制定的税收优惠性或奖励性税收抵免。例如,个人所得税法规定,对纳税人从中国境外取得的所得,准予其在应纳税额中扣除已在境外缴纳的个人所得税税额。又如,企业所得税法规定,企业购置并实际使用税法规定的环境保护、节能节水、安全生产等专用设备的,该专用设备投资额的10%可以从企业当年的应纳税额中抵免,当年不足抵免的,可以在以后5个纳税年度结转抵免。

税收抵免在使用中应该注意两点。一是抵免尽可能多的项目。在税法规定的可以抵免的范围内,尽可能地把能参与抵免项目全部抵免,参与抵免的项目越多,就意味着节减的税收越多。二是抵免金额最大化。在税法允许的范围内,尽可能使参加抵免项目的金额最大化。在其他条件相同的情况下,抵免的金额越大,冲抵应纳税额的金额就越大,节减的税收就越多。

4. 税收扣除

税收扣除是指从计税金额中减去一部分以求出应税金额。例如，企业所得税法规定，企业的应纳税所得额为纳税人每一纳税年度的收入总额减去准予扣除项目后的余额。准予扣除的项目包括企业实际发生的与取得收入有关的、合理的支出，包括成本、费用、税金、损失和其他支出。

税收筹划中涉及的扣除，主要是利用国家为贯彻其政策而制定的税收优惠性扣除。例如，个人所得税法规定，纳税人通过中国境内非营利的社会团体、国家机关的公益、救济性捐赠，可在应纳税所得额的30%内扣除。又如，企业开展研发活动中实际发生的研发费用，未形成无形资产计入当期损益的，在按规定据实扣除的基础上，再按照实际发生额的75%在税前加计扣除；形成无形资产的，在上述期间按照无形资产成本的175%在税前摊销。

税收扣除在使用中应该注意三点。一是扣除尽可能多的项目。在其他条件相同的情况下，扣除的项目越多，计税基数就越小，节减的税收就越多。二是扣除金额最大化。在其他条件相同的情况下，扣除的金额越大，计税基数就越小，节减的税收就越多。三是扣除最早化。在其他条件相同的情况下，扣除越早，货币的时间价值就越高，相对节减的税收就越多。

5. 税率差异

税率差异是指对性质相同或相似的税种适用不同的税率，是普遍存在的客观情况。在开放经济条件下，一个企业完全可以根据国家有关法律和政策决定自己企业的组织形式、投资规模和投资方向等，利用税率差异来缴纳较少的税收；同样的道理，一个自然人也可以选择他的投资规模、投资方向和居住国等，利用税率差异来缴纳较少的税收。

税收筹划中涉及的税率差异，主要是国家为鼓励某种经济、某类型企业、某类行业、某类地区的存在和发展而制定的优惠性税率差异。例如，现行的企业所得税基本税率设定为25%，但是，为了鼓励高新技术企业和技术先进型服务企业的发展，企业所得税法规定，高新技术企业和技术先进型服务企业可以减按15%的税率征收企业所得税。

税率差异在使用中应该注意两点。一是尽量寻求税率最低化。在其他条件相同的情况下，按不同税率缴纳的税额是不同的，它们之间的差异，就是节减的税收，寻求适用税率最低化，可以达到节税的最大化。二是尽量寻求税率差异的稳定性和长期性。例如，政局稳定国家的税率差异比政局动荡国家的税率差异更具稳定性，政策制度稳健国家的税率差异比政策制度多变国家的税率差异更具长期性。

6. 延期纳税

延期纳税是指延缓一定时期后再缴纳税收。狭义的延期纳税专门指纳税人按照国家有关延期纳税的规定进行的延期纳税；广义的延期纳税还包括纳税人按照国家其他规定可以达到延期纳税目的的财务安排和纳税计划。例如，按照折旧政策、存货计价政策等规定来达到延期纳税的财务安排。延期纳税并没有降低纳税人应缴纳税款的总金额，只是使纳税人获得了有关税款的货币时间价值。

为了鼓励和促进投资，许多国家允许纳税人延期纳税。例如，有的国家规定，对有海外公司的企业，如果海外子公司的利润被留在海外继续经营，就不必缴纳任何税；但如果海外子公司的利润被汇回国内，就产生了相关的纳税义务。又如，有的国家对纳税人在处置一项营业资产后又重新购置营业资产的行为,允许纳税人对处置有关营业资产的利得暂免税,直到该纳税人最后不再购置营业资产时为止。

延期纳税在使用中应该注意两点。一是使延长时间最长化。在其他条件相同的情况下,纳税延长期越长,由延期纳税增加的现金流量所产生的收益就越多,相对节减的税收就越多。二是延期纳税的项目最多化,在其他条件相同的情况下,延期纳税的项目越多,本期缴纳的税收就越少,现金流量就越大,相对节减的税收就越多。

二、利用转移定价进行税收筹划

(一) 转移定价的概念

转移定价是指两个或两个以上有经济利益关联的经济实体之间,各方为了均摊利润或转移利润,在商品或非商品(如劳务或资金)的交易过程中,采用内部价格进行转移,而不是采用市场竞争价格进行交易。转移定价是最基本和最常用的税收筹划方法之一。凡在经济生活当中发生业务关系、财务关系,甚至行政关系的经济主体,都有可能出于规避纳税义务的目的,而达成某种一致,通过改变双方的交易价格,降低有关计税依据,减轻自身的税收负担。

(二) 转移定价的模型分析

1. 转移定价简单模型

假定甲企业所得税税率为 x,乙企业所得税税率为 y,而且满足 $x>y$。按照正常价格进行交易,甲企业的利润为 S_A,乙企业的利润为 S_B。则甲、乙两企业应纳企业所得税为:

$$T = S_A \times x + S_B \times y$$

假定甲、乙两企业为关联企业,双方协定按内部价格进行交易,采取的措施为:甲企业卖给乙企业的产品比正常价格低,乙企业卖给甲企业的产品比正常价格高。假定交易后,甲企业的利润为 $S'_A(S'_A < S_A)$,乙企业的利润为 $S'_B(S'_B > S_B)$,而且满足 $S'_B - S_B = S_A - S'_A$。则甲、乙两企业应纳企业所得税为:

$$T' = S'_A \times x + S'_B \times y$$
$$T' - T = (S'_A - S_A)x + (S'_B - S_B)y$$
$$= (S_B - S'_B)x + (S'_B - S_B)y$$
$$= (y - x)(S'_B - S_B)$$

因为 $S'_B - S_B > 0$,$y < x$

所以 $T' - T < 0$

很显然,当两个企业所承受的税率不相同时,将利润从税率高的企业向税率低的企业转移有利于关联企业整体税负的减少。其基本思路如图 2-1 所示。

图 2-1 转移定价简单模型

当甲企业适用税率较高时,采取低价出货、高价进货的策略,使乙企业实现更多的利润,减少应纳税额。

当乙企业适用税率较高时,则使甲企业实现更多的利润,减少应纳税额。

2. 转移定价扩大模型

上面我们讨论了甲企业和乙企业同是一个利益集团时的转让定价简单模型,但现实生活中这样的例子并不多见。因此,简单模型不能说明企业间转让定价原理的全部,有必要引入转移定价扩大模型。

这里仍然假定甲企业所得税税率为 x,乙企业所得税税率为 y,而且也满足 $x>y$,但是甲和乙两企业不属于同一利益集团,即非关联企业。

同样,按照整体税负最小化观点,甲企业在与乙企业进行交易时,仍然可以采用提高进价、压低售价的方法,减少本企业的利润以减轻自身税负。但是,这样就会使非关联企业方获益,自己反倒吃亏,因此,这里要引入丙企业。假定丙企业与乙企业同处一地,其适用税率也为 y,并且假定丙企业与甲企业是关联企业。基本思路是甲企业与丙企业先按内部价格核算,再由丙企业与乙企业按市场价格进行正常交易。

假定,甲企业和丙企业的总利润为 S_A,如果甲企业的利润变为 S'_A,则丙企业的利润为 $S_A - S'_A$(这里假定这种交易不会增加成本)。丙企业与乙企业按市场价格进行交易,则甲、丙两企业应纳企业所得税为:

$$T' = S'_A \times x + (S_A - S'_A)y$$

而转移定价前甲企业应纳企业所得税为:

$$T = S_A \times x$$
$$T' - T = (S'_A - S_A)x + (S_A - S'_A)y$$
$$= (y - x)(S_A - S'_A)$$

因为 $S'_A < S_A, y < x$

所以 $T' - T < 0$

很显然,这种筹划照样能节省税款。其基本思路如图 2-2 所示。

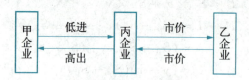

图 2-2 转移定价扩大模型图

3. 转移定价一般模型

由于现实经济生活纷繁复杂。甲企业可能与乙企业同在一地,适用相同的税率,有时并不涉及商品交易,只是集团内部管理费用等的分摊,还有时可能并不马上涉及交易,只是涉及某种税的征收,如进口环节的关税及代征的增值税和消费税。这时,上述模型便不能很清楚地说明问题。因此,我们引入"基地"公司。这种所谓的"基地企业",往往并不从事真正的经营活动,只是一个"壳",通过开发票、控股、调度资金等方法,把利润流入该企业。因此,转移定价一般模型的思路是:无论与哪一方企业进行交易或发生资金流动,只要筹划转移成本低于转移定价所带来的利润,都可以由"基地"公司进行中转,将利润转入低税区以实现少纳税的目标,如图2-3所示。

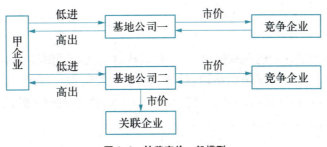

图 2-3 转移定价一般模型

(三) 转移定价筹划的主要方式

可以实现转移定价的方式很多,一般来讲主要有四种。

1. 商品或商品以外其他资产的交易

商品或商品以外其他资产的交易,是企业之间的产成品、原材料、零部件、半成品、机械设备、无形资产等各种物品的交易活动。在税收筹划中,通过前述的关联方之间的转移定价策略,即采用低税企业低进高出的办法,使收入或利润从高税企业流向低税企业。

2. 提供劳务

关联企业之间相互提供劳务,也可以通过转移定价策略实现利润从高税企业流向低税企业。例如,甲企业税率高于乙企业,如果甲企业为乙企业提供劳务,应该采取尽可能少收劳务费的办法;而相反,如果乙企业为甲企业提供劳务,则应该采取尽可能多收劳务费的办法。

3. 租赁

关联方之间的固定资产租赁,也可以通过转移定价策略实现税收筹划的目标。租赁方面的转移定价策略又可以分为两个层次:① 正常租赁业务。关联企业之间本身存在租赁的需要,通过自定租金的办法实现利润的转移。例如,甲企业税率高于乙企业,如果甲企业向乙企业租赁房屋或设备,应该采取尽可能少收租金的办法;而相反,如果乙企业向甲企业租赁房屋或设备,则应该采取尽可能多收租金的办法。② 售后回租业务。如果高税率的甲企业与低税率的乙企业之间并不存在租赁的需要,售后回租可以提供便利。如甲企业可以将自己使用的设备低价卖给乙企业,再利用较高的租金租回,从而实现利润向乙企业的转移。

4. 资金往来

在关联企业之间,资金往来同样可以通过转移定价实现税收筹划的目标。例如,甲企业的税率高于乙企业,如果甲企业为乙企业提供资金,应该采取尽可能少收利息的办法;而相反,如果乙企业为甲企业提供资金,则应该采取尽可能多收利息的办法。尽管企业之间直接的借贷行为不被法律允许,签订的合同可能被认定为无效合同,其借贷行为也属无效行为,但关联方之间通过交易形成的应收应付等资金往来却是正常的,可以广泛应用于税收筹划。

三、利用税负转嫁进行税收筹划

(一)税负转嫁的概念

税负转嫁是指纳税人为达到减轻税负的目的,通过价格的调整和变动,将税负转嫁给他人承担的经济行为。税负转嫁包括前转、后转、混转、税收资本化等形式。从税负转嫁的程度来讲,如果纳税人通过转嫁将全部税负转移给负税人,称为完全转嫁,如果仅把部分税负转移给负税人,则称为部分转嫁。

(二)税负转嫁筹划的主要方式

税负转嫁筹划的方式很多,不同国家纳税人都会根据本国的特点和自身的地位及纳税身份,寻找适合自己的方式和途径。根据我国情况,并参照国外的一些基本做法,税负转嫁筹划一般有三种方式。

1. 市场调节法

市场调节法是根据市场变化进行的商品课税转嫁。商品的市场价格受供求规律的支配,这在国际市场上表现得特别明显。需求的变动影响供给,供给的变动作用于需求,商品的价格随着供给和需求的变动上下波动。税负能否转嫁,主要看纳税者怎样利用市场供求变化以及怎样引导这种变化。运用市场调节法主要从四个方面来观察实施。

(1) 在某些条件既定的情况下,课税商品对消费者来说属于可要可不要的消费品时,该商品生产经营者就不要强制进行税负转嫁的尝试。价格低,购买的人就多;价格高,购买的人就少。税负转嫁会使该商品难以销售出去。一旦商品滞销后再进行降价处理,购买的人也会减少(因为降价往往意味着产品质量发生了问题)。

(2) 如果课税产品供不应求,需求量与供给量相差悬殊且该课税商品价格未被抬得过高,生产经营者在努力扩大生产的同时,应该尽可能地把所承担的税收连同各种费用一起转移给购买者,进行彻底的税负转嫁(当然,这样做的前提条件是商品市场价格是由供求关系决定的,而不是依靠指令和计划确定的)。应当指出,在商品经济中,税负转嫁不是一件坏事,它是加速供求关系平衡、促进市场繁荣的一种手段。

(3) 当商品的供给为一定量时,如果需求增加或保持不变,生产经营者可以将所承担的税收加到商品价格上,转嫁给商品的购买者。这种情况大多是由于一种商品的生产相对处于数量、质量稳态过程中,即社会若再向该产品生产企业投资,就会导致供大于求,而若从这些已有生产企业中抽走资金减少生产,又会导致供给不足的这样一种局面。这种局面在重大应用技术发明和扩大生产之前是一种普遍存在的现象,因而在这种情况下实行税负转嫁也是较为普遍的。

(4) 当需求为一定量时,如果供给不变或者减少,税负就可以通过价格上涨的方式转嫁给购买者。要做到这一点,关键在于生产经营者是否充分掌握需求处于稳态的程度以及该稳态预期能维持多长时间。如女红商品,在多数情况下对它的需求处于一种稳态,这种商品的生产经营者在供给上稍做减少调整,他们的税负就可转移给购买者。

2. 成本转嫁法

成本转嫁法是根据商品成本状况进行税负转嫁的方法。成本是生产经营者为从事正常生产经营活动的各种预先支付和投入费用的总和。它一般有三种形态,即固定成本、递减成本和递增成本。固定成本是在生产经营过程中不随产品产量变化而变化的费用和损失。递增成本是随产品产量增加和经营范围的扩大而增加的费用和损失。递减成本则与递增成本相反,它是单位产品随着经营扩大和服务范围的扩展而减少的费用和损失。从转嫁筹划来看,不同成本种类产生的转嫁筹划方式及转嫁程度不同。

(1) 固定成本与税负转嫁。这类商品的成本不随生产产量的多少而增减单位成本,因此,在市场需求无变化的条件下,所有该产品承担的税款都有可能转移给购买者,即税款可以加入价格,实行向前转嫁。然而,应该指出的是,对于成本固定而市场缺乏弹性的商品,对它的需求总是一定的,需求变化的情况极为少见。因此,它的生产经营者只能限定在一定范围内,绝非人们主观上想从事这种生产经营活动就能实现的。

(2) 递增成本与税负转嫁。对于递增成本的产品,企业在这种商品中的税负是不会全部转嫁的,至多转嫁一部分。成本递增的产品随着产量的增加,单位产品的成本也会增加,而课税又迫使企业提高产品价格,这样由于价格提高和产量增加的双重压力,产品的销路必然受到影响,继而造成产品严重积压。在这种情况下,厂家为了维持销路,将不得不降低产品价格,自己承担一部分本应由购买者承担的税收。可见,对于产品成本递增的生产经营者来说,若不想办法降低成本递增趋势,税负转嫁筹划是难以实现的。

(3) 递减成本与税负转嫁。成本递减的产品最适合实行税负转嫁。单位产品成本在一定的情况下,随着数量增加和规模的扩大而减少,单位产品所承担的税负分摊也就减少,因此,税负全部或部分转嫁出去的可能性大大提高。然而,随着生产数量和规模的扩大,客观上要求降低产品价格的呼声也就越大。生产经营者为了保证自己的竞争优势,也会适当地调低其出厂价格和销售价格。但一般来说,这种价格降低的程度不会大于税负分摊在每个产品上的下降程度,即生产经营者在价格调低后,仍会把有关税负转嫁给购买者,甚至还可以获得多于税额的价格利益。

3. 税基转嫁法

税基转嫁法也称税基宽窄运用法,是根据课税范围的大小、宽窄实行的不同税负的转移方法。一般来说,在课税范围比较广的情况下,直接进行税负转嫁就比较容易,这时的税负转嫁可称为积极税负转嫁;在课税范围比较窄的时候,直接进行税负转嫁便会遇到强有力的阻碍,纳税人不得不寻找间接转嫁的方法,这时的税负转嫁可称为消极税负转嫁。

从事积极税负转嫁的条件是所征税种遍及某一大类商品而不是某一种商品。如对生产、经营汽车征的税,对烟酒征的税等。这些对大类商品普遍适用的税种实际上忽略了具体不同产品的生产经营状况,忽略了不同产品承受税负和转移税负的能力,因而为生产经营者转移税负创造了条件。在市场价格充分显示供求变化的条件下,生产经营者根据市场信号进行产品品种的调整,就完全可以实现有效的税负转移。以汽车生产为例,汽车品种很多,在其生产的所有品种的汽车适用同一税率的情况下,完全可以把绝大多数财力、物力、人力集中于生产市场上销售得好的汽车。同理,汽车商店也会这样做。这样,生产厂家及经营商店总会处于设法满足市场需求的情况下,其产品总是适销对路,从而保证了他们承受的税负可以部分甚至全部转嫁出去。

消极性税负转嫁适用于仅对某类商品中的某一种商品开征的特定的税,此时真正意义上的税负转移难以实现。这时的税负承担者很具体,税基窄,消费者抉择的余地大,如果税负向前转移,商品价格上升,由于市场上存在无税或低税的替代品,对课税商品的需求量必然减少,而且减少的水平往往大于价格上升的幅度,因此,税负难以转嫁。例如,茶和咖啡同属饮料,如果课税于茶而免税于咖啡,当茶价上涨时,饮茶者改饮咖啡,导致茶的消费减少,这时茶商如果想把税款加到茶价上去进行转嫁就很困难。

四、利用税法弹性进行税收筹划

(一) 税法弹性的概念

税法弹性是指税法构成要素中(如税率、优惠和惩罚性措施等)存在一定的幅度变化。税法弹性筹划正是利用税法构成要素中存在的幅度变化,通过经济活动的预先安排,使纳税人承担的税收处于税法弹性的"下限",从而达到节税的目的。税法弹性筹划的应用非常广泛,但不同的幅度内容对应不同的应用范围。税率幅度主要集中在资源税、城镇土地使用税和车船税等税种上;鼓励优惠性幅度主要集中在调节性高的几个大税种上;限制惩罚方面的幅度则分布于各个税种之中。

(二) 税法弹性筹划的主要方式

1. 税率幅度

对于某些课税对象,国家需要从宏观上对其税收负担水平进行一定的规范。但同时,由于各地区、各行业之间经济发展水平不均衡现象的客观存在,全国的税负水平又难以强求统一。因此,在许多情况下,国家会采取一种折中的方式,即由国家对有关课税对象的幅度进行限制,但纳税人实际适用的税率,由地方根据各种具体情况进行确定。例如,我国契税实行3%～5%的幅度税率,具体税率由省、自治区、直辖市人民政府按照本地区的实际情况决定。

在利用税率幅度进行筹划时,应该尽可能地将税率最小化,达到节税的目的。例如,在城镇土地使用税中,各省税率标准不尽相同,城镇分等,土地分级,定额税率存在幅度。显而易见,土地分级高,则单位定额税率高;反之则低。所以,税务机关征税前的土地登记评估环节意义重大,应该尽量将所占用的土地评为低等级,这样就可以少缴纳税额。例如,某企业欲在北京设立一生产基地,预计将占用 $1\ km^2$ 的土地。如果将厂址选择在经认定的三级土地上,企业须按每年每平方米 9 元的定额税率缴纳城镇土地使用税,每年支付的税款为 900 万元($1\ 000\ 000 \times 9$);如果企业将厂址选择在四级土地上,企业所适用的城镇土地使用税税率降低为每年每平方米 3 元,企业每年应支付的城镇土地使用税也将相应地降低为 300 万元($1\ 000\ 000 \times 3$)。两种方案相比,仅城镇土地使用税一项,每年就可以为企业节约 600 万元,并且这一税收筹划的效果,在企业的存续期间将一直持续,每年都可以为企业减少 600 万元的支出。又如,在车船税中,因各地实际情况差别很大,所以定额税率的差别也比较大。如机动车类中,载客汽车每辆每年税额为 60~660 元不等。车船拥有者可以通过变换纳税地点来达到趋低避高的筹划效果。只要变换地点的成本代价小于筹划收益,那么这种筹划便是有效可行的。

2. 鼓励优惠性幅度

鼓励优惠性幅度,主要包括确定计税依据时的减征额、扣除额的幅度,优惠税率的幅度。例如,企业所得税法规定:企业发生的公益性捐赠支出,不超过年度利润总额12%的部分,准予抵扣。企业发生的与生产经营活动有关的业务招待费支出,按照发生额的60%扣除,但最高不得超过当年销售(营业)收入的5%。一般来讲,企业应争取尽可能多的扣除额,这样就可以减少税基,减轻税负。

3. 限制惩罚性幅度

限制惩罚性幅度主要包含加成征收比例幅度,处罚幅度等。例如,税收征管法规定:纳税人欠缴应纳税额,采取转移或者隐匿财产的手段,妨碍税务机关追缴欠缴的税款的,由税务机关追缴欠缴的税款、滞纳金,并处欠缴税款50%以上5倍以下的罚款;构成犯罪的,依法追究刑事责任。又如,印花税法规定:伪造印花税票的,由税务机关责令改正,处以 2 000 元以上 1 万元以下罚款;情节严重的,处以 1 万元以上 5 万元以下的罚款;构成犯罪的,依法追究刑事责任。在限制惩罚性幅度中,纳税人应尽可能减少税务机关对自己的限制和惩罚。惩罚措施的制定往往依据情节严重程度,而情节严重与否在很大程度上取决于执法人员的主观判断以及纳税人的认错态度。所以,纳税人在受到惩罚时,应及时认错,不要执迷不悟,以免加重处罚。另外,处罚幅度中包含倍数幅度和款项幅度,纳税人虽然不能在其中自行选择,但应充分考虑两种幅度的利用价值。

五、利用税收临界点进行税收筹划

(一)税收临界点的概念

税收临界点是指能够引起税负发生明显变化的一些标准,包括一定的比例和数额。当突破某些临界点时,所适用的税基减少、税率降低或优惠增多,纳税人从而获得税收利益。因此,我们可以利用某些临界点来控制税负,达到节税目的。在我国现行税法中,税基存在临界点,税率有临界点,优惠政策分等级也有临界点。

(二)税收临界点筹划的主要方式

1. 税基临界点筹划

税基临界点筹划主要体现在起征点的规定上。起征点与免征额不同,免征额是课税对象总额中免予征税的数额。它是按照一定标准从全部课税对象总额中预先减征的部分。免征额部分不征税,只就超过免征额的部分征税。如我国现行个人所得税法规定,对工资薪金的征税,每月免征额为 5 000 元,全年为 60 000 元。起征点是课税对象开始征税的数额界限,课税对象的数额未达到起征点的不征税,达到或超过起征点的,就课税对象的全部数额征税。如我国现行增值税法规定,从2019年1月1日至2021年12月31日,对月销售额100 000元以下的增值税小规模纳税人,免征增值税。在起征点上下的部分税负变化非常大。例如,张某与李某分别经营各自的餐饮店,都是增值税小规模纳税人。张某每月取得的收入为100 010元,而李某每月取得的收入为99 999元。于是张某须缴税,税后净收入为100 010−100 010×3%=97 009.7元,而李某无须缴税,净收入为99 999元。此处,张某的筹划方法非常简单,只要将每月收入控制在100 000元以下,就会多获得3 000.3元的净收入。

2. 税率跳跃临界点筹划

税率跳跃临界点存在于许多种类的应税商品、应税行为中,由于价格、应税行为的变化而导致税率跳档。例如,我国甲类卷烟税率为56%,乙类卷烟税率为36%,两类卷烟的税率差别很大,适用什么税率取决于卷烟分类,而类别的划分在一定程度上又依据卷烟的价格而定。两类卷烟价格的临界点便成了税率跳跃变化的临界点。如卷烟价格在临界点附近,纳税人可以主动降低价格,使卷烟类别发生变化,从而适用较低的税率。

3. 优惠临界点筹划

税收优惠政策是一国推动经济发展的重要税收杠杆。在我国,由于国情的限制,税收优惠政策普遍存在,优惠临界点也很多,所以应用范围非常广泛。优惠临界点分为三类,即时间临界点、人员临界点和优惠对象临界点。

时间临界点在我国个人所得税法中有所体现。我国个人所得税法规定,在中国境内无住所而一个纳税年度内在中国境内居住满183天的个人被认定为居民个人,其取得的应纳税所得,无论是来源于中国境内还是中国境外的任何地方,都要在中国缴纳个人所得税;在中国境内无住所而一个纳税年度内在中国境内居住不满183天的个人被认定为非居民个人,仅就其来源于中国境内的所得,向中国缴纳个人所得税。所以,在某些时候,完全可以根据该时间临界点进行筹划,尽可能作为非居民个人负有限纳税义务,从而达到节税目的。

人员临界点在我国企业所得税法中有所体现。企业所得税法规定,国家需要重点扶持的高新技术企业减按15%的税率征收企业所得税。认定为高新技术企业的条件之一是科技人员占企业当年职工总人数的比例不得低于30%,其中,研发人员占企业当年职工总人数的10%以上。所以,在某些时候,企业完全可以多招几名科技人员,便能达到享受优惠的条件。

优惠对象临界点往往会影响企业的身份。如增值税法规定,从事货物的生产、批发或者零售为主,并兼营销售服务的单位和个体工商户的混合销售,按照销售货物缴纳增值税。所谓"以从事货物的生产、批发或零售为主",是指纳税人的年货物销售额与年应税服务销售额的合计数中,年货物销售额超过50%的情况。这是值得税收筹划者留意的临界点,尤其当企业的该比例接近50%时,应主动筹划,通过调节企业经营活动,使年货物销售额不超过50%,这样就应按照销售服务缴纳增值税,而销售货物增值税税负远高于销售服务增值税税负。

六、利用分散税基进行税收筹划

(一) 分散税基的概念

所谓"税基",是指在税制设计中确定的计算应纳税额的依据,也称为"计税依据"或"课税基础"。所得税的税基就是应纳税所得额,流转税的税基就是有关的流转额,财产税的税基就是有关财产的价值或数量等。通过分散税基,累进所得税制下的纳税人可以适用较低的税率,降低应纳所得税额;一些税种的纳税人还可以通过分散税基改变自身的纳税身份。

(二) 分散税基筹划的主要方法

1. 利用累进税率分散税基

个人所得税法对多种所得规定了超额累进税率。综合所得(包括工资薪金所得、劳务报酬所得、稿酬所得和特许权使用费所得)适用 7 级超额累进税率;经营所得适用 5 级超额累进税率。如果纳税人能将有关的所得额进行分散,就可以适用较低的税率纳税。例如,当综合所得的全年应纳税所得额为 36 000 元时,适用 3% 的税率,而全年应纳税所得额为 72 000 元时,其中 36 000 元适用 10% 的税率。将一项 72 000 元的综合所得分散为两项 36 000 元的综合所得后,就可以将个人所得税税收负担从 4 680 元(36 000×3%+36 000×10%)降低到 2 160 万元(36 000×3%×2)。

土地增值税法也规定了 4 级超率累进税率,纳税人的税收负担取决于转让房地产所实现的增值率高低。纳税人收入的增长预示着相同条件下增值率的提高,从而使之适用更高一级的税率。档次的爬升会使纳税人的税负急剧加重,因而分散税基有着很强的现实意义。一般常见的方法就是将可以分开单独处理的部分从整个房地产中分离,如房屋内部的各种设施。在售出房地产时,如果不全是整体进行,而是利用分散技巧,虽然增加了一点麻烦,但极有利于节税。

【例 2-1】 企业准备出售其拥有的一幢房屋(该房屋为原有不动产,按简易方法征税)以及土地使用权,包括房屋内部的各种办公设备。估计房屋市场价值是 850 万元(不含税价,下同),房屋内各种设备的价格约为 120 万元,除税金外,合法扣除项目总金额为 600 万元。若企业整体转让房产、土地所有权及其房屋内设备,则:

增值额=(850+120)−600−(850+120)×5%×(7%+3%+2%)−(850+120)×0.5‰
　　　=970−606.31=363.69(万元)

增值率=363.69÷606.31=59.98%

增值额超过扣除项目金额的 50%,未超过 100%,适用税率为 40%。

应缴纳的土地增值税=363.69×40%−606.31×5%=115.16(万元)

如果企业将这幢房产及土地使用权与房屋内部设备分开出售,则:

增值额=850−600−850×5%×(7%+3%+2%)−850×0.5‰=850−605.53
=244.47(万元)

增值率=244.47÷605.53=40.37%

增值额未超过扣除项目金额的50%,适用税率为30%。

应缴纳的土地增值税为=244.47×30%=73.34(万元)

因此,企业可以节约土地增值税41.82万元(115.16−73.34)。

2. 利用费用扣除分散税基

我国税法中的费用扣除体现在很多方面。例如,个人所得税中非居民个人的劳务报酬所得、稿酬所得、特许权使用费所得、财产租赁所得等的费用扣除,居民个人的财产租赁所得、利息股息红利所得、偶然所得等,都与所得的"次"数有关,纳税人将本应一次纳税的税基分散为多次,就可以进行多次费用扣除。

七、利用税负平衡点进行税收筹划

(一) 税负平衡点的概念

税负平衡点,又称税负临界点,是指两种纳税方案税收负担相等时的临界点。可以根据税负平衡点,寻求两种纳税方案中的最佳节税方案。

(二) 税负平衡点法的步骤

(1) 设置衡量税负平衡点的变量 X。
(2) 设置两套纳税方案。
(3) 令两套纳税方案的税负相等。
(4) 解出变量 X。
(5) 依据实际值与 X 值的比较,判定两种纳税方案的优劣。

在实际工作中,我们可以充分利用税负平衡点进行税收筹划,例如,一般纳税人和小规模纳税人的选择、私营企业和个体工商户的选择等。

第二节 税收筹划的流程

税收筹划的基本流程可以分为收集信息、目标分析、方案设计与选择、实施与反馈四个流程。

一、收集信息

收集信息是税收筹划的基础，只有充分掌握了信息，才能进一步展开税收筹划工作。收集的信息既包括企业外部的信息，也包括企业内部的信息。

（一）收集外部信息

企业是在一定的环境中生存和发展的，外界条件制约着企业的经济活动，也影响着活动的效果。税收筹划必须掌握企业外部的信息。

1. 税法

税法是处理国家与纳税人税收分配关系的主要法律规范，包括所有调整税收关系的法律、法规、规章和规范性文件。税收筹划不能违反税法，而且税收筹划人要认真掌握和研究税法，找到其中可供税收筹划利用之处。税法常随经济情况的变动或为配合政策的需要而修正，修正次数较其他法律要频繁得多。因此，企业进行税收筹划时，对于税法修正的内容或趋势，必须密切注意并适时对筹划方案做出调整，以使自己的行为符合法律规范。

2. 其他政策法规

税收筹划的内容涉及企业生产经营活动的各方面，要做到有效运用税收筹划策略，不仅要了解、熟悉税法，还要熟悉会计法、公司法、经济合同法、证券法等有关法律规定，只有这样才能分辨什么违法，什么不违法，在总体上确保自己的税收筹划行为的不违法性。全面了解各项法律规定，尤其是熟悉并研究各种法律制度，可以为税收筹划活动构建一个安全的环境。

3. 主管税务机关的观点

在理论上，税收筹划与偷税虽然含义不同，能够进行区别，但是在实践中，要分辨某一行为究竟是属于税收筹划行为还是偷税行为却比较困难，一般要通过税务机关的认定和判断，而此类认定和判断又常常随主观与客观条件的不同而有不同的结果。因此，任何纳税人在进行税收筹划时，除必须精研税法及相关法律规定外，还必须进一步了解税务部门从另一角度认识该税收筹划行为的可能性，在反复研讨的基础上做出筹划。否则，一旦税收筹划被视为偷税，就会得不偿失。

（二）收集内部信息

企业自身的情况是税收筹划的出发点，税收筹划必须掌握企业的内部信息。

1. 纳税人的身份

有些税种对纳税人的界定有一定差异，规定在一定条件下，对有同样行为的主体不纳入征税范围。因此，对纳税人身份进行筹划，在一定条件下可以避免成为纳税人，免除纳税义务。

2. 组织形式

纳税人的组织形式不同，在双重征税、亏损抵补等方面的税收待遇也不同，税收筹划要设计最佳的组织形式。

3. 注册地点

不同的注册地点,在地区性税收优惠、宏观税负、避免双重征税等方面的规定是不同的。税收筹划要更好地利用所在地区的税收政策。

4. 所从事的产业

我国税收制度,在促进产业结构的调整或升级方面规定了许多税收优惠政策,充分利用这些税收优惠政策选择投资领域,可以取得更多的税收利益。

5. 财务情况

税收筹划是财务管理的一个方面,要服从于纳税人的整体财务计划,而且税收筹划也要在全面和详细了解纳税人的真实财务情况的基础上,才能制定不违法和合理的税收筹划方案。

6. 对风险的态度

税收筹划作为经济活动也存在风险。有时候,风险大,报酬率也高,如何决策就要看经营管理者对于风险的认知。

7. 税务情况

了解企业以前和目前的有关税务情况,包括申报、纳税以及和税务机关的关系等情况,有助于制定合理的企业税收筹划方案。

二、目标分析

目标分析能确定税收筹划的方向和范围,也就是税收筹划的空间。在分析筹划目标时,要综合考虑多方面的因素。

(一) 纳税人的要求

纳税人对税收筹划的共同要求都是尽可能多地节减税额,获得税收利益,增加财务收益。但是,具体来看,不同纳税人的要求可能有所不同。

1. 要求增加所得还是资本增值

纳税人对财务收益的要求大致有三种:第一种是要求最大限度地增加每年的所得;第二种是要求若干年后纳税人资本有最大的增值;第三种是既要求增加所得,也要求资本增值。对不同的要求,税收筹划也是不同的。

2. 投资要求

如果纳税人有投资意向但尚未有明确的方案,税收筹划人可以根据纳税人的具体情况进行税收筹划,提出各种投资建议,如投资地点、投资项目、投资期限等。但有时纳税人的投资意向已经有了一定的倾向性,这时税收筹划人就必须了解纳税人的要求,根据纳税人的要求来进行税收筹划,提出建议,如建议改子公司为分支机构等。

(二) 目标的限定

1. 纳税成本与经济效益的选择

税收筹划和其他财务管理决策一样,必须遵循成本效益原则,只有当筹划方案的所得大于支出时,该项税收筹划才是成功的筹划。

(1) 税收筹划与企业发展战略的选择。决定现代企业整体利益的因素是多方面的,税收利益虽然是企业一项重要的经济利益,但不是企业的全部经济利益。因此,开展税收筹划应服从于企业的整体利益,不能为筹划而筹划,而应从企业的社会形象、发展战略、预期效果、成功概率等多方面综合考虑、全面权衡,切莫顾此失彼、草率行事。

(2) 税收筹划目标与财务管理目标的选择。从根本上讲,税收筹划应属于企业财务管理的范畴,它的目标是由企业财务管理的目标决定的,即实现企业所有者财务利益最大化。也就是说,在筹划税收方案时,不能只一味地考虑税收成本的降低,而忽略因该筹划方案的实施引发的其他费用的增加或收入的减少,必须综合考虑采取该税收筹划方案是否能给企业带来绝对的收益。任何一项筹划方案都有其两面性,随着某一项筹划方案的实施,纳税人在取得部分税收利益的同时,必然会为该筹划方案的实施付出额外的代价,以及因选择该筹划方案而放弃其他方案的相应收益机会。当新发生的费用或损失小于取得的利益时,该项筹划方案是合理的;当费用或损失大于取得的利益时,该筹划方案就不可取。一项成功的税收筹划必然是多种税收方案的优化组合,不能认为税负最轻的方案就是最优的税收筹划方案,一味地追求税收负担的降低往往会导致企业总体利益的下降。

2. 税种的限定

从原则上说,税收筹划可以针对一切税种,但由于不同税种的性质不同,税收筹划的途径、方法及其收益也不同。因此,只有在精心研究各个税种的性质、法律规定,以及了解各税种在经济活动不同环节中的地位和影响的基础上,才能做到综合衡量、统筹考虑,选择最优的筹划方案,取得尽可能大的收益。

(1) 考虑整体税负的轻重。企业的任何一项经济活动,都可能会涉及多个税种,因此税收筹划不能只局限于个别税种税负的高低,而应着重考虑整体税负。纳税人的经营目标是获得最大总收益,这就要求整体税负最低。在考虑整体税负的同时还要着眼于生产经营业务的扩展,即使缴纳税收的绝对额增加了,甚至税负也提高了,但从长远看,资本回收率能提高,还是可取的。理想的税收筹划应使总体收益最多,不一定纳税最少。

(2) 全面考察相关年度的课税情况。例如,所得税是按年课税,除少部分税收筹划(如亏损抵免的运用)可以绝对地减少应纳税额外,更多的所得税税收筹划的实施会影响其相关年度的所得额。换言之,今年所得额减少,常会引起明年或以后年度所得额的增加,亦即前后年度所得额会因不同的税收筹划策略而发生变动。因此,在进行税收筹划方案设计时,必须立足于企业经营的连续过程,将前后相关年度的课税额分别加以计算,全面考虑,才能实现税收筹划的目标。

3. 经济活动参与者各方的税负情况

交易方式不同,经济活动参与者各方的税收负担也可能不同,而当事人应负担的税负,往往具有高度的转嫁性,以致影响交易各方的真实税收负担。因此,在进行税收筹划时,除必须考虑本身直接应负担的税额外,还应该兼顾交易对方的课税情况及其税负转嫁的可能性,从而采取相应对策。

4. 特定税种的影响

首先,要考虑经营与税收相互影响的因素,也就是某个特定税种在经济活动中的地位和作用。对纳税人决策有重大影响的税种当然是税收筹划的重点。其次,要考虑税收自身的因素,即税种的税负弹性。税负弹性越大,税收筹划的潜力也越大。

三、方案设计与选择

在掌握相关信息和对目标进行了仔细分析的基础上,税收筹划人可以着手设计税收筹划方案。一个纳税人或一项税务事件的筹划方案可能不止一个,换言之,税收筹划人为一个纳税人或一项税务事件所制定的筹划方案往往不止一个,这样,在方案制定出来以后,下一步就是对税收筹划方案进行筛选,选出一个最优方案。

(一)风险筹划方案设计与选择

任何经济决策都是面向未来的,并且有或多或少的风险。决策时须权衡风险和收益,才能获得较好的效果。通常所说的绝对收益税收筹划和相对收益税收筹划,都是基于无风险的假设,即没有风险或不用考虑风险。但是,税收筹划须在企业经济行为发生前做出安排,由于环境及其他变量错综复杂,常常会发生一些非主观所能左右的事件,这就使得事前的税收筹划带有很多不确定性因素,其成功率自然也就不可能为100%了。同时,税收筹划的经济收益也只是一个估算值,并非绝对的数字。因此,企业在进行税收筹划决策时,应充分考虑税收筹划的风险,除考虑货币的时间价值外,在大多数情况下还要考虑筹划的风险价值。

风险是事件本身的不确定性,具有客观性。严格说来,风险和不确定性是有区别的。对于风险,事前可以知道可能产生的后果以及每种后果的概率。对于不确定性,事前则不知道可能的后果,或者知道可能的后果,但不知道它们出现的概率。在面对实际问题时,两者很难区分,风险问题的概率往往不能准确知道,不确定性问题也只能估计一个概率,因此,在实务中,对风险和不确定性不作区分,都视为"风险"问题对待,把风险理解为可测定概率的不确定性。概率的测定有两种:一种是客观概率,是指根据大量历史实际数据推算出来的概率;另一种是主观概率,是在没有大量实际资料的情况下,人们根据有限的资料和经验合理估计出来的。

风险筹划设计是指在一定时期和一定环境条件下,把风险降低到最低程度而节减超过一般筹划所节减的税额。风险筹划设计主要考虑了筹划的风险价值,在绝对收益筹划方案、相对收益筹划方案的基础上加入了对风险的考虑。

(二)组合筹划方案设计与选择

税收筹划的目标是收益最大化,为此往往同时采用多种筹划方法,也就是采用组合筹划技术。在多种筹划方法中,有些筹划方法在节减税收和风险方面可能会相互影响。组合筹划方案设计是指在一定时期和一定环境条件下,通过多种筹划方法组合使筹划总额最大化、筹划风险最小化。

四、实施与反馈

税收筹划方案制定后,还须经有关管理人员批准,方可进入实施阶段。

企业应当按照税收筹划方案，对自己的纳税人身份、组织形式、注册地点、所从事的产业、经济活动以及会计处理等做出相应的处理或改变，并且要特别注意税收筹划方案中特殊的法律安排，因为税收筹划是以不违法为前提的，如果在执行中出现偏差，有可能带来不良后果。企业的财务部门应该对采取筹划方案后取得的财务收益进行记录。

税收筹划人应当通过一定的信息反馈渠道，了解企业实际的经济活动情况以及税收筹划方案的实施情况。税收筹划人根据这些实际数据计算出税收筹划方案应该达到的效果，如应该节减的税额等。然后，税收筹划人将应该达到的标准与实际情况进行比较，确定其差额，发现例外情况。对于足够大的差异，税收筹划人应该跟纳税人进行沟通，并进行具体的调查研究，以便发现产生差异的具体原因。如果是纳税人没有按税收筹划人的原意执行税收筹划方案，税收筹划人应给予提示，指出可能产生的后果；当反馈的信息表明，税收筹划人设计的税收筹划方案有误时，税收筹划人应及时修订其设计的税收筹划方案。当企业所处的经济环境和自身情况发生变化时，税收筹划人应该评估这些变化对税收筹划方案运行的影响，如果有必要，应该根据新的经济活动状况重新设计或修订税收筹划方案。

本 章 小 结

要成功进行税收筹划，必须掌握税收筹划的方法和流程。税收筹划的方法主要包括以下几种：利用税收优惠政策进行税收筹划；利用转移定价进行税收筹划；利用税负转嫁进行税收筹划；利用税法弹性进行税收筹划；利用税收临界点进行税收筹划；利用分散税基进行税收筹划；利用税负平衡点进行税收筹划。在具体实践中，应结合纳税人所从事经济活动的性质和经营状况，综合运用税收筹划方法，以达到预期目的。税收筹划的流程主要包括收集信息、目标分析、方案设计与选择、实施与反馈四个阶段。

练 习 题

1. 举例说明如何利用分散税基进行税收筹划。
2. 举例说明如何利用税负平衡点进行税收筹划。
3. 举例说明如何利用延期纳税进行税收筹划。
4. 举例说明如何利用减免税进行税收筹划。
5. 简述转移定价的基本模型。
6. 利用税负转嫁进行税收筹划的主要方式有哪些？
7. 制定一个比较成功的税收筹划方案需要哪些步骤？

第三章

流转税的税收筹划

流转税是以商品流转额和非商品流转额为课税对象征收的税类,它和纳税人的利益密切相关,涉及范围也很广泛。本章主要介绍我国现行流转税的税收筹划,具体包括增值税、消费税和关税三个税种的税收筹划。充分利用不同纳税人的税负差异、尽量降低计税依据、用好用足税收优惠政策是流转税税收筹划的主要思路。

第一节 增值税的税收筹划

增值税是以在我国境内从事销售货物或者提供应税劳务、应税服务以及从事进口货物的企业单位和个人取得的增值额和货物进口金额为计税依据征收的一种税。

一、纳税人类别的税收筹划

增值税纳税人分为一般纳税人和小规模纳税人。小规模纳税人是指年销售额在规定标准以下,并且会计核算不健全,不能按规定报送有关税务资料的增值税纳税人。

增值税法规定,自2018年5月1日起,增值税小规模纳税人的认定标准为年应税销售额500万元及以下,增值税一般纳税人的认定标准为年应税销售额500万元以上。年应税销售额超过小规模纳税人标准的其他个人按小规模纳税人纳税,非企业性单位、不经常发生应税行为的企业可选择按小规模纳税人纳税。

增值税法规定,应税服务年销售额标准为500万元。应税服务年增值税销售额超过规定标准的纳税人为一般纳税人,未超过规定标准的纳税人为小规模纳税人。应税服务年销售额超过规定标准的其他个人按小规模纳税人纳税,应税服务年销售额超过规定标准但不经常提供应税服务的单位和个体工商户可选择按照小规模纳税人纳税。

一般纳税人可以使用增值税专用发票,其应纳增值税等于当期销项税额减去当期进项税额。小规模纳税人不可以使用增值税专用发票,其应纳增值税采用简易方法计算,即等于销售额乘以征收率。增值税一般纳税人和小规模纳税人的差别待遇,为两类纳税人的税收筹划提供了可能性。通常认为,小规模纳税人的税负重于一般纳税人,但实际上并不完全如此。从纳税人的税负角度考虑,企业选择哪种纳税人对自己有利呢?主要判别方法有增值率判别法和抵扣率判别法两种。

(一) 增值率判别法

在适用增值税税率相同的情况下,起关键作用的是企业进项税额的多少或者增值率的高低。增值率与进项税额成反比关系,与应纳税额成正比关系。其计算公式如下:

> 增值率=(销售额-购进额)÷销售额
> 或 增值率=(销项税额-进项税额)÷(销售额×增值税税率)
> 即:销项税额-进项税额=销售额×增值税税率×增值率
> 又:一般纳税人应纳税额=当期销项税额-当期进项税额
> =销售额×13%(或9%、6%)×增值率
> 小规模纳税人应纳税额=销售额×3%

应纳税额无差别平衡点增值率的计算如下:

> 销售额×13%(或9%、6%)×增值率=销售额×3%

当销售额不含税时,应纳税额无差别平衡点增值率的计算如下:

> 销售额×13%(或9%、6%)×增值率=销售额×(1+13%)÷(1+3%)×3%
> 增值率=25.32%(或35.28%、51.46%)

当销售额含税时,应纳税额无差别平衡点增值率的计算如下:

> 销售额÷[1+13%(或9%、6%)]×13%(或9%、6%)×增值率
> =销售额÷(1+3%)×3%
> 增值率=25.32%(或35.28%、51.46%)

因此,当销售额不含税或含税时,增值率都是一样的。增值率为25.32%(或35.28%、51.46%)时,两类纳税人税负相同;增值率小于25.32%(或35.28%、51.46%)时,小规模纳税人的税负重于一般纳税人;增值率大于25.32%(或35.28%、51.46%)时,一般纳税人的税负重于小规模纳税人。

表 3-1 无差别平衡点增值率

一般纳税人税率	小规模纳税人征收率	无差别平衡点增值率
13%	3%	25.32%
9%	3%	35.28%
6%	3%	51.46%

这样,企业在设立时,纳税人便可通过税收筹划,根据所经营货物的总体增值率水平,选择不同的纳税人身份。当然,小规模纳税人转换成一般纳税人,必须具备一定条件,才能达到节税的目的。

【案例3-1】 某生产性企业,年销售收入(不含税)为900万元,会计核算制度健全,为增值税的一般纳税人,可抵扣购进金额为600万元。适用的增值税税率为13%,年应纳增值税额为39万元。该企业选择哪种身份税负较轻?

按增值率判别法,由于企业的增值率为33%[(900-600)÷900],大于无差异平衡点增值率25.32%,企业选择为小规模纳税人税负较轻。

因此,可通过将企业分设为两个独立核算的企业,使其销售额分别为450万元和450万元,各自符合小规模纳税人的标准。分设后的应纳税额为27万元(450×3%+450×3%),可节约税款12万元(39-27)。

(二)抵扣率判别法

将上述增值率的计算公式转化如下:

$$
\begin{aligned}
增值率 &= (销售额-购进额)÷销售额 \\
&= 1-购进额÷销售额 \\
&= 1-抵扣率 \\
抵扣率 &= 1-增值率 = 1-25.32\%(或35.28\%、51.46\%) \\
&= 74.68\%(或64.72\%、48.54\%)
\end{aligned}
$$

通过计算可知,当企业可抵扣的购进额占销售额的比重为74.68%(或64.72%、48.54%)时,两类纳税人税负相同;当企业可抵扣的购进额占销售额的比重大于74.68%(或64.72%、48.54%)时,一般纳税人税负轻于小规模纳税人;当企业可抵扣的购进额占销售额的比重小于74.68%(或64.72%、48.54%)时,一般纳税人税负重于小规模纳税人。

表3-2 无差别平衡点抵扣率

一般纳税人税率	小规模纳税人征收率	无差别平衡点抵扣率
13%	3%	74.68%
9%	3%	64.72%
6%	3%	48.54%

【案例3-2】 甲乙两企业均为小规模纳税人,批发机械配件。甲企业的年销售额为300万元(不含税),每年可抵扣购进金额为250万元;乙企业的年销售额为400万元(不含税),

每年可抵扣购进金额为350万元。由于两企业的年销售额均达不到一般纳税人的标准,税务机关对甲、乙两企业按简易办法征税。甲企业年应纳增值税额为9万元(300×3%),乙企业年应纳增值税额为12万元(400×3%)。

甲企业的抵扣率为83.33%(250÷300),乙企业的抵扣率为87.5%(350÷400),均超过无差别平衡点的抵扣率74.68%,作为小规模纳税人税负重。如果两个企业合并为一家企业,年销售额超过500万元,就可以转变为一般纳税人。这样,其应纳增值税为13万元[(300+400)×13%－(250+350)×13%]。两企业合并后可以比原来少缴税8万元[(9+12)－13]。

在纳税人类别筹划过程中,须注意五个问题。

(1) 企业要申请成为一般纳税人以节税,可以通过增加销售额,健全会计核算制度或通过合并等方式使其符合一般纳税人的标准,但另一方面,纳税人进行筹划的目的是通过减轻税负实现企业财务利益的最大化。企业为了减轻税负,在暂时无法扩大经营规模的前提下实现由小规模纳税人向一般纳税人的转换,必然要增加会计成本。例如,增设会计账簿,培养或聘请有能力的会计人员等。如果小规模纳税人由于税负减轻而带来的收益尚不足以抵消这些成本的支出,则宁可保持小规模纳税人身份。

(2) 企业如果成为小规模纳税人以节税,就要维持较低的销售额或通过分设的方式使其销售额低于一般纳税人的标准,但一方面,这会限制企业规模的扩大,另一方面,由于无法使用增值税专用发票,一般纳税人客户可能会减少,影响总体销售量。

(3) 主要从事销售消费品的商业企业,可以考虑选择小规模纳税人身份;主要从事销售生产资料的商业企业以及工业企业,应该选择一般纳税人身份。

(4) 除国家税务总局另有规定外,纳税人一经认定为一般纳税人,不得转为小规模纳税人,而小规模纳税人只要符合税法规定的一般纳税人条件,即会计核算健全,能够提供准确税务资料,就可以申请认定为一般纳税人。

(5) 年应税销售额超过小规模纳税人标准的其他个人按小规模纳税人纳税,非企业性单位、不经常发生应税行为的企业可选择按小规模纳税人纳税。应税服务年销售额超过小规模纳税人标准的其他个人按小规模纳税人纳税,不经常提供应税服务的单位和个体工商户可选择按小规模纳税人纳税。

二、兼营行为的税收筹划

增值税法规定,纳税人兼营行为有两种。

(1) 纳税人销售货物、加工修理修配劳务、服务、无形资产或者不动产适用不同税率或者征收率的,应当分别核算适用不同税率或者征收率的销售额,未分别核算销售额的,按照以下方法适用税率或者征收率:① 兼有不同税率的销售货物、加工修理修配劳务、服务、无形资产或者不动产,从高适用税率;② 兼有不同征收率的销售货物、加工修理修配劳务、服务、无形资产或者不动产,从高适用征收率;③ 兼有不同税率和征收率的销售货物、加工修理修配劳务、服务、无形资产或者不动产,从高适用税率。

(2)纳税人兼营免税、减税项目的,应当分别核算免税、减税项目的销售额;未分别核算销售额的,不得免税、减税。

根据上述规定,纳税人在进行税收筹划时,必须正确掌握税收政策,准确界定兼营行为。如果企业存在兼营行为,必须分开核算,只有这样,才能减轻税负。

【案例3-3】 某农业生产企业为增值税一般纳税人,生产增值税免税农产品和适用9%税率的应税加工食品。该企业每月的农产品含税销售额为65万元,加工食品含税销售额为45万元;用于生产农产品的进项税额为4万元,用于加工食品的进项税额为3万元。

未分别核算时:

$$应纳增值税=(65+45)\div(1+9\%)\times 9\%-7=2.08(万元)$$

分别核算时:

$$应纳增值税=45\div(1+9\%)\times 9\%-3=0.72(万元)$$

可见,若分别核算,每月可以为企业节减增值税1.36万元(2.08-0.72)。

【案例3-4】 某农业机械厂于2019年5月生产销售农机,取得收入50万元(不含增值税),另外,利用本厂设备,从事加工、修理修配业务,取得收入10万元(不含增值税)。

未分别核算时:

$$应纳增值税=(50+10)\times 13\%=7.8(万元)$$

分别核算时:

$$应纳增值税=50\times 9\%+10\times 13\%=5.8(万元)$$

可见,若分别核算,可以为企业节减增值税2万元(7.8-5.8)。

三、混合销售行为的税收筹划

增值税法规定,一项销售行为如果既涉及货物又涉及服务,为混合销售行为。从事货物的生产、批发或者零售的单位和个体工商户的混合销售,按照销售货物缴纳增值税;其他单位和个体工商户的混合销售,按照销售服务缴纳增值税。

所谓从事货物的生产、批发或者零售的单位和个体工商户,包括以从事货物的生产、批发或者零售为主,并兼营销售服务的单位和个体工商户在内。

根据上述规定,纳税人在进行税收筹划时,必须正确掌握税收政策,准确界定混合销售行为。发生混合销售行为的纳税人,应判断自己是否属于从事生产、批发、零售的单位和个体工商户。如果不是,只须按照销售服务缴纳增值税,无须按照销售货物缴纳增值税。同时,还应注意,纳税人销售活动板房、机器设备、钢结构件等自产货物的同时提供建筑、安装服务,不属于混合销售行为,应分别核算货物和建筑服务的销售额,分别适用不同的税率或者征收率。

此外,纳税人从事货物的生产、批发或零售,并兼营销售服务,有可能按照销售货物缴纳增值税,也有可能按照销售服务缴纳增值税,关键要看纳税人是否以从事货物的生产、批发或零售为主。

四、税率的税收筹划

增值税法规定,纳税人销售有形动产租赁服务适用的税率为13%,纳税人销售交通运输服务适用的税率为9%。其中,远洋运输公司的光租业务和航空运输公司的干租业务都属于有形动产租赁服务,远洋运输公司的期租业务和航空运输公司的湿租业务都属于交通运输服务。这些交通运输企业可以根据不同增值税应税服务适用不同税率的规定,通过选择适用较低增值税税率的业务来达到降低企业税收负担的目的。

【案例3-5】 我国某大型远洋运输集团A为增值税一般纳税人,2019年6月,B公司准备租赁A公司一艘货轮为其在国内运输所需的生产物资,订单总金额为500万元。现在A公司有两种租赁方案,方案1为仅将A企业闲置的货轮租借给B公司,获得500万元的营业收入;方案2为A企业将闲置的货轮配备好船员为B公司服务,获得500万元的营业收入,这些船员的人力总成本为20万元。请问A公司采取哪种方案总成本更低(其他成本忽略不计)?

方案1:A公司是光租业务,应按照有形动产租赁按13%的增值税税率缴纳增值税。A公司应缴纳增值税=500×13%=65(万元),应缴纳城建税和教育费附加=65×(7%+3%+2%)=7.8(万元),A公司的总成本=65+7.8=72.8(万元)。

方案2:A公司是期租业务,应该按照交通运输服务按9%的增值税税率计算缴纳增值税。A公司应缴纳增值税=500×9%=45(万元),应缴纳城建税和教育费附加=45×(7%+3%+2%)=5.4(万元),A公司的总成本=45+5.4+20=70.4(万元)。

所以,方案2比方案1节约成本2.4万元。

【案例3-6】 某航空运输企业A为增值税一般纳税人。2019年6月,该企业采用湿租方式为某水果种植基地运送一批鲜果,并以运输企业的名义办理飞机进港手续,共收取含税运输费用1 090万元,当期可抵扣的进项税额为50万元。如何进行税收筹划,以降低该航空运输企业的增值税税负水平?

税收筹划前应缴纳增值税=1 090÷(1+9%)×9%−50=40(万元)

增值税法规定,交通运输服务适用9%的税率,经纪代理服务适用6%的税率,这就为税收筹划提供了空间。从事交通运输服务的企业可以单独成立货物运输代理公司,将非核心业务采用代理的方式处理,以达到降低总体增值税税负水平的目的。

如果该航空运输企业A单独成立货物运输代理公司——甲公司,并与水果种植基地协商,由甲公司以水果种植基地名义办理飞机进港手续,水果种植基地向甲公司支付109万元(含税),向该运输公司支付981万元(含税)。假定甲公司无可抵扣的进项税额,交通运输企业 A 可抵扣进项税额仍为 50 万元。

$$税收筹划后应缴纳增值税=981÷(1+9\%)×9\%-50+109÷(1+6\%)×6\%=37.17(万元)$$

经税收筹划后,该运输企业可少缴纳增值税 2.83 万元(40－37.17)。

五、销项税额的税收筹划

增值税法规定,销项税额是纳税人销售货物或者提供应税劳务和应税服务,按照销售额或提供应税劳务收入和应税服务收入与规定的税率计算并向购买方收取的增值税税额。销项税额的计算公式是:

$$销项税额=销售额×税率$$

对销项税额的筹划可从五个方面进行。

(一)带包装物销售的筹划

在带包装物销售的情况下,尽量不要让包装物作价随同货物一起销售,而应采取收取包装物押金的方式,而且包装物押金应单独核算。

(二)特殊销售方式的筹划

特殊的销售方式主要有:折扣销售、销售折扣、销售折让、以旧换新及以物易物。

1. 折扣销售

折扣销售是指销货方在销售货物或应税劳务和应税服务时,由于购货方购货数量较多等原因,而给予购货方价格优惠。在折扣销售的方式下,如果销售额和折扣额是在同一张发票上分别注明的,可按折扣后的余额作为销售额计算增值税;如果将折扣额另开发票,不论其在财务上如何处理,均不得从销售额中减除折扣额。折扣销售仅限于货物价格的折扣,如果销货者将自产、委托加工或购买的货物用于实物折扣,则该实物款额不能从货物销售额中减除,而且该实物应按"视同销售货物行为"中的"赠送他人"计算征收增值税。

2. 销售折扣

销售折扣是指销货方在销售货物或应税劳务和应税服务后,为了鼓励购货方及早偿还货款,协议许诺给予购货方的一种折扣优待。销售折扣发生在销货之后,是一种融资性质的理财费用,因此,销售折扣不得从销售额中减除。

3. 销售折让

销售折让是指货物销售后,购货方未予退货,但由于货物的品种、质量等原因,销货方须给予购货方的一种价格折让。对销售折让可以折让后的货款为销售额。

4. 以旧换新

以旧换新是指纳税人在销售自己的货物时,有偿收回旧货物的行为。采用以旧换新方式销售货物的,应按新货物的同期销售价格来确定销售额,不得扣减旧货物的收购价格。

5. 以物易物

以物易物是指购销双方不是以货币结算,而是以同等价款的货物相互结算,实现货物购销的一种方式。以物易物的双方都应作购销处理,以各自发出的货物核算销售额并计算销项税额,以各自收到的货物按规定核算购货额并计算进项税额。

采用不同的销售方式,所负担的税负会有所不同,纳税人在筹划时应充分考虑这一点。

【案例 3-7】 某商场为增值税一般纳税人,销售利润率为 20%,现销售 200 元的商品,其成本为 160 元,国庆期间,商场欲采用四种促销方案。

方案 1:采取以旧换新的方式销售,旧货的价格定为 20 元,即买新货时可以少缴 20 元。

方案 2:商品九折销售。

方案 3:购买物品满 200 元,返还 20 元。

方案 4:购买物品满 200 元,赠送价值 20 元的小商品,小商品成本为 12 元。

以上价格均为含税价。

某消费者同样购买 200 元商品,对于商家来说,以上四种销售方式的税负情况是不同的,如果仅考虑增值税,则计算结果如下。

方案 1:应纳增值税 $= 200 \div (1+13\%) \times 13\% - 160 \div (1+13\%) \times 13\% = 4.60(元)$

方案 2:应纳增值税 $= 180 \div (1+13\%) \times 13\% - 160 \div (1+13\%) \times 13\% = 2.30(元)$

方案 3:应纳增值税 $= 200 \div (1+13\%) \times 13\% - 160 \div (1+13\%) \times 13\% = 4.60(元)$

方案 4:应纳增值税 $= [200 \div (1+13\%) \times 13\% - 160 \div (1+13\%) \times 13\%]$
$\qquad\qquad\qquad + [20 \div (1+13\%) \times 13\% - 12 \div (1+13\%) \times 13\%]$
$\qquad\qquad\quad = 4.60 + 0.92 = 5.52(元)$

如果仅考虑增值税,上述四种方案中,第二种最好,税负最轻为 2.30 元,第四种方案最差,税负最重为 5.52 元。如果增加其他税种进行考虑,可以得出更为准确的答案。

(三) 销售结算方式的筹划

增值税法规定,纳税人销售货物或者应税劳务和应税服务的纳税义务发生时间,为收讫销售款项或者取得索取销售款项凭据的当天;先开具发票的,为开具发票的当天。按销售结算方式的不同,具体有 10 种情形。

(1) 采取直接收款方式销售货物,不论货物是否发出,均为收到销售款或者取得索取销售款凭据的当天。

(2) 采取托收承付和委托银行收款方式销售货物,为发出货物并办妥托收手续的当天。

(3) 采取赊销和分期收款方式销售货物,为书面合同约定的收款日期的当天,无书面合同的或者书面合同没有约定收款日期的,为货物发出的当天。

(4) 采取预收货款方式销售货物,为货物发出的当天,但生产销售生产工期超过 12

个月的大型机械设备、船舶、飞机等货物,为收到预收款或者书面合同约定的收款日期的当天。

(5) 委托其他纳税人代销货物,为收到代销单位的代销清单或者收到全部或者部分货款的当天。未收到代销清单及货款的,为发出代销货物满180天的当天。

(6) 销售应税劳务,为提供劳务同时收讫销售款或者取得索取销售款的凭据的当天。

(7) 发生视同销售货物行为,为货物移送的当天。

(8) 纳税人提供建筑服务、租赁服务采取预收款方式的,为收到预收款的当天。

(9) 纳税人从事金融商品转让的,为金融商品所有权转移的当天。

(10) 纳税人发生视同销售服务、无形资产或者不动产行为的,为服务、无形资产转让完成的当天或者不动产权属变更的当天。

根据上述规定,纳税人应在规定的时间计算应纳税额,不要提前计算应纳税额,以充分利用资金的时间价值。另外,纳税人在实现销售收入时,可采取特殊的结算方式,拖延入账时间,达到延期纳税的目的。一般来说,如果预期货款不能及时收回,可采取赊销和分期收款结算方式。同样,采取委托代销结算方式,也有利于企业延期纳税。此外,应尽量避免采取托收承付和委托银行收款的结算方式,以防止垫付税款。

【案例3-8】 某服装有限公司是一般纳税人,当月发生五笔销售业务,合计1 800万元(含税价),其中三笔为直接销售方式,对方以现金取货,另外两笔业务的资金暂时不能回笼而要拖很长的时间。考虑到业务合作的具体情况,公司采取了下述销售方式。能立即收回现金的业务(1 000万元)采取直接销售方式,在当月全部作销售处理,并计提销项税额。对另外两笔业务,则在业务发生时就与对方签订了赊销和分期收款合同,其中:一笔业务(300万元)两年以后一次性付清;另一笔业务(500万元)一年以后先付250万元,一年半以后付150万元,余额100万元两年以后结清。如此操作,销售并没有受到影响,但企业的纳税义务大大推迟。其推迟的税款和时间分别是46.02万元(两年)、17.26万元(一年半)、28.76万元(一年)。

(四) 销售价格的筹划

增值税的有关法规对企业市场定价的幅度没有具体限定,即企业拥有企业法所赋予的充分的市场定价自主权。这就使市场法人主体可以在利益统一体的关联企业之间,通过转移价格及利润合理分配,进行税收筹划,达到延期纳税,减轻税负水平的目的。

【案例3-9】 甲、乙、丙为集团公司内部三个独立核算的企业,彼此存在着购销关系:甲企业生产的产品可以作为乙企业的原材料,而乙企业制造的产品的80%提供给丙企业。有关资料如表3-3所示。

表 3-3　甲、乙、丙企业的相关情况

企业名称	增值税税率	所得税税率	生产数量	正常市价	转移价格
甲	13%	25%	1 000	500	400
乙	13%	25%	1 000	600	500
丙	13%	25%	800	700	700

注：以上价格均为含税价。

假设甲企业进项税额为 40 000 元，市场年利率为 24%。如果三个企业均按正常市价结算货款，应纳增值税税额如下：

甲企业应纳增值税 = 1 000×500×13%÷(1+13%) − 40 000
　　　　　　　　= 57 522 − 40 000 = 17 522(元)

乙企业应纳增值税 = 1 000×600×13%÷(1+13%) − 57 522
　　　　　　　　= 69 027 − 57 522 = 11 505(元)

丙企业应纳增值税 = 800×700×13%÷(1+13%) − 69 027×80%
　　　　　　　　= 64 425 − 55 222 = 9 203(元)

集团合计应纳增值税 = 17 522 + 11 505 + 9 203 = 38 230(元)

但是，当三个企业采用转移价格时，应纳增值税情况如下：

甲企业应纳增值税 = 1 000×400×13%÷(1+13%) − 40 000
　　　　　　　　= 46 018 − 40 000 = 6 018(元)

乙企业应纳增值税 = (800×500+200×600)×13%÷(1+13%) − 46 018
　　　　　　　　= 59 823 − 46 018 = 13 805(元)

丙企业应纳增值税 = 800×700×13%÷(1+13%) − 800×500×
　　　　　　　　13%÷(1+13%)
　　　　　　　　= 64 425 − 46 018 = 18 407(元)

集团合计应纳增值税 = 6 018 + 13 805 + 18 407 = 38 230(元)

从静态的总额来看，前后应纳的增值税额是完全一样的，而集团公司总体税负的减轻恰恰隐藏在这一外显数额的相同之中。在此具有决定性作用的是纳税支付时间的差异。三个企业的生产具有连续性，这就使得甲企业当期应纳的税款相对减少了 11 504 元(17 522 − 6 018)，即延至第二期缴纳(通过乙企业)，当然，这使得乙企业第二期与丙企业第三期纳税额分别增加了 2 300 元(13 805 − 11 505)和 9 204 元(18 407 − 9 203)，但将各期(设各企业生产周期为三个月)相对增减金额折合为现值，则纳税负担相对下降了 1 164 元[11 504 − 2 300÷(1+2%)^3 − 9 384÷(1+2%)^6]。相对节约的 1 164 元的税款，无疑可以给集团公司产生新的投资收益。

(五) 差额征税项目的税收筹划

增值税法规定，为解决营改增可能给试点纳税人带来的税收负担增加的问题，现行增值税对部分特殊业务保留了原营业税的差额征税办法。下列项目按差额确定销售额：① 金融商品转让，以卖出价扣除买入价后的余额为销售额。② 经纪代理服务，以取得的全部价款和价外费用，扣除向委托方收取并代为支付的政府性基金或者行政事业性收费后的余额为销售额。③ 航空运输企业的销售额，不包括代收的机场建设费和代售其他航空运输企业客票而代收转付的价款。④ 试点纳税人中的一般纳税人提供客运场站服务，以其取得的全部价款和价外费用，扣除支付给承运方运费后的余额为销售额。⑤ 试点纳税人提供旅游服务，可以选择以取得的全部价款和价外费用，扣除向旅游服务购买方收取并支付给其他单位或者个人的住宿费、餐饮费、交通费、签证费、门票费和支付给其他接团旅游企业的旅游费用后的余额为销售额。选择上述办法计算销售额的试点纳税人，向旅游服务购买方收取并支付的上述费用，不得开具增值税专用发票，可以开具普通发票。⑥ 试点纳税人提供建筑服务适用简易计税方法的，以取得的全部价款和价外费用扣除支付的分包款后的余额为销售额。⑦ 房地产开发企业中的一般纳税人销售其开发的房地产项目(选择简易计税方法的房地产老项目除外)，以取得的全部价款和价外费用，扣除受让土地时向政府部门支付的土地价款后的余额为销售额。⑧ 经人民银行、银监会或者商务部批准从事融资租赁业务的试点纳税人(包括经上述部门备案从事融资租赁业务的试点纳税人)，提供融资租赁服务，以取得的全部价款和价外费用，扣除支付的借款利息(包括外汇借款和人民币借款利息)、发行债券利息和车辆购置税后的余额为销售额。⑨ 经人民银行、银监会或者商务部批准从事融资租赁业务的试点纳税人，提供融资性售后回租服务，以取得的全部价款和价外费用(不含本金)，扣除对外支付的借款利息(包括外汇借款和人民币借款利息)、发行债券利息后的余额作为销售额。⑩ 试点纳税人中的一般纳税人提供国际货物运输代理服务，以取得的全部价款和价外费用，扣除支付给国际运输企业的国际运输费用后的余额为销售额。⑪ 中国移动通信集团公司、中国联合网络通信集团有限公司、中国电信集团公司及其成员单位通过手机短信公益特服号为公益性机构接受捐款服务，以取得的全部价款和价外费用，扣除支付给公益性机构捐款后的余额为销售额。

纳税人在利用差额征税规定进行税收筹划时，应尽量使可扣除的价款最大化，并应取得这些可扣除价款的有效凭证。

【案例3-10】 中国国际旅行社从事组团出境游，共有10名导游，规定导游境外的费用由该旅行社直接支付。2019年，该旅行社组团出境旅游收取游客费424万元，支付境外旅行团费用212万元，导游境外花费53万元，那么2019年，该旅行社应缴纳增值税＝(424－212)÷(1＋6％)×6％＝12(万元)。

若该旅行社与境外旅行社协商，导游境外花费先由境外旅行社支付，再由中国国际旅行社一并支付给境外旅行社，则2019年，该旅行社应缴纳增值税＝(424－212－53)÷(1＋6％)×6％＝9(万元)，节税3万元。

六、进项税额的税收筹划

进项税额是指纳税人购进货物或者接受应税劳务和应税服务所支付或者负担的增值税额。进项税额要从销项税额中抵扣,必须符合两个条件:一是购进货物、应税劳务和应税服务时必须取得增值税扣税凭证;二是购进的货物、应税劳务和应税服务必须用于应税项目。为此,进项税额应从以下六方面进行筹划。

(一) 购进扣税法的筹划

购进扣税法即纳税人购进货物或者应税劳务和应税服务,只要符合抵扣条件,就能申报抵扣,计入当期的进项税额(当期进项税额不足以抵扣的部分,可以结转到下期继续抵扣)。

增值税购进扣税法尽管不会降低企业的总体税负,但却为企业通过各种方式延缓纳税,并利用通货膨胀和时间价值因素相对降低税负创造了条件。

【案例3-11】 某工业企业于2019年4月份购进增值税应税商品1 000件,增值税专用发票上记载:购进价款100万元,进项税额13万元。该商品经生产加工后,销售单价为1 200元(不含增值税),实际月销售量100件(税率13%),则各月销项税额均为1.56万元。但由于进项税额采用购进扣税法,2019年4—11月,销项税额为12.48万元(1.56×8),不足抵扣进项税额13万元,因此,在此期间不纳增值税。2019年12月和2020年1月,该企业分别缴纳1.04万元和1.56万元,共计2.6万元。这样,尽管纳税的账面金额是完全相同的,但如果月资金利率为2%,通货膨胀率为3%,则2.6万元的税款折合为4月初的金额为:

$$1.04 \div [(1+2\%)^9 \times (1+3\%)^9] + 1.56 \div [(1+2\%)^{10} \times (1+3\%)^{10}] = 1.62(万元)$$

显而易见,这比各月均衡纳税的税负要轻。

(二) 购货对象的筹划

一般情况下,作为一般纳税人的购买方,从小规模纳税人处购得货物是不合算的。但如果小规模纳税人将商品的价格降得低一些,并提供由其主管税务机关代开的增值税专用发票,则从小规模纳税人处购买是合算的。但由于小规模纳税人信誉极低,货物质量不一定有保证,因此,购货方在购货时要将这些风险考虑进去,以做出正确的判断。

对于小规模纳税人来说,从小规模纳税人处购货是合算的。小规模纳税人获得的增值税专用发票不得用于抵扣,如果从一般纳税人处购买货物,其进货中所含的税额将高于从小规模纳税人处购货。但问题也不是绝对的,因为这里假定其他条件不变。如果一般纳税人信誉好,货物质量有保证,供货及时,能够提供信贷支持,那么从一般纳税人处购货也是值得的。

(三) 购货时间的筹划

筹划时,首先,必须适应市场的供求关系。购买方应该充分利用市场供求关系,为自身谋利益,在不耽误正常生产条件下,应该选择在供大于求的时候购货,因为此时容易使企业自身实现逆转型税负转嫁,即压低产品的价格来转嫁税负。其次,在确定购货时间时还应该注意物价上涨指数,如果市场上出现通货膨胀现象,而且无法在短时间内恢复,那么,尽早购货是上策。此外,如果货物不是急用,应选择于月末购进。

(四) 取得增值税扣税凭证的筹划

(1) 一般纳税人购进货物或者应税劳务和应税服务时,应从销售方或提供方取得增值税专用发票(含税控机动车销售统一发票);一般纳税人进口货物时,应从海关取得注明增值税额的海关进口增值税专用缴款书。

(2) 一般纳税人购进农产品,如未取得增值税专用发票或者海关进口增值税专用缴款书,则必须取得经主管税务机关批准使用的收购发票或者销售发票。

(3) 一般纳税人自境外单位或者个人购进劳务、服务、无形资产或者不动产,应从税务机关或者境内扣缴义务人取得解缴税款的中华人民共和国税收缴款凭证。

(五) 应税服务项目之间收费调整的筹划

增值税法规定,纳税人购进的贷款服务、餐饮服务、居民日常服务和娱乐服务的进项税额不得从销项税额中抵扣,但购进的住宿服务的进项税额可以从销项税额中抵扣,这在一定程度上为税收筹划提供了空间。纳税人可合理分配购进的餐饮服务和住宿服务支出额度,以增加可抵扣的进项税额。

【案例 3-12】 某企业于 2019 年 5 月因业务需要拟派出 10 名职工去外地调研,餐饮和住宿预算总支出为 84 800 元(含增值税)。现在该公司有两种方案,方案 1:购进餐饮服务 53 000 元,购进住宿服务 31 800 元;方案 2:购进餐饮服务 31 800 元,购进住宿服务 53 000 元。请问该公司应选择哪种方案?

方案 1:公司可抵扣的进项税额=31 800÷(1+6%)×6%=1 800(元)

方案 2:公司可抵扣的进项税额=53 000÷(1+6%)×6%=3 000(元)

方案 2 比方案 1 可抵扣的进项税额多 1 200 元(3 000-1 800),因此,该公司应当选择方案 2。

(六) 混同购进的筹划

将用于非增值税应税项目、免征增值税项目、集体福利或者个人消费的货物或者应税劳务和应税服务与用于应税项目的货物或者应税劳务和应税服务混同购进,并取得增值税专用发票。

七、分散经营的税收筹划

企业不同的生产经营方式对企业税收负担有着不同的影响,在适当的时候,将企业的生产经营分成几块,独立核算,可以为企业节省不少税款。

【案例 3-13】 某马铃薯公司为增值税一般纳税人,主要从事马铃薯生产、加工和销售,下设有马铃薯种植基地、加工车间和产品销售部门。种植基地生产的一部分马铃薯直接出售,另一部分移送加工车间进行深加工,变成薯片、薯条等膨化食品,然后由销售部门销售。公司实行统一核算,经过深加工的马铃薯制品不满足增值税法关于免税项目中的农业生产者销售自产农产品的要求,适用13%的增值税税率。该企业种植加工的环节一条龙,无须外方的协助。种植环节可以抵扣的进项税额为20万元,马铃薯加工过程取得的进项税额为30万元,全年销售马铃薯制品收入为500万元(不含增值税)。该企业全年应纳增值税15万元(500×13%-20-30),增值税税负为3%(15÷500×100%)。

根据公司情况,该公司可以将马铃薯种植基地分离出来,设立为独立核算的法人单位,这样就变成种植公司和马铃薯加工公司两个法人单位。种植公司销售给马铃薯加工公司的马铃薯为免税农产品,增值税税负为零;而马铃薯加工公司从种植公司购进的马铃薯可以按照买价和9%的扣除率计算进项税额。假设种植公司全年销售给马铃薯加工公司的马铃薯收入为250万元,则该公司全年应纳增值税12.5万元(500×13%-250×9%-30),增值税税负为2.5%(12.5÷500×100%)。通过筹划,该公司可以节减增值税2.5万元(15-12.5)。这说明利用自产农产品进行深加工的企业,可以将自产业务和深加工业务分离,分散经营,从而有效降低增值税税负。

本案例中需要注意两点:第一,两个公司属于关联方,因此,在进行马铃薯的关联交易时,应注意税法关于关联方交易价格的规定,采用市场价格进行交易,避免产生纳税风险;第二,分设两个法人单位,会增加一些费用,如工商登记和税务登记费等,只要节约的税款大于增加的费用,该分散经营的筹划方法就是可行的。

八、合作建房的税收筹划

合作建房是指一方提供土地使用权,另一方提供资金,双方合作建造房屋。合作建房有两种方式,一是"以物易物"的方式,二是成立"合营企业"的方式。两种方式又因具体情况不同而产生不同的纳税义务,这就给纳税人提供了税收筹划的空间。

(一)"以物易物"方式

甲、乙两企业合作建房,甲提供土地使用权,乙提供资金。两企业约定,房屋建好后,双方均分。完工后，经有关部门评估，该建筑物价值4 000万元，甲、乙各分得2 000万元的房屋。可见，甲企业通过转让土地使用权而拥有了部分新建房屋的所有权，应按照转让无形资产计算增值税，其转让土地使用权的收入额为2 000万元，甲应缴纳增值税＝2 000×9％＝180(万元)。

（二）"合作经营"方式

甲企业以土地使用权，乙企业以货币资金合股成立合营企业，合作建房，房屋建成后双方采取了风险共担、利润共享的方式。现行税法规定：以无形资产投资入股，参与接受投资方利润分配、共同承担投资风险的行为，不征收增值税。在投资后转让其股权的也不征收增值税。所以，甲企业少缴了180万元的增值税。

九、纳税期限的税收筹划

增值税法规定，增值税的纳税期限分别为1日、3日、5日、10日、15日、1个月或者1个季度。纳税人的具体纳税期限，由主管税务机关根据纳税人应纳税额的大小分别核定；不能按照固定期限纳税的，可以按次纳税。

纳税人以1个月或者1个季度为1个纳税期的，自期满之日起15日内申报纳税；以1日、3日、5日、10日或者15日为1个纳税期的，自期满之日起5日内预缴税款，于次月1日起15日内申报纳税并结清上月应纳税款。

纳税人进口货物，应当自海关填发海关进口增值税专用缴款书之日起15日内缴纳税款。

根据上述规定，纳税人应在规定的纳税期限内尽可能推迟纳税，以充分利用资金的时间价值。

十、优惠政策的税收筹划

增值税法规定，下列项目免征增值税：农业生产者销售的自产农产品，避孕药品和用具，古旧图书，直接用于科学研究、科学试验和教学的进口仪器、设备，外国政府、国际组织无偿援助的进口物资和设备，由残疾人的组织直接进口供残疾人专用的物品，销售的自己使用过的物品。此外，财政部、国家税务总局还规定了其他增值税优惠政策。纳税人应充分利用税收优惠政策，并创造条件享受税收优惠政策，以减轻税收负担。

【案例3-14】某五金销售个体工商户甲为增值税小规模纳税人，根据以往每个月的销售记录，预计甲2019年6月的销售收入在98 000～106 000元浮动，请问该个体工商户应如何进行税收筹划？

增值税法规定，对月销售额在10万元(含)以下的增值税小规模纳税人，免征增值税。若该个体工商户甲在6月份的销售收入在10万元(含)以下，应缴纳增值税为0元；若月销售额超过10万元，则应按3％的征收率缴纳增值税。因此，该个体工商户甲6月份的销售收入为 10 万元时,就能达到利润最大化且增值税最小化。

【案例 3-15】 某电脑公司(一般纳税人)自行开发生产软件、硬件和成品机,于 2019 年 6 月取得的不含税销售额为 500 万元,其中软件收入 300 万元,硬件和成品机收入均为 100 万元,该电脑公司对这些收入未分别核算,当期未发生增值税进项税额。请问,该电脑公司应如何利用增值税税收优惠政策进行税收筹划?

该电脑公司未分别核算各项业务收入时,2019 年 6 月应缴纳增值税=500×13%=65(万元)。

增值税法规定,增值税一般纳税人销售自行开发生产的软件产品,按 13%税率征收增值税后,对其增值税实际税负超过 3%的部分实行即征即退政策。所以,若该电脑公司对各项业务收入分开核算,2019 年 6 月,其软件收入应缴纳增值税=300×13%=39(万元),实际税负=39÷300=13%,应退增值税=39-300×3%=30(万元),硬件和成品机收入应缴纳增值税=(100+100)×13%=26(万元),共缴纳增值税=39+26-30=35(万元)。

所以,该电脑公司对各项业务收入分开核算后,可节省增值税 30 万元。

【案例 3-16】 A 公司于 2019 年 5 月用该公司自有的电子产品与一家企业交换了一项尚未经过权威部门认证的非专利技术。A 公司的产品成本为 50 万元,市场不含税价为 100 万元,取得技术转让普通发票 17 万元。该公司已进行相应的账务处理。2019 年 5 月,A 公司准备转让该项技术,预计可以取得含税收入 120 万元,技术转让收入增值税的税率为 6%。

A 公司如果在转让之前进行合理的税收筹划,按照营业税改征增值税试点过渡政策的有关规定,持转让技术合同到所在地省级科技主管部门办理技术认定,并持有关认定文件向主管税务机关备案,即可以享受免征技术转让业务的增值税。这样还能减轻企业所得税的负担。

第二节 消费税的税收筹划

消费税是对我国境内从事生产、委托加工和进口应税消费品的单位和个人,就其销售额或销售数量,在特定环节征收的一种税。

一、关联企业转移定价的税收筹划

消费税的纳税环节一般为生产、委托加工和进口环节(金银首饰、钻石及钻石饰品在零售环节纳税,卷烟在批发环节还须纳税),也就是说,消费税的纳税行为一般发生在生产领域,而非流通领域或最终的消费环节,其纳税人一般是生产、委托加工和进口应税消费品的单位和个人。

在实行从价定率这种计算方法下,当纳税人生产销售应税消费品时,其应纳税额等于销售额乘以适用税率。毫无疑问,纳税人如能合法地转移销售额,就能达到节税的目的。所以,在关联企业中,如果以较低的销售价格将应税消费品销售给其独立核算的销售部门或批发零售企业,则可以降低销售额,从而减少应纳消费税税额。独立核算的销售部门或批发零售企业,由于其处于销售环节,只须缴纳增值税,无须缴纳消费税。这样,就可使关联企业整体消费税税负下降,但增值税税负不变。

【案例3-17】 某卷烟厂生产卷烟,市场售价为每标准箱7 250元(不含增值税),即每标准条的市场售价为30元(不含增值税),该厂以每标准箱5 000元(不含增值税)的价格,即每标准条20元(不含增值税)的价格销售给其独立核算的销售部门100箱。消费税采取从量定额和从价定率的复合计征方法,其应纳税额=销售数量×定额税率+销售额×比例税率。

卷烟厂转移定价前:

$$应纳消费税 = 100 \times 150 + 7\,250 \times 100 \times 36\% = 276\,000(元)$$

卷烟厂转移定价后:

$$应纳消费税 = 100 \times 150 + 5\,000 \times 100 \times 36\% = 195\,000(元)$$

转移定价前后的差异如下:

$$276\,000 - 195\,000 = 81\,000(元)$$

转移定价使卷烟厂减少消费税81 000元。

二、兼营不同税率应税消费品的税收筹划

消费税法规定,纳税人兼营不同税率的应税消费品,应当分别核算不同税率应税消费品的销售额、销售数量;未分别核算销售额、销售数量,或者将不同税率的应税消费品组成成套消费品销售的,从高适用税率。

根据上述规定,纳税人在进行税收筹划时,应尽量分开核算不同税率应税消费品的销售额、销售数量,并且尽量避免将不同税率的应税消费品组成成套产品销售,以减轻企业的税收负担。如果必须成套销售,可由"先包装后销售"改为"先销售后包装"。

【案例3-18】 某酒厂生产A、B两种啤酒,A啤酒每吨出厂价3 200元(不含增值税),B啤酒每吨出厂价2 800元(不含增值税)。现销售A啤酒50吨,B啤酒60吨。

分开核算销售额、销售数量时:

$$应纳消费税税额 = 50 \times 250 + 60 \times 220 = 25\,700(元)$$

未分开核算销售额、销售数量时:

应纳消费税税额＝(50＋60)×250＝27 500(元)

显然，分开核算节减消费税 1 800 元(27 500－25 700)。

【案例 3-19】 甲酒业有限公司生产各类粮食白酒和果酒，本月将粮食白酒和果酒各 1 瓶组成价值 60 元的成套礼品酒进行销售，这两种酒的出厂价分别为 40 元/瓶和 20 元/瓶，均为 1 斤装，该月共销售 5 万套礼品酒。

成套销售：

应纳消费税税额＝50 000×(0.5×2＋60×20%)＝650 000(元)

如果改成"先销售后包装"：

应纳消费税税额＝50 000×(0.5＋40×20%)＋50 000×20×10%＝525 000(元)

由此可见，若由"先包装后销售"改为"先销售后包装"，可节约消费税 125 000 元(650 000－525 000)。

三、带包装物销售的税收筹划

消费税法规定，应税消费品连同包装物销售的，无论包装物是否单独计价以及在会计上如何核算，均应并入应税消费品的销售额中缴纳消费税。如果包装物不作价随同产品销售，而是收取押金，则此项押金不应并入应税消费品的销售额中征税。但对因逾期未收回的包装物不再退还的或者已收取的时间超过 12 个月的押金，应并入应税消费品的销售额，按照应税消费品的适用税率缴纳消费税。对既作价随同应税消费品销售，又另外收取的包装物押金，凡纳税人在规定的期限内不予退还的，均应并入应税消费品的销售额，按照应税消费品的适用税率缴纳消费税。

根据上述规定，企业要在带包装物销售的情况下节税，关键是包装物不能作价随同产品销售，而应采取收取包装物押金的方式，因为此项押金收入不并入应税消费品的销售额中纳税。尽管对收取的押金超过 12 个月的，无论是否退还都应并入销售额计税，暂时少纳的税款最终还是要缴纳的，但由于其缴纳时限延缓了 12 个月，相当于免费使用银行资金，增加了企业的运营资金，获取了资金的时间价值，为企业的生产经营提供了便利。

【案例 3-20】 某实木地板生产企业向当地一商贸企业销售实木地板一批，价值 22 万元(其中含包装物价值 2 万元)，实木地板与包装物没有分开核算，包装物作销售处理，销售额为 22 万元，应纳消费税为 1.1 万元(22×5%)。如果企业采取收取包装物押金的方式进行销售，并且将包装物押金单独核算，可少缴纳 1 000 元的税款。如果包装物在规定的期限内未退回，也可暂时少缴纳 1 000 元的税款。

四、自产自用应税消费品的税收筹划

消费税法规定：纳税人自产自用的应税消费品，用于连续生产应税消费品的，不纳税；用于其他方面的，于移送使用时纳税。纳税人自产自用的应税消费品，凡用于其他方面应当纳税的，按照纳税人生产的同类消费品的销售价格计算纳税；没有同类消费品销售价格的，按照组成计税价格计算纳税。

实行从价定率办法计算纳税的组成计税价格计算公式为：

$$组成计税价格＝(成本＋利润)÷(1－比例税率)$$

实行复合计税办法计算纳税的组成计税价格计算公式为：

$$组成计税价格＝(成本＋利润＋自产自用数量×定额税率)÷(1－比例税率)$$

根据上述规定，在下列四种情况下存在税收筹划的空间。

(1) 纳税人自产自用的应税消费品，用于连续生产应税消费品的，不纳税。例如，卷烟厂生产烟丝(烟丝是应税消费品)，再用生产的烟丝生产卷烟，这样，用于连续生产卷烟的烟丝就不用缴纳消费税，而只就其最终产品卷烟缴纳消费税。

(2) 纳税人应尽可能避免将自产自用的应税消费品用于其他方面，即用于生产非应税消费品、在建工程、管理部门、非生产机构、提供劳务、馈赠、赞助、集资、广告、样品、职工福利、奖励等方面。纳税人将自产自用的应税消费品用于这些方面，不仅无法取得应有的收入，而且还要依法缴纳相应的消费税，增加了纳税人的税负。

(3) 纳税人自产自用的应税消费品，凡用于其他方面，应当纳税的，按照纳税人生产的同类消费品的销售价格计算纳税。所以，在确定销售额时，按偏低一点的价格确定销售额就能节省消费税。

(4) 纳税人自产自用的应税消费品，凡用于其他方面，应当纳税的，在没有同类消费品销售价格的情况下，按组成计税价格计算纳税。从税收筹划角度看，缩小成本有利于节税。在筹划时，可将自产自用应负担的间接费用少留一部分，而将更多的间接费用分配给其他产品，从而降低自产自用产品的成本。

五、委托加工应税消费品的税收筹划

消费税法规定：委托加工应税消费品，由受托方在向委托方交货时代收代缴消费税。如纳税人委托个人加工应税消费品，由委托方收回后缴纳消费税。委托加工的应税消费品，按照受托方的同类消费品的销售价格计算纳税；没有同类消费品销售价格的，按照组成计税价格计算纳税。

实行从价定率办法计算纳税的组成计税价格计算公式为：

$$组成计税价格＝(材料成本＋加工费)÷(1－比例税率)$$

实行复合计税办法计算纳税的组成计税价格计算公式为：

组成计税价格＝(材料成本＋加工费＋委托加工数量×定额税率)÷(1－比例税率)

委托方收回的应税消费品，以不高于受托方的计税价格出售的，为直接出售，不再缴纳消费税；委托方以高于受托方的计税价格出售的，不属于直接出售，须按照规定申报缴纳消费税，在计税时准予扣除受托方已代收代缴的消费税。

根据上述规定，纳税人在税收筹划时，可从三方面考虑。

(1) 委托加工的应税消费品，按照受托方的同类消费品的销售价格纳税。因此，在确定销售额时，按偏低一点的价格确定销售额就能节省消费税。

(2) 委托加工应税消费品，如果没有同类消费品的销售价格的，按照组成计税价格计算纳税。这里存在两个筹划空间。一是材料成本的确定。材料成本是指委托方所提供加工材料的实际成本，其数额的大小直接关系到纳税人应纳消费税的数额。当然，委托方不能随便压低材料成本，该项筹划应在一定的限度内。二是加工费的确定。它是指受托方加工应税消费品向委托方所收取的全部费用(包括代垫辅助材料的实际成本)。加工费的大小也会影响企业的应纳消费税税额，委托方和受托方可以就其数额进行协商，应尽量地压低代垫的辅助材料的实际成本。

(3) 对于受托方来说，加工应税消费品的税负低于销售自制应税消费品的税负。加工应税消费品，受托方只须就加工费缴纳增值税，材料成本是不用缴纳增值税的。另外，加工应税消费品，受托方本身无须缴纳消费税，只须代收代缴消费税。但纳税人必须认真把握委托加工应税消费品的界定，以便利用税法为自己的生产经营活动服务。委托加工应税消费品是指由委托方提供原料和主要材料，受托方只收取加工费和代垫部分辅助材料加工的应税消费品。对于由受托方提供原材料生产的应税消费品，或者受托方以委托方名义购进原材料生产的应税消费品，以及受托方先将原材料卖给委托方，然后再接受加工的应税消费品，应按照销售自制应税消费品缴纳消费税。

六、已纳税款扣除的税收筹划

某些应税消费品是以外购的或委托加工收回的已税消费品为原料生产出来的，因此，消费税法规定，在对以下连续生产出来的应税消费品计算征税时，可扣除按当期生产领用数量计算的外购或委托加工收回的应税消费品已纳的消费税税款：

(1) 以外购或委托加工收回的已税烟丝为原料生产的卷烟；
(2) 以外购或委托加工收回的已税高档化妆品为原料生产的高档化妆品；
(3) 以外购或委托加工收回的已税珠宝玉石为原料生产的贵重首饰及珠宝玉石；
(4) 以外购或委托加工收回的已税鞭炮、焰火为原料生产的鞭炮、焰火；
(5) 以外购或委托加工收回的已税杆头、杆身和握把为原料生产的高尔夫球杆；
(6) 以外购或委托加工收回的已税木制一次性筷子为原料生产的木制一次性筷子；
(7) 以外购或委托加工收回的已税实木地板为原料生产的实木地板；
(8) 以外购或委托加工收回的已税汽油、柴油、石脑油、燃料油、润滑油用于连续生产应税成品油；

(9) 以委托加工收回的已税摩托车连续生产的应税摩托车(如外购两轮摩托车改装三轮摩托车)。

另外，消费税法还规定：纳税人用外购的已税珠宝玉石生产的改在零售环节征收消费税的金银首饰(镶嵌首饰)、钻石首饰，在计税时一律不能扣除外购珠宝玉石的已纳消费税税款；纳税人用委托加工收回的已税珠宝玉石生产的改在零售环节征收消费税的金银、钻石首饰，在计税时一律不能扣除委托加工收回的珠宝玉石的已纳消费税税款。

根据上述规定，纳税人在进行税收筹划时，应注意两点。

(1) 首先，要了解哪些消费品已纳税款可以扣除；其次，要将可扣除的已纳税款尽可能扣除，提供必要的会计财务核算记录。

(2) 以外购或委托加工收回的已税珠宝玉石为原料生产贵重首饰及珠宝玉石时，尽可能不要生产在零售环节纳税的金银首饰。

七、纳税义务发生时间的税收筹划

对纳税人纳税义务发生的时间，消费税法中有四项规定。

(1) 纳税人销售应税消费品的，其纳税义务发生时间按不同的销售结算方式分别如下：

① 采取赊销和分期收款结算方式的，为书面合同约定的收款日期的当天，书面合同没有约定收款日期或者无书面合同的，为发出应税消费品的当天；

② 采取预收货款结算方式的，为发出应税消费品的当天；

③ 采取托收承付和委托银行收款方式的，为发出应税消费品并办妥托收手续的当天；

④ 纳税人采取其他结算方式的，其纳税义务发生时间，为收讫销售款或者取得索取销售款的凭据的当天。

(2) 纳税人自产自用应税消费品的，为移送使用的当天。

(3) 纳税人委托加工应税消费品的，为纳税人提货的当天。

(4) 纳税人进口应税消费品的，为报关进口的当天。

纳税义务发生时间即计算应纳税额的时间。纳税人应在规定的时间计算应纳税额，不要提前计算应纳税额，以充分利用资金的时间价值。另外，纳税人销售应税消费品时，也应充分考虑采用哪种结算方式能达到延期纳税的目的。一般来说，如果预期货款不能及时收回，可采取赊销和分期收款结算方式，采取委托代销结算方式，也有利于企业延期纳税。此外，应尽量避免采取托收承付和委托银行收款的结算方式，以防止垫付税款。

八、纳税期限的税收筹划

消费税法规定，消费税的纳税期限分别为 1 日、3 日、5 日、10 日、15 日、1 个月或者 1 个季度。纳税人的具体纳税期限，由主管税务机关根据纳税人应纳税额的大小分别核定；不能按照固定期限纳税的，可以按次纳税。

纳税人以 1 个月或者 1 个季度为 1 个纳税期的,自期满之日起 15 日内申报纳税;以 1 日、3 日、5 日、10 日或者 15 日为 1 个纳税期的,自期满之日起 5 日内预缴税款,于次月 1 日起 15 日内申报纳税并结清上月应纳税款。

纳税人进口应税消费品,应当自海关填发海关进口消费税专用缴款书之日起 15 日内缴纳税款。

在规定的期限纳税,是纳税人应尽的义务。但是,我们可以在纳税期限内尽可能地推迟纳税,以充分利用资金的时间价值。

九、"先销售后入股(换货、抵债)"的税收筹划

消费税法规定,纳税人自产的应税消费品用于换取生产资料和消费资料、投资入股或抵偿债务等方面,应当以纳税人同类应税消费品的最高销售价作为计税依据。在实际操作中,当纳税人用应税消费品换取货物、投资入股或者抵偿债务时,一般按照双方的协议价格或评估价格确定计税依据,而协议价格往往是市场价格。如果以同类应税消费品的最高销售价作为计税依据,显然会加重纳税人的负担。由此,不难看出,如果采取"先销售后入股(换货、抵债)"的方式,会达到减轻税负的目的。

【案例 3-21】 某摩托车生产企业,当月对外销售同型号的摩托车时,共有 3 种价格,以 4 200 元的价格销售 50 辆,以 4 500 元的价格销售 15 辆,以 4 900 元的价格销售 7 辆。当月以 30 辆同型号的摩托车与零部件生产企业换取原材料,双方按当月的加权平均销售价格确定摩托车的价格。摩托车的消费税税率为 10%。

$$应纳消费税 = 4\,900 \times 30 \times 10\% = 14\,700(元)$$

如果该企业在按照当月的加权平均销售价格将这 30 辆摩托车销售后,再购买原材料,则:

$$应纳消费税 = (4\,200 \times 50 + 4\,500 \times 15 + 4\,900 \times 7) \div (50 + 15 + 7) \times 30 \times 10\%$$
$$= 12\,991.67(元)$$
$$节税额 = 14\,700 - 12\,991.67 = 1\,708.33(元)$$

第三节 关税的税收筹划

关税是海关对进出国境或关境的货物、物品征收的一种流转税。关税与其他国内税收相比较,具有征税对象的涉外性、计税环节的单一性和优惠政策的多样性等特点。国家根据国内外经济发展环境变化,经常运用关税这一经济杠杆调节经济。

一、关税税率的筹划

(一) 利用国别税率差异

关税条例规定,进口关税税率分为最惠国税率、协定税率、特惠税率和普通税率四种,这意味着:来自不同国家或者地区的进口货物,其适用的税率不仅不同,而且可能有很大的差别。确定税率的关键是原产地的认定标准。按照国务院颁布的《进口货物原产地条例》,原产地的确认主要有两种标准。

(1) 全部产地生产标准。对于完全在一个国家内生产或制造的进口货物,其生产或制造国就是该货物的原产国。

(2) 实质性加工标准。它是指经过几个国家加工、制造的进口货物,以最后一个对货物进行经济上可以视为实质性加工的国家作为有关货物的原产国。这里所说的实质性加工是指产品经过加工后,在进出口税则中 4 位数税号一级的税则归类已经有了改变,或者在该国的加工增值部分占新产品总值的比例已经超过 30%。以上两个条件具备一项,即可视为实质性加工。

此外,对仪器、仪表或车辆所用零件、部件、配件、备件以及工具,如与主件同时进口而且数量合理,其原产地按主件的原产地予以确定;如果分别进口,应按其各自的原产地确定。

进口公司或个人在做出购买决策时,应根据所需进口商品关税优惠税率的相关政策,系统地考虑该国是否适用进口关税优惠税率,以及市场价格、运费成本等因素,综合比较分析,从而进行有效的筹划。

【案例 3-22】 卡门汽车股份公司是一家全球性的跨国公司,主要的经营业务是研究生产各种型号的轻型轿车,其业务遍布全球。该公司在东南亚等地设有较多子公司,新加坡的子公司生产仪表,泰国的子公司生产汽车轴承和发动机,菲律宾的子公司生产阀门,马来西亚的子公司生产轮胎,越南的子公司生产玻璃等。

随着中国改革开放的进一步深入,中国国内汽车市场日益发展壮大,对卡门汽车公司产生了巨大的吸引力,但中国的关税税率太高,高额的关税会使卡门的汽车在进口到中国以后,在价廉质优的"丰田""大众"面前毫无竞争优势可言。

公司董事会召开会议,一致认为应在新加坡组建一总装配厂,由各子公司提供原配件,把经过组装后的成品从新加坡销往中国,理由是中国和新加坡签有关税互惠协议,产品在新加坡经过实质性加工后可以在进口时享受优惠关税。

本案例涉及关税中的优惠税率及其实质性加工的条件。卡门作为一个跨国公司,显然不适合全部产地标准,因而只能利用第二个标准来进行筹划。第二个标准有两个条件。第一个条件,从税收角度来看,重要的是它必须表现为适用税目的改变。在本案例中,企业将总装配厂设在新加坡,其产品经加工后变成成品车,显然符合此条件,这时,无论增值额是否到达 30%,都能节省关税。如果不能利用第一个条件,企业还可以考虑第二个条件。第二个条件要求加工增值部分占新产品总值的比例超过30%。如果这家厂商已经在一个未与中国签订关税互惠协议的国家或地区建立装配厂，要改变厂址无疑要付出较多的成本。那么，这家厂商可以将原装配厂作为汽车的半成品生产厂家，再在已选定的国家或地区建立一家最终装配厂，只要使最终装配的增值部分占成品汽车总价值的30%以上，生产出来的汽车即可享受优惠税率。假如最终装配的增值部分没有达到所要求的30%，则可以采取适当转让定价的方法，降低原装配厂生产半成品汽车的价格，减少半成品的增值比例，争取使最终装配的增值部分比例达到或超过30%。

（二）利用产品税率差异

为了提高关税的有效保护率，通常各国在制定进口关税税率时，都遵循以下原则：原材料和零部件的关税税率最低，半成品次之，产成品的税率最高。因此，跨国公司可以考虑进口原料及零部件到投资国进行加工生产，利用不同产品的税率差别有效地降低关税的税负。

【案例3-23】 某汽车公司是一家全球性的跨国公司，该公司生产的汽车在世界汽车市场上占有一席之地。为进一步拓展中国市场，该公司召开董事会，初步拟定两套方案。

方案1：在中国设立一家销售企业作为该汽车公司的子公司，通过国际间转让定价，压低汽车进口的价格，从而节省关税。这样可使中国境内子公司利润增大，便于扩大规模，占领中国汽车市场。

方案2：在中国境内设立一家总装配公司作为子公司，通过国际间转让定价，压低汽车零部件的进口价格，从而节省关税。这样也可以使中国境内子公司利润增大，以便更好地占领中国市场。

由于关税负担的高低与商品的完税价格有很大关系，进（出）口价格越高，应纳的关税就越多；价格越低，应纳的关税越低。因此，大多数企业在对关税进行筹划时，一般采用的方法就是压低进（出）口价格。但是，每个企业在进出口时，往往不会愿意压低价格向其他企业销售货物，因为这就等于将自己的利润无偿地送给了他人。因此，为配合价格下调以节省关税的筹划，企业通常的做法就是在相应国家设立自己的子公司，进行国际间的转让定价的筹划。

本案例中的汽车公司采用的就是这种方法，而且在运用中有两套方案。这两套方案初看起来没有太多的区别，但细究起来却有着不同的节税效果。

方案1中，企业单纯地利用转让定价进行筹划。方案2中，企业不仅可以得到方案1的好处，同时，由于零部件的进口关税税率比成品汽车的税率要低很多，低的关税税率可以帮助企业节省不少税款。另外，由于零部件比较分散，进行转让定价筹划更加容易，这也可使筹划的经济效果有所增加。

所以，经过进一步的讨论，公司决定采用方案2。

(三) 利用境内设厂绕开关税壁垒

在激烈的国际贸易竞争中,国与国之间采取高关税措施限制对方产品进口的事经常发生。在贸易战中,最直接的受害者无疑是从事这些产品生产、销售的企业。如 2002 年 4 月,日本决定对从中国进口的大葱、鲜蘑等产品采取紧急进口限制措施,即:在一定的额度内,保持原关税水平不变;如果超过额度,则将征收高达 260% 的关税。2002 年 6 月 21 日,我国国务院关税税则委员会发出公告:根据《中华人民共和国进出口关税条例》第 6 条的规定,决定自 6 月 22 日起,对原产于日本的汽车、手持和车载无线电话机、空气调节器加征税率为 100% 的特别关税,即在原关税的基础上,再加征 100% 的关税。

据有关报道,自从中日双方采取以上关税措施以来,双方产品的出口都受到了很大影响,中国上述农产品对日本的出口锐减,原来出口到中国的日产企业也纷纷停产,已运往中国的汽车停止报关,等等。

为了尽可能避免或降低这种贸易争端给企业带来的损失,在商品输入国境内直接设厂经营是一个不错的选择。

【案例 3-24】 日本商用空调最大的生产厂家——大金工业日前宣布,从 2002 年 10 月份开始,将把在中国销售的楼房用大型商用空调由出口改为在中国生产,以此应对中国为报复日本对中国农产品实施进口限制而采取的对空调进口加征 100% 特别关税的措施。

该型空调是由一台室外机带几台室内机的大型机种,其在上海工厂生产的产品主要是面向店铺及办公室的大型机种。为实施该战略,大金工业将投入数亿日元以引进大型机种的生产设备。

毫无疑问,如果大金工业的战略得以顺利实施,将彻底避免承担关税和特别关税的税负。大金工业的这种行为,主要是应对特别关税而采取的投资决策,属于典型的关税筹划。其主要思路是,根据关税的性质和纳税环节,由原来在日本生产后再出口到中国,改为在中国直接生产、销售,从而彻底避免缴纳关税。有关人士指出,该公司的行为只是众多涉及进口关税的企业进行税收筹划中明显的一例。实际上,开展关税筹划的企业很多,既包括外国公司,也包括中国企业,采取的筹划方法也多种多样。该公司采用的方法可能是最有效但也最困难的方法,因为它涉及投资战略的转变,耗费的物力、财力和时间较多,不是任何企业都可以采用的方法。

二、关税完税价格的筹划

关税的计税依据是进出口货物的完税价格。完税价格以进出口货物的实际成交价格为基础,由海关审查确定,不同贸易方式下,其计算方法各不相同。在关税税率固定的情况下,完税价格的高低将直接关系到纳税人关税负担的轻重。如果能制定或获取合理的、较低的完税价格,并且在符合法律法规的条件下,通过节税筹划达到不多纳税或少纳税的目的,则将直接影响企业的投资决策和市场营销状况。

(一) 进口货物完税价格的筹划

进口货物以海关审定的正常成交价格为基础的到岸价格作为完税价格。到岸价格包括货价,加上货物运抵中华人民共和国关境内输入地点起卸前的包装费、运费、保险费和其他劳务费等费用。值得注意的是,在货物的成交过程中,如有我方在成交价格外另行支付给卖方的佣金,应该列入完税价格;对于卖方付给我方的正常回扣,应从完税价格内扣除。

依据《海关法》的规定,我国对进口货物的海关估价主要有两种情况:一是海关审查可确定完税价格;二是成交价格经海关审查未能确定。

1. 审定成交价格法

该方法是指进口商向海关申报的进口货物价格,如果经海关审定认为符合成交价格的要求和有关规定,就可以此作为计算完税价格的依据,然后经海关对货价和运费、保费、杂费等各项费用进行必要的调整后,即可确定其完税价格。审定成交价格法是我国以及其他各国海关在实际工作中最基本、最常用的海关估价方法。我国进口货物一般也都按此方法确定完税价格。因此,在审定成交价格下,如何降低进口货物的申报价格而又能被海关审定认可为正常成交价格就成为节税的关键。因此,合理分析,在选择同类产品时,纵向比较,选择成交价格、运费、保险费以及杂费等总费用成本较低的进货渠道,这是合理降低完税价格所需要的,同时也是企业压缩财务成本所需要的。

【案例3-25】 安徽省某钢铁公司与某外国船舶制造公司签订了一份价值500万美元的购销合同,合同要求钢铁公司于6个月后交货。由于购货方对钢材质量有特殊要求,钢厂急需进口一批优质铁矿石10万吨。它可选择的进货渠道有两家:澳大利亚公司与加拿大公司。从澳大利亚进口优质高品位铁矿石,其价格为每吨20美元,运费10万美元;若从加拿大进口同等品质的铁矿石,价格为每吨21美元,其中包括30万美元的回扣。若从加拿大进口,其航程为从澳大利亚进口的两倍,又经巴拿马运河,因此运费及杂项费用高达25万美元。其他费用二者大体相同。公司经理决定以关税较少的作为进货渠道,并计算完税价格如下:

澳大利亚铁矿石完税价格＝20×10＋10＝210(万美元)

加拿大铁矿石完税价格＝21×10＋25＝235(万美元)

因此,公司决定从澳大利亚进口铁矿石。

但是,考虑到进口货物的成交价格除包括货物的生产、销售等成本费用外,还包括买方向卖方另行支付的佣金,要想达到节税的目的,就要选择同类产品中成交价格比较低、运输杂项费用相对较少的货物进口,方能降低完税价格。特别须注意的是,我国税法还规定:对于卖方给我方的正常回扣,应从完税价格中扣除。如果忽视了这一点,就有可能做出错误的决策。

在此例中,钢厂如从加拿大进口铁矿石,所获得的30万美元的回扣应从完税价格中扣除,因此,从加拿大进口铁矿石的实际完税价格应为205万美元(21×10＋25－30),少于从澳大利亚进口铁矿石的完税价格。从节税角度考虑，该厂应从加拿大而不是从澳大利亚进口铁矿石。由于不了解"回扣可以扣除"这条规定，该公司做出了错误的决策。如关税税率为20%，则公司多缴税1万美元。

2. 估定完税价格法

按审定成交价格法经海关审定未能确定的，海关将按照以下方法估定完税价格：相同货物成交价格法、类似货物成交价格法、国际市场价格法、国内市场价格倒扣法。

有时，对于进口稀少(有)产品，不如让海关来估定完税价格。稀少(有)产品指的是目前市场上还没有或很少出现的产品，如高新技术、特种资源、新产品等。由于这些产品进口时没有确定的市场价格，而且其预期市场价格一般远远高于普通市场类似产品的价格，这就为其进口完税价格的申报留下了较大的空间。

【案例3-26】 一家国外企业开发出一种高新技术产品，这种新产品刚刚出实验室，其确切的市场价格尚未形成，但开发商已确认其未来的市场价格将远远高于目前市场上的类似产品。因而，开发商预计此种产品进口到中国国内市场上的售价将达200万美元，而其他类似产品的市场价格仅为120万美元。这样，当开发商到海关申报进口时，可以以100万美元申报。这是一种刚刚研制开发出来的新产品，当海关工作人员认为其完税价格为100万美元合理时，即可以征税放行；当海关认为不合理时，就会对这种进口新产品的完税价格进行估定。因为市场上目前还没有同种产品，海关将会按类似货物成交价格法进行估价。这样，该新产品的完税价格最多也只能被估定为120万美元。总之，无论如何，开发商都能将这种产品的进口完税价格降低80万～100万美元。

(二) 出口货物完税价格的筹划

出口货物的完税价格，以海关审定的货物售予境外的离岸价格扣除出口税后作为完税价格。计算公式是：

$$出口货物完税价格 = 离岸价格/(1+出口税率)$$

在申报时应注意三方面的问题。

(1) 出口货物的离岸价格，应以该项货物运离国境前的最后一个口岸的离岸价格为实际离岸价格。如果出口货物的成交价格为货价加运费价格，或为国外口岸的到岸价格，应先扣除运费或扣除保险费，再按规定公式计算完税价格。当出口商品的运费成本在价格中所占比重较大时，这尤为重要。

(2) 如果公司在商品成交价格以外，还存在支付给国外的与此项业务有关的佣金，那么在申报表上应该单独列明，加以确认和说明。因为税法明确规定，该项佣金应予扣除，但如没有单独列明，可不予扣除。

(3) 当商品成交价格偏高时，应争取海关估价。《中华人民共和国进出口关税条例》第15条规定：进出口货物的收货人或者他们的代理人，在向海关递交进出口货物报关单时，应当交验载明货物的真实价格、运费、保险费和其他费用的发票（如有厂家发票应附着在内）、包装清单和其他有关单证。第17条规定：进出口货物的发货人和收货人或者他们的代理人，在递交进出口货物报关检验单时，未交验第15条规定的各项单证的，应当按照海关估定的完税价格完税；事后补交单证的，税款不予调整。

认真阅读上述两条规定，可以发现，第17条规定中的"未"留下了税收筹划的空间。进出口商可以将其所有的单证全部交给海关进行查验，也可以不交验第15条所指的有关单证（当然这里不是指对有关账簿数字的隐瞒、涂改等），这时，海关将对进出口货物的完税价格进行估定。

如果有一家进口商将进口某种商品，其实际应报的完税价格要高于同类产品的市场价格，那么它可以根据实际情况，在法律许可的范围内少报或不报部分单证，以求海关估定较低的完税价格，从而减轻关税税负。即使其事后被要求补交单证，税款也不会再作调整。

三、反倾销中的税收筹划

20世纪90年代以来，我国对外贸易蓬勃发展，特别是在出口贸易中，中国产品正以物美价廉的形象打入国际市场，在许多国家的进口贸易中所占的比重不断上升。

但这种高速发展也给我们带来了一些难题。许多国家在优质低价的中国产品的冲击下，在其国内生产厂商"保护民族工业"的抗议声中，纷纷认定中国的出口商品具有"倾销行为"，通过立法程序——反倾销税法案，对从中国进口的商品征收反倾销税，极大地损害了我国对外贸易的发展和我国出口产品在国际市场上的形象。

如1992年，遭受市场冷落的美国ITV公司，以中国向美国出口弹簧垫圈的企业享受国家优惠为由，指控中国生产弹簧垫圈的企业倾销，要求美国政府征收90%和130%的反倾销税。在中国的11家出口企业中，有10家放弃了应诉的权利，只有浙江萧山的一家乡镇企业即杭州弹簧垫圈厂应诉。在该企业的据理力争之下，经过长达一年多的艰苦应诉，此案终于在1993年11月最后裁决。美国商务部对杭州弹簧垫圈厂的进口关税从初裁的128.6%减至69.88%，而对其余未应诉的10家企业则按128.6%的税率征收关税。

在国际反倾销案中，中国一直被指控为非市场经济国家，因而西方国家便推导出这样一个结论：所有中国企业都是在国家控制下经营。加之我国出口产品价格低，西方国家便不管我国在廉价能源、原材料和劳动力等方面的优势，想当然地认定我国企业进行了产品倾销。我国许多低价产品蒙受不白之冤，在国际市场上建立起来的良好局面受到影响。本案中的弹簧垫圈生产企业便因价格低廉而遭受了美国ITV公司的指控，被课以高额关税。

当外国企业起诉时，我们的企业却又不愿意应诉。一些出口企业自私地认为，打外贸反倾销官司是全行业的事情，个别企业花费巨款打赢官司，利益却要为其他众多的企业无偿享受，不值得，故而宁愿大家受罚，也不愿站出来据理力争去应诉。

在本例的11家被控告企业中，10家不愿应诉而只有一家企业应诉，说明我们针对反倾销诉讼还没有行之有效的解决方法。幸亏杭州弹簧垫圈厂据理力争，才保得一席之地。

在日益发展的国际竞争市场中,国与国之间的利益争斗是个永恒的话题。反倾销税使我国企业在国际市场上的竞争受到严重阻碍。对于如何在反倾销关税的阴影下进行合理有效的筹划,我们应注意以下四个问题。

(一)尽量减少被指控的可能

1. 提高产品附加值,取消片面的低价战略

我国出口商品遭反倾销控诉的重要原因之一就是价格偏低。这主要是因为我国出口产品多属于资源密集型和劳动密集型,初级产品比重偏高,产品档次低,附加值少,价格很难提高。因此,我国企业应大力发展高档次产品,增加产品附加值。

2. 组建出口企业商会,加强内部协调管理,塑造我方整体战略集团形象

我国出口产品受到反倾销投诉的另一个重要原因就是出口企业之间缺乏协调,各自为政,经常会出现短期内到岸的同种中国产品猛增的情况,导致企业间不得不进行残酷的价格大战。因此,我国企业应组建出口企业商会,加强内部协调,走向集团化、协同化、计划化的出口模式之路,彼此相互协助。

3. 分散出口市场,降低受指控风险

产品出口面不能太窄、太集中,应在外贸指向上,走多元化道路,扩大与非经常贸易伙伴国的经济交往。

(二)顺利通过调查,避免被认为倾销

出口产品被认为倾销的条件是出口产品的价格低于其国内价格或销往第三国价格。如果出口产品在国际市场上面临反倾销调查,可以采取以下技术手段灵活应付:及时上调价格;调整产品利润预测,改进企业财务核算,以符合国际惯例和商业规范;同时,密切注意国际外汇市场的浮动情况;使国外进口商组织起来,推动其反贸易保护活动;与外方投诉厂商私下进行谈判,适当妥协。

(三)避免出口行为被裁定为损害进口国产业

不要迫使进口国厂商采取降价促销的营销活动,应全面搜集各方面信息情报,查证其控诉方的实际受损程度;可以在出口地设厂,组建跨国公司;以有利的销售条件、优质产品、高水平的服务和良好的运输条件占领市场,不要用低价战略。

(四)增强国际法意识,提高自身法律水平

我国反倾销的立法相对较晚。1997年3月25日,国务院颁布了《中华人民共和国反倾销和反补贴条例》;随着我国加入世贸组织,2001年11月26日,我国又修改并颁布了《反倾销条例》,并于2002年1月1日起实施。这些为保障我国企业的合法权益提供了法律保障。如今,在国际贸易保护有所抬头、反倾销局势日益严峻的背景下,我国应通过开设培训班和讲座的形式,出版相应的案例书籍,提供相关资料检索,为涉及企业提供国际法规知识,使其掌握法律的利矛坚盾,从而使大量涉外出口企业避免和减少因不公正的反倾销关税造成的经济损失,实现节税筹划的目的。

四、纳税方式的筹划

（一）我国关税的纳税方式

目前,我国关税有三种纳税方式。

1. 口岸纳税方式

这是关税最基本的纳税方式,也是我国关税最基本的纳税方式。采用这种方式时,由进出口人向货物进出口地海关进行申报,经当地海关对实际货物进行监管和查验后,逐票计算应纳关税并填发关税缴纳书,由纳税人在规定的纳税期内凭此向海关或指定的银行办理税款缴付或转账入库手续后,海关再凭银行的回执联办理结关放行手续。这种纳税方式的特点在于:征税手续在前,放行在后,税款能及时入库,防止并尽可能地避免了拖欠税款现象。

2. 先放行后纳税方式

先放行后纳税是指海关允许某些纳税人在办理了有关担保手续后,先放行货物,然后再办理纳税事项的一种纳税制度,一般是在口岸纳税的基础上对某些易腐货物、急需货物或有关手续无法立即办理结关等特殊情况采取的一种比较灵活的纳税方式。该方式有利于货物及时地进出境和投放市场,防止口岸积压货物;同时,纳税人也能有充足的时间办理纳税手续。近些年来,出于客观需要,对某些进出口货物开始采用这种纳税方式。

3. 定期汇总纳税方式

定期汇总纳税是对进出关境的应税货物逐票申报并计算应纳税额,经纳税人汇总之后,每 10 天向其管辖海关缴纳一次税款的纳税方式。该方式主要适用于拥有进出口经营权、进出口数量多、信誉高以及管理组织好的企业。要采取这种纳税方式,须由纳税人首先向其所在地海关提出书面申请,经海关审核批准之后方可以实行。采用这种定期汇总纳税方式可以简化手续,便于纳税人纳税,有利于提高效率。

（二）不同纳税方式的比较

不同纳税方式的期限和处理过程是不同的,从节税筹划角度来看,应通过比较分析,选择最有利于本企业的纳税方式,并采取措施使自己达到适用该方式的条件。

具体来讲,目前,口岸纳税方式作为我国进出口中基本的纳税方式,对纳税人显然不是最有利的纳税方式。它减少了纳税人尽可能长时间地占用税款的可能性,并且货物投放市场的时间被推迟,将造成货款的积压和市场机会的损失。因此,出于节税的考虑,纳税人应尽可能地选择后两种纳税方式。

先放行后纳税方式的好处在于,通过担保手续,纳税人在同一时间获取了两种便利与收益:一方面,进出口货物很快地通过关境投入消费市场,避免了货物积压、货物占用、市场机会损失,减少了仓库储存及管理费用支出,同时又能够在时间上提前实现利润,促进商品流通;另一方面,通过税款相对滞后的时间差,企业又能够获取节税收益。

对于有进出口经营权、进出口数量较多的企业来说,除了先放行后纳税方式外,还有定期汇总纳税方式可以选择。该方式可以为纳税人提供 10 天的缴款时间,纳税人可以根据财务需要灵活地对应纳税额做出安排,从而获得最有效的资金利用机会,而且同样可以避免货物被搁置、货款被积压之苦。

【案例 3-27】 N 进出口总公司是一家以进出口食品、饮料为主要业务的外贸公司。随着业务量日益增多,公司日渐感到报关手续复杂。每次进出口货物时,公司都要向进出口地海关申报,经当地海关对实际货物进行监管和查验后,逐票计算应纳关税并填发关税缴纳书,公司在规定的纳税期内向海关或指定的银行办理税款缴付或入库手续后,海关才凭银行的回执联办理结关放行手续。这不仅延长了公司的经营周转时间,甚至导致公司错过销售时机而使产品积压。另外,公司也时常因为要缴纳大量的税金而面临资金周转的问题。

问题的症结就在于公司选择了不恰当的纳税方式。公司应尽可能选择先放行后纳税的方式或定期汇总纳税方式纳税。纳税时间稍加改变,上述问题都会迎刃而解。就该公司的具体情况而言,改变纳税方式的可能性是存在的。首先,公司经营的业务主要是食品、饮料,而所谓的"易腐货物、急需货物、通关手续无法立即办理结关的货物",在很大程度上都有相当的弹性。因此,公司可以采取合理有效的办法,使自己的货物成为"易腐货物"或"急需货物"。其次,随着公司业务量的增多,公司可以向当地海关提出申请,获取定期汇总纳税的资格。

五、利用保税制度

保税制度是对保税货物加以监管的一种制度,是关税制度的一个重要组成部分。这种制度可以简化手续,便利通关,有利于促进对外加工、装配贸易等外向型经济的发展。

保税货物是指经过海关批准,未办理纳税手续,在境内储存、加工、装配后复运出境的货物。保税货物属于海关监管货物,未经海关许可并补缴税款,不能擅自出售;未经海关许可,也不能擅自开拆、提取、支付、发运、调换、改装、抵押、转让或者更换标记。

(一) 我国保税制度

目前我国的保税制度包括保税仓库、保税工厂和保税区等制度。

1. 保税仓库

保税仓库是指专门存放海关核准的保税货物的仓库。这种仓库仅限于存放来料加工、进料加工复出口的货物和经过海关批准缓办纳税手续进境的货物。我国的保税仓库主要有三种类型。

(1) 转口贸易保税仓库。转口贸易项下的进出口货物可以免征进出口关税和其他税;如果要改变包装,必须在海关的监管下进行。

(2) 加工贸易备料保税仓库。来料加工、进料加工项下存入保税仓库的免税进口的备用物料,经过海关核准后提取加工复出口的,海关将根据实际出口数量征收或者免征原进口物料的关税。

(3) 寄售维修保税仓库。为引进的先进技术设备提供售后服务而进口的维修零备件,可以免办纳税进口手续存入保税仓库。在保税仓库储存保税货物一般以一年为限,如果有特殊情况,经过海关核准,可以适当延长。

2. 保税工厂

保税工厂是指经过海关批准并在海关监管之下专门建立,用免税进口的原材料、零部件、元器件等加工、生产、制造或者存放外销产品的专门工厂、车间。

保税工厂为外商加工、装配成品和为制造出口产品而进口的原材料、元器件、零部件、配套件、辅料、包装物和加工过程中直接消耗的数量合理的化学物品,可以缓办进口纳税手续,待加工成品出口后再按照实际耗用的进口料件免税。

进口的原材料、元器件、零部件必须在规定的期限内加工为成品复出口。如果有特殊情况,工厂经理人可以向海关申请延长其经营加工的期限。如果产品拟转为内销或者因故不能在规定期限内出口,应当补办纳税手续。

3. 保税区

我国的保税区是在出入境比较便利的地方,划出一些易于管理的区域,以与外界隔离的全封闭方式,在海关监管下存放和加工保税货物的特定区域。国务院已经批准在上海、广州、青岛、大连、深圳、厦门、宁波、福州、天津等若干城市设立保税区。这些保税区与国际上的自由贸易区和自由港类似,设在区内的企业可以享受规定的进出口税收优惠。我国建立保税区是为了创造较好的投资、经营环境,开展为出口贸易服务的加工整理、包装、运输、仓储、商品展出和转口贸易,为了扩大对外贸易,发展转口贸易、过境贸易和加工出口服务,使之逐步发展成为同国际市场紧密联系、按国际惯例运行的自由贸易区。

(二) 案例

【案例 3-28】 M 股份有限公司是一家外向型的进出口公司,其经营的项目主要是从意大利进口生皮、毛皮、皮革,经过进一步加工后再出口或直销国内。目前,该公司的加工厂和销售公司均设在天津。由于加工质量高,信誉良好,公司的业务蒸蒸日上。但令公司领导人疑惑不解的是,尽管货物加工出口后资金一般均能顺利、及时地收回,公司资金仍经常面临紧缺的局面。后经详细分析,公司发现,问题在于国内皮革市场需求不稳定,因此经常出现加工后货物积压的情况。

M 公司资金紧张的一个更深层次的重要原因,可能是企业所缴纳的大量关税占用了资金。事实上,该公司经营的业务属于保税制度中进料加工业务的范畴。如果公司了解并充分利用保税制度,将加工厂设立在天津保税区,并在保税区设立保税仓库,那么公司就可依照保税制度的有关规定获得免税的待遇,可以很好地解决由于市场需求不稳定带来的货物积压、占用资金的问题。

从进口、生产、储存到出口往往是一个连续的不可中断的过程,如果在保税区内设立保税工厂和保税仓库,则进出口加工的设备和原材料均可以免征进口关税,从而可以大大简化海关手续,使上述过程一气呵成。相反,企业如果将加工厂设立在非保税区,则进口原材料要报关缴纳关税,出口时还要申报退税,不仅手续烦琐,延长了进出口时间,而且占用了企业的大量资金。

在保税区设立保税仓库,在加工产品出库销往国内市场时再办理有关手续,就可以根据本国工业和市场需求的多少从保税仓库中获得相应供应。当市场需求旺盛时,可以多提货销往国内市场;当市场需求低迷时,则可以暂时将货物存放在保税仓库内,这样企业就不用预先缴纳关税,占用资金。保税仓库发挥了"蓄水池"的作用,企业滞后缴纳税款,相当于从海关获得了一笔无息贷款。公司在货物加工完毕进入保税仓库到出库销往国内市场的时段内占用该笔税款,达到了节税的目的和效果。

假定M公司没有设立保税仓库,公司加工后有价值100万元的皮革销往国内,缴纳进口关税10万元,但由于市场低迷,这批皮革无法顺利实现销售,则公司相当于预先垫支了10万元的关税。现在,假设公司设立了保税仓库,当市场低迷时,将该批货物存放在保税仓库,此时不用缴纳关税。当3个月后市场需求回升时,再从保税仓库提货销往国内市场,缴纳10万元关税。这样,在3个月内,公司获得了该笔税款的时间价值。

保税区一般都设置在交通发达、技术精良、劳动力充足的地区,并伴随有相应的优惠政策和方便措施。在保税区设立加工厂有利于企业进一步开拓业务,发展壮大。

本 章 小 结

流转税的筹划是税收筹划的一个重要组成部分。本章介绍了流转税税收筹划的基本内容和方法。增值税的税收筹划主要包括纳税人类别的筹划、兼营行为的筹划、混合销售行为的筹划、税率的筹划、销项税额的筹划、进项税额的筹划、分散经营的筹划、合作建房的筹划、纳税期限的筹划以及优惠政策的筹划;消费税的税收筹划主要包括关联企业转移定价的筹划、兼营不同税率应税消费品的筹划、带包装物销售的筹划、自产自用应税消费品的筹划、委托加工应税消费品的筹划、委托加工方式与自行加工方式选择的筹划、已纳税款扣除的筹划、纳税义务发生时间的筹划、纳税期限的筹划以及"先销售后入股(换货、抵债)"的筹划;关税的税收筹划主要包括税率的筹划、完税价格的筹划、反倾销中的税收筹划、纳税方式的筹划、利用保税制度的筹划。

练 习 题

1. 在增值税筹划中,可以采取哪些税收筹划方法?
2. 兼营行为和混合销售行为税收筹划的要点有哪些?
3. 消费税税收筹划的要素有哪些?
4. 关税税收筹划的要素有哪些?
5. 某商场为增值税一般纳税人,销售利润率为30%,现销售500元商品,其成本为350元,国庆期间为了促销欲采用四种方式:① 采取以旧换新的方式销售,旧货的价格定为50

元,即买新货时可以少缴50元;② 商品九折销售(销售额和折扣额在同一张发票上分别注明);③ 购买物品满500元时返还50元;④ 购买物品满500元时赠送价值50元的小商品,其成本为35元。以上价格均为含税价。假设消费者购买一件价值500元的商品,请分析比较四种促销方式下商场的税收负担情况。

6. 假定某物资批发企业,年应纳增值税销售额为520万元,会计核算制度也比较健全,符合作为一般纳税人的条件,适用13%的增值税税率,但该企业准予从销项税额中抵扣的进项税额较少,只占销项税额的20%。请用增值率判别法分析该物资批发企业作为哪种纳税人税负更轻?该物资批发企业应如何进行税收筹划?通过筹划,该物资批发企业可节税多少?

7. 某烟花厂主要生产鞭炮和烟火,产品售往全国各地的批发商。按照以往的经验,本县的一些商业零售商、消费者每年到工厂直接购买的鞭炮产品为2 000大箱,零售价为每大箱500元。鞭炮产品适用的消费税税率为15%。问:

(1) 该厂每年这种本地销售产品所负担的消费税有多少?

(2) 已知该厂给全国各地批发商的批发价为每箱400元,该厂可以如何进行消费税的税收筹划?

8. 某公司因生产所需,急需进口一批货物50万吨。其可选择的进货渠道有两家:美国公司和澳大利亚公司。从澳大利亚进口该货物,价格为每吨20美元,运费40万美元;若从美国进口同等品质的货物,价格为每吨20美元,其中包括50万美元的回扣。若从美国进口,其航程为从澳大利亚进口的两倍,又经巴拿马运河,所以,其运费及杂物费用高达70万美元,其他费用二者大体相同。如果该货物的关税税率为15%,从节税的角度上看,企业应该选择从哪国购买该货物?

第四章

所得税的税收筹划

　　企业所得税与个人所得税和纳税人的利益密切相关,涉及范围也很广泛。本章主要介绍这两个税种税收筹划的基本原理。对企业所得税,主要围绕如何降低应纳税所得额,从纳税人身份、收入确定、税前扣除、税收优惠等方面分析筹划的基本思路;对个人所得税,主要介绍多种所得项目进行筹划的基本技巧。

第一节　企业所得税的税收筹划

　　企业所得税是对企业生产经营所得和其他所得征收的税种,它与企业的经济利益密切相关。因此,在企业的日常生产经营活动中,进行合理合法的税收筹划,可以减轻企业税收负担,增加收益,达到利益最大化目标。

一、纳税人的税收筹划

　　我国企业所得税法规定,企业所得税纳税人是指在中华人民共和国境内的企业和其他取得收入的组织,分为居民企业和非居民企业。企业可以通过改变居民身份,或通过纳税人法律形式的改变等方式进行税收筹划。

(一) 合伙企业和有限责任公司的选择

　　现行税法规定:合伙企业不缴纳企业所得税,而是按五级超额累进税率缴纳个人所得税,所得额超过50万元的适用最高边际税率35%;而股份有限公司、有限责任公司、私营企业则缴纳企业所得税,缴纳企业所得税后对个人的分红另按"股息、红利所得"适用20%的税率缴纳个人所得税,也就是说,如先缴企业所得税再缴个人所得税,最少要承担应纳税所得额40%的税负。因此,就税收负担而言,如果是出资成立企业,设立合伙企业相较于成立有限责任公司更为有利。

【案例 4-1】 三人拟各出资 10 万元合伙办厂,预计每年企业可获利 150 000 元。方案 1:订立合伙协议,设立合伙企业。方案 2:设立有限责任公司(属于符合条件的小微企业)。请从税收筹划角度考虑,何种企业组织形式更好。

方案 1:合伙企业每人应纳税所得额为 50 000 元。

三人合计应纳个人所得税 = (50 000×10%−1 500)×3 = 3 500×3 = 10 500(元)

方案 2:有限责任公司应纳企业所得税 = 150 000×25%×20% = 7 500(元)

公司税后利润全部分配给三人。

合计应纳个人所得税 = [(150 000−7 500)÷3×20%]×3 = 28 500(元)

方案 2 合计应纳税 36 000 元。

方案比较:选择方案 1 可节税 25 500 元。

但是,从法律风险角度看,合伙企业承担无限责任,不能通过发行股份的方式筹措资金;有限责任公司则只承担有限责任,可以通过发行股份的方式向社会筹资。因此,采取哪种企业法律形式,不能单从税负角度考虑,还须考虑其他因素。

(二) 一人公司和个人独资企业的选择

企业所得税法明确规定,个人独资企业不适用企业所得税法。因此,对个人独资企业只征收个人所得税。

2005 年 10 月对《公司法》进行的修订首次在我国确立了一人公司法律制度,一人公司是依照《公司法》成立的承担有限责任的法人企业,由于一人公司与其股东是两个不同的法律主体,在纳税时,将一人公司与其股东分别对待,即对一人公司征收企业所得税,再对股东分得的税后利润征收个人所得税,实行双重征税。

根据企业所得税法的规定,一人公司投资者合理的工资支出可以在税前据实扣除,而根据个人所得税法的规定,投资者的费用扣除标准参照个人所得税法中"综合所得"项目的费用扣除标准减除费用 6 万元、专项扣除、专项附加扣除以及依法确定的其他扣除。投资者的工资不得在税前扣除。所以,个人独资企业的所得税税负并不一定始终低于一人公司税负。

【案例 4-2】 某个人独资企业与某一人公司在个人独资企业未扣除投资者费用,一人公司未扣除投资者工资的情况下,年度利润相同,为 22.4 万元,假设没有其他专项扣除,其个人独资企业应缴纳个人所得税 = (224 000−60 000)×20%−10 500 = 22 300(元),税负率 = 22 300÷224 000×100% = 9.96%。一人公司的投资者如果每月发放 12 000 元工资(已扣除缴纳的社保和住房公积金),则其投资者个人年度工资薪金收入(假设无任何专项扣除)应缴纳个人所得税 = (144 000−60 000)×10%−2 520 = 5 880(元),一人公司年度(属于符合条件的小微企业)应缴纳企业所得税 = (224 000−12×12 000)×25%×20% = 4 000(元),投资者个人分回股利收入应缴纳个人所得税 = (224 000−12×12 000−4 000)×20% =

15 200（元），个人所得税与企业所得税合计＝5 880＋4 000＋15 200＝25 080（元），一人公司所得税税负＝25 080÷224 000×100％＝11.20％，一人公司的税负比个人独资企业的税负高1.24个百分点。

虽然从上面的案例可以看出，个人独资企业的所得税税负低于一人公司税负，但随着条件的变化，其税负也可能会高于一人公司。此外，一人公司以有限责任公司的形式出现，承担有限责任，风险相对较小；而个人独资企业由于要承担无限责任，风险较大。因此，投资者要综合考虑所得税税负及各方面的因素，选择设立适合自身实际情况的企业组织形式，以实现投资效益的最大化。

（三）尽量成为小型微利企业

企业所得税法规定，对于符合条件的小型微利企业，适用20％的企业所得税率，并且所得还往往减计。因此，企业可以根据小型微利企业的条件，通过收入后移、增加成本费用等方法，使自己能够适用小微企业的税收优惠。

【案例4-3】 企业所得税法规定，纳税人用于公益性捐赠支出的部分，在年度利润总额12％以内的部分准予扣除。企业可合理利用这一点，既降低税负，又提升企业形象。宏光企业2019年度的利润总额为102万元，委托甲会计师事务所代理纳税事宜，经过纳税调整，应纳税所得额为101.10万元，则应纳所得税为10.11万元。考虑到该企业从业人数不超过100人，资产总额不超过3 000万元，事务所建议企业在年底前通过教育部门向农村小学捐赠0.20万元，则应纳税所得额为99.90万元，所得减按25％计算后适用20％税率，应纳所得税5.00万元。通过这样处理，企业捐赠0.20万元，所得税减少5.11万元。

（四）避免成为居民纳税人

根据税法的规定，作为居民纳税人的企业要就其境内外所得申报纳税，而非居民企业只负有限纳税义务，仅就来源于境内的所得纳税。居民企业是指依法在我国境内成立，或者依照外国（地区）法律成立但实际管理机构在境内的企业。国税发〔2009〕82号文件规定，实际管理机构的判断标准是：① 企业负责实施日常生产经营管理运作的高层管理人员及其高层管理部门履行职责的场所主要位于中国境内；② 企业的财务决策（如借款、放款、融资、财务风险管理等）和人事决策（如任命、解聘和薪酬等）由位于中国境内的机构或人员决定，或需要得到位于中国境内的机构或人员批准；③ 企业的主要财产、会计账簿、公司印章、董事会和股东会议纪要档案等位于或存放于中国境内；④ 企业1/2（含1/2）以上有投票权的董事或高层管理人员经常居住于中国境内。因此，企业，尤其是外资企业，如果能够做到不同时符合这些条件，如有低于1/2的有投票权的董事或高管居住于境内，就可以认为实际管理机构不在境内，而只负担有限纳税义务。

按照国际惯例,我国对于非居民企业的所得征税分为两种情况:① 非居民企业在我国境内设立机构、场所的,就其所设机构、场所取得的来源于中国境内的所得,以及发生在境外但与其所设机构、场所有实际联系的所得征税;② 在中国境内未设立机构、场所的,或者虽设立机构、场所但取得所得与其所设机构、场所没有实际联系的,就其来源于境内所得征税。因此,如果能够尽可能使境外的股息、利息、红利与在境内设立的机构、场所失去联系(即变成不为该机构、场所拥有),那么至少这部分所得就没必要申报纳税。如果能够使境内所得与机构场所没有联系,或者尽可能不设立机构、场所,那么即使是境内所得也只须按预提所得税申报缴纳10%的所得税,比25%的税率低得多。

二、收入总额的税收筹划

企业所得税的应纳税所得额等于收入总额减去不征税收入、免税收入、各项扣除,以及允许弥补的以前年度亏损后的余额。其中:收入包括销售货物收入,转让财产收入,股息、红利等权益性投资收益,利息收入,租金收入,特许权使用费收入,接受捐赠收入及其他收入。通过一定的合理方法,尽可能推迟应税收入确认时间,压缩应税收入额,可以达到减轻企业所得税税负的目的。

(一) 确认收入时点的推延

企业所得税法规定的生产经营收入确认的时间和增值税大部分相同,但也有些不同,其中采取产品分成方式取得收入的,按照企业分得产品的日期确认收入的实现,其收入额按照产品的公允价值确定;销售商品需要安装和检验的,在购买方接受商品以及安装和检验完毕时确认收入。如果安装程序比较简单,可在发出商品时确认收入;销售商品采用支付手续费方式委托代销的,在收到代销清单时确认收入。其他收入,如股息、利息、红利、租金、特许权使用费等收入都是按合同约定的时间确认。

因此,进行应税收入筹划时,重点在于收入时点的认定,如将工期适当延长,将合同约定的时间延缓至次年等,减少当年度收入。同时注意,凡是企业尚未发生的销售业务,不要根据合同、协议、口头约定等来预计可能收益,预先入账,未收到货款不开发票;尽量采取预收货款方式,避免采用托收承付与委托收款方式,防止垫付税款;凡是介于负债和收入之间的经济事项,宁作负债而不作收入处理。

企业所得税法规定的其他收入,包括资产溢余收入、逾期未退包装物押金收入、确实无法偿付的应付款项、已作坏账损失处理后又收回的应收款项、债务重组收入、补贴收入、违约金收入、汇兑收益等。这些收入的确定一定要有充分、确凿的证据证明,才能入账。因此,如果证明不充分的话,这些就可以不确认为收入。

(二) 选择销售方式

产品的销售方式多样,而且随着经济的发展,还在不断变化。在产品的销售过程中,企业对销售方式有自主选择权,这为利用不同销售方式进行税收筹划提供了可能。注意尽量运用折扣销售刺激市场,少用销售折扣、实物赠送等方式。在具体运用中,结合流转税的筹划通盘考虑。

（三）设法增加免税收入

企业所得税法规定,为了扶持和鼓励特定的纳税人和特定项目,对企业取得的某些收入实行免税政策,因此,企业可设法增加免税收入：① 将剩余资金购买国债和地方政府发行的债券；② 持有居民企业股份 12 个月以上；③ 尽量取得符合资源综合利用优惠目录规定的产品收入。

三、成本费用的税收筹划

成本费用是纳税人财务分析和财务评价的重要经济指标,它影响商品流转额和非商品营业额的定价基础、纳税人拥有的财产价值、经营活动的收益水平,进而影响纳税人的税收负担。因此,纳税人选择合理的税收筹划方案,增加成本费用,对降低税收负担有重要意义。

（一）准予扣除项目的税收筹划

1. 借款利息支出的筹划

企业在生产经营过程中经常会发生利息费用,在财务核算时往往将实际发生费用都记入财务费用,但税法规定了税前扣除的标准,不是简单地全部扣除,因此,进行税收筹划很有必要。筹划时主要把握两个方面。

（1）注意利息支出的合法性。第一,应该取得合法凭证,如支付金融企业利息的结算单或证明书、支付其他债权人的收据。第二,借入款项应于账内载明债权人的真实姓名和地址,其利息支出才准予认定。

（2）尽量向金融企业借款。向金融企业以外的单位借款,如果利率超过金融企业的相应利息,是不予税前扣除的,因此,应尽量向金融企业借款。如果向其他企业借款,尽量争取较低利率。

2. 工资支出的筹划

企业所得税法规定,企业发放的合理工资、薪金允许扣除,因此,筹划时的思路是在合理范围内扩大费用。

（1）具备合理的条件：制定了较为规范的员工工资、薪金制度；制定的工资、薪金制度符合行业及地区水平；在一定时期所发放的工资、薪金是相对固定的,工资、薪金的调整是有序的；企业对实际发放的工资、薪金,依法履行了代扣代缴个人所得税义务；有关工资、薪金的安排不以减少或逃避税款为目的；属于国有性质的企业,其工资、薪金不超过政府有关部门给予的限定数额。

（2）筹划增列费用：例如,将员工红利变为年终奖金,红利属于盈利分配,从税后利润中开支,年终奖属于工薪收入,可在税前扣除。因此,企业应尽可能采取年终奖金形式。再如,在合适的岗位尽量安排残疾人员及国家鼓励安置的其他就业人员,享受工资加计扣除规定,增加费用扣除额。

3. 公益性捐赠支出的筹划

企业所得税法规定,纳税人用于公益性的捐赠,在年度利润总额 12% 以内的部分允许扣除,超过部分准予在后三年应纳税所得额中扣除。企业可合理利用这一规定,既能提高企业的社会形象,又减少了应纳税额,一举两得。

【案例4-4】 某企业于2018年实现会计利润2 000万元,其中包含企业向遭受严重台风灾害的某地区的捐款260万元。假设无其他调整项目,企业采取何种捐赠方式为好?

方案1:企业直接向受灾地区捐赠。

税法规定,这种捐赠方式不允许税前扣除,因此,需调整所得额260万元,应纳所得税=(2 000+260)×25%=565(万元)。

方案2:企业通过公益性社会团体或县以上政府部门捐赠。

税法规定,这种捐赠支出不超过公益性捐赠扣除限额的部分允许税前扣除。

捐赠扣除限额=2 000×12%=240(万元),超过限额的20万元不允许扣除,调整所得20万元。应纳所得税=(2 000+20)×25%=505(万元)。

方案3:企业通过企业主管部门进行捐赠。

税法规定,这种捐赠方式也不允许税前扣除,因此,需调整所得260万元,应纳所得税=(2 000+260)×25%=565(万元)。

通过分析可知,企业应选择第二种捐赠方式。企业在发生公益性捐赠时,应预先估计当年的会计利润,尽量把捐赠额度控制在扣除限额之内,或者把超出抵扣部分的捐赠安排在下一年度进行。同时,注意尽量采取现金捐赠,避免实物捐赠。从税法的角度看,实物捐赠属于增值税的视同销售,须缴纳增值税,而现金捐赠不作视同销售处理。

4. 业务招待费的筹划

企业所得税法对业务招待费规定了比较严格的扣除标准,但企业在业务招待方面发生费用较多时,应特别注意账务的处理。与建造固定资产有关的,应计入"在建工程"科目;与产品销售有关系的,应计入"产品(商品)销售费用"科目,不要将之计入"管理费用——业务招待费"科目。还要区分"管理费用"科目中的二级科目,将业务招待费与会务费、差旅费等严格区分,防止将这些费用计入业务招待费,避免因为超标而进行纳税调整,徒增应纳税所得额。纳税人发生的与其经营活动有关的合理的会务费、差旅费,只要能够提供证明其真实性的合法凭证,均可获得全额扣除,不受比例限制。

【案例4-5】 假设企业2018年的销售(营业)收入为X,业务招待费为Y,则2018年该企业允许税前扣除的业务招待费为$Y×60\% \leqslant X×5‰$,只有在$Y×60\%=X×5‰$的情况下,即$Y=X×8.3‰$,业务招待费在销售(营业)收入的8.3‰的临界点时,企业才可能充分利用好上述政策。

一般情况下,企业的销售(营业)收入是可以测算的。假定2018年企业销售(营业)收入$X=10\,000$万元,则允许税前扣除的业务招待费最高不超过$10\,000×5‰=50$(万元),那么财务预算全年业务招待费$Y=50$万元$/60\%=83$万元,其他销售(营业)收入可以依此类推。

如果企业实际发生业务招待费 100 万元＞83 万元，即大于销售（营业）收入的 8.3‰，则业务招待费的 60% 可以扣除，纳税调整增加 100－60＝40（万元）。但是另一方面，销售（营业）收入的 5‰ 只有 50 万元，还要进一步进行纳税调整增加 10 万元，按照两方面限制孰低的原则比较，取其低值直接纳税调整，共调整增加应纳税所得额 50 万元，计算缴纳企业所得税 12.50 万元，即实际消费 100 万元就要付出 112.50 万元的代价。

如果企业实际发生业务招待费 40 万元＜83 万元，即小于销售（营业）收入的 8.3‰，则业务招待费的 60% 可以全部扣除，纳税调整增加 40－24＝16 万元。另一方面，销售（营业）收入的 5‰ 为 50 万元，无须再纳税调整，只须计算缴纳企业所得税 4 万元，即实际消费 40 万元就要付出 44 万元的代价。

结论：当企业的实际业务招待费大于销售（营业）收入的 8.3‰ 时，超过 60% 的部分须全部计税处理，超过部分每支付 1 000 元，就会导致 250 元税金流出，即吃了 1 000 元要掏 1 250 元的腰包。

当企业的实际业务招待费小于销售（营业）收入的 8.3‰ 时，60% 的限额可以充分利用，只须就 40% 的部分计税处理，即吃 1 000 元掏 1 100 元的腰包。

5. 资产损失的筹划

资产损失是指企业在生产经营活动中实际发生的，与取得应税收入有关的资产损失，包括现金损失、存款损失、坏账损失、贷款损失、股权投资损失、固定资产和存货的盘亏、毁损、报废、被盗损失，自然灾害等不可抗力因素造成的损失，以及其他损失。企业发生的资产损失由其提供清查盘存资料，经主管税务机关审核后，允许税前扣除。因此，进行税收筹划时，重点在于健全会计制度，经报批程序取得合法证明，避免资产损失遭税务机关剔除补税。

（1）建立健全会计制度。企业境内、境外营业机构发生的资产损失应分开核算，对境外营业机构由于发生资产损失而产生的亏损，不允许税前扣除。

（2）委托具有法定资质的机构鉴证。《财政部、国家税务总局关于企业资产损失税前扣除政策的通知》（财税〔2009〕57 号）规定，企业对其扣除的各项资产损失，应当提供能够证明资产损失确属已实际发生的合法证据，包括具有法律效力的外部证据、具有法定资质的中介机构的经济鉴证证明、具有法定资质的专业机构的技术鉴定证明等，否则不予扣除。

（3）合法报告备案。税法规定，资产损失应事先完成报备手续，否则不予扣除。根据税法规定符合条件的资产损失，应报请主管税务机关调查，凭其合法的证明确认。

6. 手续费及佣金支出的筹划

《财政部、国家税务总局关于企业手续费及佣金支出税前扣除政策的通知》（财税〔2009〕29 号）规定，企业发生与生产经营有关的手续费及佣金支出，不超过规定计算限额以内的部分，准予扣除；超过部分，不得扣除。其中，财产保险企业按当年全部保费收入扣除退保金等后余额的 15%（含本数，下同）计算限额；人身保险企业按当年全部保费收入扣除退保金等后余额的 10% 计算限额。其他企业按与具有合法经营资格中介服务机构或个人（不含交易双方及其雇员、代理人和代表人等）所签订服务协议或合同确认的收入金额的 5% 计算限额。进行税收筹划应注意四个方面。

（1）企业应与具有合法经营资格中介服务企业或个人签订代办协议或合同，并按国家有关规定支付手续费及佣金。

（2）尽量避免现金支付。按规定，除委托个人代理外，企业以现金等非转账方式支付的手续费及佣金不得在税前扣除。企业为发行权益性证券支付给有关证券承销机构的手续费及佣金不得在税前扣除。

（3）会计核算应准确。按规定，企业支付的手续费及佣金不得直接冲减服务协议或合同金额，并如实入账。企业如果将手续费及佣金支出计入回扣、业务提成、返利、进场费等费用，不得扣除。已计入固定资产、无形资产等相关资产的手续费及佣金支出，应当通过折旧、摊销等方式分期扣除。

（4）企业应当如实向当地主管税务机关提供当年手续费及佣金计算分配表和其他相关资料，并依法取得合法真实凭证。

7. 广告费与业务宣传费支出的筹划

企业发生合规的广告费和业务宣传费允许税前扣除。如果纳税人将企业的销售部门设立成一个独立核算的具有法人资格的销售公司，将企业产品销售给公司，再由公司对外销售，就增加了一道销售（营业）收入，从而增加了费用扣除额。如果单独成立销售公司不便，还可以将广告费分解使用于日常的营销中，分解部分费用用于佣金支出，招聘奖励营销业绩突出的营销员。根据规定，用于外聘人员的佣金，只要取得符合规定的凭证，可以按营销收入的5%税前扣除。

【案例4-6】 某工业企业2018年度实现产品销售净收入10 000万元，企业当年发生业务招待费50万元，广告费和业务宣传费2 850万元。企业税前会计利润总额为500万元。

筹划前：业务招待费不得扣除额为20万元（50－30）；广告费和业务宣传费不得扣除额为1 350万元；调增应纳税所得额为1 370万元（20＋1 350）；应调增企业所得税额为342.5万元（1 370×25%）。

筹划方案：将该企业销售部门分离出去，单独成立一个独立核算的销售公司，将企业产品以9 000万元销售给该销售公司，销售公司再以10 000万元对外销售。工业企业与销售公司发生的业务招待费分别为30万元和20万元，广告费和业务宣传费分别为1 350万元和1 500万元。这样就增加了一道销售收入，因增值税是环环抵扣的，所以不会增加增值税的税负，整个利益集团的利润总额也不会改变，但业务招待费、广告费、业务宣传费将分别以两家企业的销售收入为依据计算扣除限额，其扣除限额增加十分显著。

对于工业企业：业务招待费扣除限额为18万元；广告费和业务宣传费扣除限额为1 350万元（9 000×15%），可以全额扣除，调整所得额为12万元。

对于销售公司：业务招待费扣除限额为12万元；广告费和业务宣传费扣除限额为1 500万元（10 000×15%），可以全额扣除。商业企业调增应纳税所得额8万元，节省企业所得税337.5万元。

8. 新产品、新技术、新工艺研究开发费用的筹划

为了鼓励自主研发和技术进步,税法规定,企业发生的研发费用除据实扣除外,还允许按研发费用的75%加计扣除;形成无形资产的,按照无形资产的175%摊销。企业应充分利用这一加计扣除规定,减少应纳所得税。在实际操作时,应按规定履行审核批准的程序,否则难以达到目的。

(1) 进行技术开发应先立项,并编制项目开发技术和技术开发费用预算。

(2) 项目立项后,应及时向所在地主管税务机关提出享受加计扣除申请,并附送立项书、开发计划、技术开发费用预算及有关资料;所在地主管税务机关审核无误后及时上报省级税务机关,经审核并下达审核确认书。

(3) 纳税年度终了一个月内,纳税人根据确认的技术开发计划,将当年技术开发实际发生额及加计抵扣等情况,报经所在地主管税务机关审查核准后执行。

【案例4-7】 2018年,某盈利企业(不属于科技型中小企业)根据产品的市场需求,拟开发出一系列新产品,技术项目开发计划为两年,科研部门提出技术开发费预算需660万元,第一年预算为300万元,第二年预算为360万元。所得税税率为25%。现有两种方案可供选择:一是在企业内部设立研发部门;二是将技术开发部分立出来,成立独立研发中心,作为企业的全资子公司,并委托其进行科研试制。

方案1:内设研发部门,企业因技术开发费可抵扣的应纳税所得额为:第一年发生的技术开发费300万元,加上可以加计扣除的75%,即225万元,可税前扣除额为525万元;第二年发生的技术开发费360万元,加上可以加计扣除的75%,即270万元,则可税前扣除额为630万元。两年累计可税前扣除额为1 155万元,可抵税288.75万元(1 155×25%)。

方案2:成立独立研发中心,作为企业全资子公司。母公司委托其子公司进行科研试制的技术开发费按照合同价格结算。假设子公司除了收取研究成本外再加收成本的10%作为对外转让溢价。企业因技术开发费可抵扣的应纳税所得额为:第一年发生的技术开发费为330万元[300×(1+10%)],可税前扣除额为528万元(330+330×80%×75%);第二年发生的技术开发费为396万元[360×(1+10%)],加上可以加计扣除的237.6万元,则可税前扣除额为633.6万元。两年累计可税前扣除额为1 161.6万元,可抵税290.4万元(1 161.6×25%)。

9. 其他费用的筹划

【案例4-8】 某大型矿山开采企业(下称矿业公司)是一般纳税人,年开采矿石250万吨且产销平衡。按现有采矿产能,矿业公司须配置至少两台挖掘机作业。因采矿场地与仓库有一段距离,公司将石灰石短驳运输外包。那么,应该融资租赁挖掘机呢,还是由承包人购置而矿业公司适当提高短驳运输价格呢?矿业公司财务人员为此进行了测算。

方案1:某型号挖掘机,单位售价165万元,保险费6.73万元,客户服务费(CSA)7.67万元,合计179.4万元。上述保险费、CSA以4年期计算,高产能挖掘机一般使用周期为4年,

之后挖掘机会频繁故障,如果满4年后变卖,每台价值50万元。因一次性支付资金压力过大,矿业公司选择采用融资租赁方式租入设备,期限4年,租赁期满设备产权归矿业公司。租赁条件是每台首付20%,计35.88万元,之后按贷款年利率7.4%月付款3.46万元,本息合计201.96万元。两台挖掘机共计403.92万元,按250万吨产量计,每年发生消耗柴油成本85万元(不含税)。

每年的现金支付如下。第1年:(35.88+3.46×12)×2+85=239.80(万元);第2年至第4年:3.46×12×2+85=168.04(万元)。4年共支付现金743.92万元。第5年挖掘机处置收回100万元,则上述643.92万元(743.92-100)将在4年内计入成本。

经过对资金支出的现值和对企业所得税的深入分析,财务人员进一步测算。如果矿业公司融资租赁租入挖掘机,首付20%,合计71.76万元,按年利率7.4%计算资金支出现值,则4年内支付的资金总额的现值扣除4年后资产变卖现值为270.81万元。

此外,挖掘机每年将耗费柴油85万元,4年应支付的柴油费折算成现值为280.93万元。这样,矿业公司自行购置的情况下,4年资金支出的现值为555.74万元。

由于挖掘机常年处于震动、超强度生产作业中,该资产可以加速折旧。矿业公司采用年数总和法计提折旧,资产的净残值按5%计,折旧年限为10年。经计算,前4年折旧额分别为69.77万元、62.79万元、55.81万元和48.84万元,合计237.21万元。第4年末,挖掘机变卖得款100万元后,固定资产清理损失为66.71万元(403.92-237.21-100)。此外,4年共发生柴油运输成本340万元(85×4),4年共发生成本费用643.92万元(237.21+66.71+340),折旧、固定资产清理损失、柴油成本均可以税前列支。

方案2:运输承包提价。如果承包人增加两台挖掘机后,由于承包人增加了设备投资,承包人要求每吨提高短驳运费0.70元(含税),以作适当补偿。承包期为4年,预计4年共增加运费700万元(2 500 000×0.70×4)。从金额上看,4年融资租赁比运费提价减少现金支出56.08万元(700-643.92),似乎前者更可取,但并不能就此得出融资租赁比运费提价有利的结论。

如果采取将运输承包提价的方案,每月提价部分影响成本分析如下:年产量250万吨,则每年支付提价运费175万元(2 500 000×0.70)。《增值税暂行条例》规定:一般纳税人在生产经营过程中所支付的运输费用,取得运费发票,允许计算抵扣进项税额(运费增值税率9%)。扣除进项税后成本列支146.100 9万元,则4年支付的运费折算成现值,经计算为490.438 5万元。从上述自购与运输提价的资金支出的现值上看,运输提价较融资租赁所支付的资金现值少65.301 5万元。再从企业每年应缴所得税情况分析,一个正常生产经营的企业,必然能产生营业利润,企业实现的利润将进行所得税的汇算清缴。另外,纳税人以融资租赁方式从出租方取得固定资产,其租金支出不得扣除,但可按规定提取折旧费用。同时,常年处于震动、超强度使用或受酸、碱等强烈腐蚀的机器设备,允许实行固定资产加速折旧。

融资租赁对企业所得税影响不单独分析,与运费提价比较进行差额分析如下。运费提价后,每年运输费用146.100 9万元可以在税前全额扣除,4年的运输成本列支为584.403 7万元(146.100 9×4)。则运输提价比自购减少所得税支出如下。第1年:(146.100 9-69.77-85)×25%=-2.167 3(万元);第2年:(146.100 9-62.79-85)×25%=-0.422 3

(万元);第 3 年:(146.100 9－55.81－85)×25%＝1.322 7(万元);第 4 年:(146.100 9－48.84－85－66.71)×25%＝－13.612 3(万元)。4 年共增加所得税支出 17.524 6 万元。折算成现值,增加所得税现金现值支出为 13.682 7 万元。

综上分析,运费提价将减少企业资金支出现值 65.301 5 万元,增加企业所得税折现额 13.682 7 万元。矿业公司财务人员向经营者建议选择运输承包人提出的运费提价的方案。

以上介绍的扣除项目筹划方法的运用都适用于盈利年度,尽可能使费用扣除最大化,抵税作用得到最大限度发挥。但如果在亏损年度,则应充分考虑亏损的税前弥补程度。在其亏损额预计不能或不能全部在未来年度得到税前弥补的年度,应选择使成本费用尽可能摊入亏损能全部得到税前弥补或盈利的年度。在享受优惠税收政策的年度,应选择能避免成本费用的抵税作用被优惠政策抵消的方法。如在享受免税和正常纳税的交替年度,应选择能使减免税年度摊销额最小和正常纳税年度摊销最大的方法。

(二) 利用资产处理进行筹划

1. 存货选择合理的计价方法

存货价值是企业生产成本的重要组成部分。原材料、低值易耗品等存货出库价值的高低,会直接影响产品或商品的成本,因而对企业的利润和应税所得有很大影响。税法规定存货计价的方法有加权平均法、个别计价法、先进先出法等,不同的计价方法,在核算时会得出不同的应税额,所以选择恰当的存货计价方法至关重要。

【案例 4-9】 某商业企业某月甲商品的收、发、存情况如表 4-1 所示,试比较不同计价方法对企业所得税负的影响。

(1) 在先进先出法下(永续盘存制下),企业当月发出商品的成本为:

10 日发出商品成本＝60×120＋62×120＝14 640(元)

22 日发出商品成本＝62×130＋65×250＝24 310(元)

本月商品销售成本＝14 640＋24 310＝38 950(元)

表 4-1 某月库存商品收、发、存情况

日期	购入		发出		结存数量(件)
	数量(件)	单位成本(元)	数量(件)	单位成本(元)	
1 日结存	120	60			120
5 日购入	250	62			370
10 日发出			240		130
15 日购入	350	65			480
22 日发出			380		100

(2) 在加权平均法下,企业当月发出商品的成本为:

商品的加权平均成本＝(60×120+62×250+65×350)/(120+250+350)
            ＝63.125(元)
本月商品销售成本＝63.125×620＝39 137.5(元)

通过计算可知,在物价持续上涨情况下,在加权平均法下成本最高,在先进先出法下成本最低。反之,如果物价持续下跌,则应选用先进先出法。

2. 固定资产折旧处理的筹划

固定资产折旧是固定资产由于损耗而转移到产品成本中的价值,固定资产的计价和折旧方法直接关系到成本的大小、利润的高低,以及应纳税额的多少。

进行税收筹划时,应尽量扩大固定资产价值,以便增加折旧成本。不过应重点在折旧额上做文章,通过选择折旧方法,使折旧费用的抵税效应得到最充分或最快的发挥。

(1) 盈利企业的选择。盈利企业的折旧费用能在当年税前扣除,因此,应尽量选择加速折旧方法,包括在税法规定允许的范围内,尽量缩短折旧年限,使计入成本的折旧费用前移,应纳税所得额尽可能地后移,相当于一笔无息贷款。如果购置的新设备和仪器单位价值不超过500万元,尽量做费用一次性税前扣除,不要计提折旧。

(2) 享受优惠政策企业的选择。处于减免所得税优惠期内的企业,由于减免税期内折旧费用的抵税效应会全部或部分被减免优惠所抵消,应选择减免期内折旧少、非减免期内折旧多的折旧方法。即,在减免期内应尽量使用直线折旧,避免使用加速折旧方法,尽量按规定的正常折旧年限计提折旧。

(3) 亏损企业的选择。亏损企业的折旧方法选择应同企业的亏损弥补情况相结合。如果某一纳税年度的亏损额不能在今后的纳税年度中得到税前弥补或不能全部得到税前弥补,则该纳税年度折旧费用的抵税效应就不能发挥或不能完全发挥。这时,就应降低折旧额,选择合理的折旧年限。反之,则应尽量使用加速折旧方法。

【案例4-10】 某电子生产企业为了扩大再生产,拟于某年12月购买一台电子设备,设备价款10 000元,预计使用期限为3年,预计净残值率为5%,适用企业所得税税率25%,折现率6%。在允许采用加速折旧情况下,该企业采用何种方法好呢?

方案1:按不低于规定折旧年限的60%折旧。

税法规定电子设备的税法折旧年限不低于3年,因此,在按不低于规定折旧年限60%折旧的条件下,该企业可以按2年进行直线法折旧。该企业第一年的折旧额为4 750元[(10 000-500)÷2],第二年的折旧额为4 750元[(10 000-500)÷2],两年共计提折旧9 500元,使用期满后可以抵税2 375元。

抵税折现金额＝4 750×25%×0.943 4+4 750×25%×0.890 0＝1 120.29+1 056.88
         ＝2 177.17(元)

方案2:按双倍余额递减法折旧。

该企业第一年的折旧额＝10 000×2÷3＝6 666.67(元)

第二年的折旧额＝(10 000－6 666.67－500)÷2＝1 416.665(元)
第三年的折旧额＝(10 000－6 666.67－500)÷2＝1 416.665(元)
3年共计提折旧9 500元，使用期满后可以抵税2 375元。
抵税折现金额＝6 666.67×25％×0.943 4＋1 416.665×25％×0.890 0＋1 416.665×25％×0.839 6＝1 572.33＋315.21＋297.36＝2 184.90(元)

方案3：按年数总和法折旧。
该企业第一年的折旧额＝(10 000－500)×3÷(3＋2＋1)＝4 750(元)
第二年的折旧额＝(10 000－500)×2÷(3＋2＋1)＝3 166.67(元)
第三年的折旧额＝(10 000－500)×1/(3＋2＋1)＝1 583.33(元)
3年共计提折旧9 500元，使用期满后可以抵税2 375元。
抵税折现金额＝4 750×25％×0.943 4＋3 166.67×25％×0.890 0＋1 583.33×25％×0.839 6＝1 120.29＋704.58＋332.34＝2 157.21(元)

三种方法使用期满后的抵税折现金额不同，分别为2 177.17元、2 184.90元和2 157.21元。

结论：在企业盈利且有足够多的应纳税所得额扣除固定资产折旧金额的情况下，从实现固定资产折旧抵税现值最大化角度考虑，应当优先选用双倍余额递减法，次优选方案为缩短折旧年限法，最应抛弃的方案则是年数总和法。

当然，这些折旧方法的比较是在企业未将购置的电子设备一次性做费用扣除的前提下进行的。对于企业来说，在盈利的情况下，最佳选择是将10 000元一次性在企业所得税前扣除。

3. 其他资产的节税处理

其他资产包括生物资产、无形资产和长期待摊费用，这三类资产的税收筹划思路与固定资产相似，主要在扩大价值和加速折旧或摊销方面做文章。

四、亏损弥补的筹划

为了鼓励扶持企业发展，当企业由于各种原因出现亏损时，税法允许进行亏损弥补。因此，纳税人可以充分利用这一政策，相应缩小应纳税所得额，减轻税收负担。亏损弥补应注意两点。

(1) 对联营企业生产经营所得，一律先就地缴纳所得税，然后再分配。联营企业的亏损，由联营企业就地按规定进行弥补。根据规定，年度亏损能用以后5年应税所得弥补(高新技术企业和科技型中小企业亏损结转年限由5年延长至10年)，不能从以前年度已纳税款中返还。以前年度的盈利对企业意味着预缴税款。因此，如果企业对积压的库存商品进行削价处理，可以适当减少应纳税所得额，以降低所得税额。

(2) 境外所得应先按规定还原成不含税所得，然后用于弥补以前年度境外亏损，再减去税法规定予以免税的境外所得，余额用于弥补境内亏损。

五、境外所得已纳税额扣除的筹划

纳税人在境外缴纳的所得税，在汇总纳税时，可选择以下一种方法予以抵扣，抵扣方法一经确定,五年内不得任意更改。

(一) 分国不分项抵扣

企业能全面提供境外完税凭证的,可采取分国不分项抵扣。纳税人在境外已缴纳的所得税税款应按国别(地区)抵扣。在境外已缴纳的所得税税款,包括纳税人在境外实际缴纳的税款及按规定视同已缴纳的所得税税款,纳税人应提供所在国(地区)税务机关核发的纳税凭证或纳税证明以及减免税有关证明,如实申报在境外缴纳的所得税税款。因此,如果所得来源于比我国税率高的国家,无须再补缴税款,而如果来源于比我国税率低的国家,则要补缴税款。因此,如果尽量让所得来源于高税率国家,则可以减轻我国的所得税。当然,在实际操作时须考虑其他因素综合权衡。

(二) 综合税收抵免

为便于计算和缴纳,经企业申请,税务机关批准,企业也可以采取综合税收抵免。这些规定为纳税人进行税收筹划提供了空间,纳税人可以根据被投资国所得税税率的高低,选择适当的境外已纳税款的抵扣方法。

【案例 4-11】 某企业 2018 年度境内应纳税所得额为 200 万元,所得税税率为 25%;该企业在甲、乙两国设有分支机构。在甲国的机构的所得额 100 万元,所得税税率为 20%;在乙国的机构的所得额为 150 万元,所得税税率为 30%,享受减半优惠(与我国签订了税收饶让抵免)。该企业在甲、乙两国已分别缴纳所得税 20 万元、22.5 万元。企业境外所得应纳税款选择哪种抵扣方式对自己有利?

方案 1:采取分国抵免。

境内外所得按我国税法计算的应纳税额 $=(200+100+150)\times 25\%=112.5$(万元)

甲国的抵扣限额 $=100\times 25\%=25$(万元)

乙国的抵扣限额 $=150\times 25\%=37.5$(万元)

企业应纳所得税 $=112.5-(20+37.5)=55$(万元)

方案 2:采取综合税收抵免。

扣除限额 $=(100+150)\times 25\%=62.5$(万元)

境外实际缴纳的税款 $=20+45=65$(万元)

企业应纳所得税 $=112.5-62.5=50$(万元)

采用综合抵免比分国抵免节省税收 5 万元。

六、税收优惠的筹划

为了达到经济和社会目标,体现国家的政策意图,企业所得税法设置了较多的优惠政策,减轻特定纳税人的税收负担。企业应合理筹划,充分享受这些税收优惠。

（一）减免税的筹划

筹划的基本思路包含五方面的内容。

1. 投资于国家鼓励类行业

企业所得税法规定，国家对重点扶持和鼓励发展的产业和项目，如从事农、林、牧、渔业项目所得，从事国家重点扶持的公共基础设施项目投资经营所得，从事符合条件的环境保护、节能节水和安全生产项目所得等，可以免征、减征所得税；国家对重点扶持的高新技术企业实行15%的低税率，符合条件的集成电路企业、软件企业能获得减免优惠。企业可以结合本企业的生产经营特点，主动符合相关条件享受税收优惠。

【案例4-12】某生产企业在设备购置前一年累计亏损额为3 000万元，主要原因是生产设备落后，产品技术含量低，市场销路打不开。为扭亏为盈，打开销售市场，企业决定自筹资金2 000万元进行投资。现有两个方案可供选择：方案1，将资金用于购买国产设备进行企业内部技术改造（该设备为用于安全生产的专用设备）；方案2，对外投资新办国家重点扶持的高新技术企业。

假设：两个方案5年内销售收入、应交流转税、各项费用、税前利润等指标基本一致；方案1中企业所得税税率为25%，方案2中企业所得税税率15%。只要对两个方案应交企业所得税税额和税后留利进行比较就可做出选择。

方案1：企业自筹资金2 000万元，用于购买国内固定资产设备，该项投资全部用于企业内部设备改造，提高产品技术含量，计划当年改造，当年投产，当年见效。投产后前3年新增利润3 000万元，全部用于弥补以前年度亏损。第4年新增利润500万元，按规定，企业购置用于环境保护、节能节水、安全生产等专用设备的，该专用设备投资额的10%可以从企业当年的应纳税额中抵免，当年不足抵免的，可以在以后5个纳税年度结转抵免。所以，可抵免企业所得税200万元（2 000×10%）。第4年抵免应缴所得税125万元，企业实际净利润为500万元。第5年新增利润700万元，抵免应缴所得税75万元，企业实际净利润为600万元（700－100）。在这5年中累计实现新增利润4 200万元，除3 000万元用于弥补亏损外，实际缴纳所得税只有100万元，留给企业的净利润为1 100万元。

方案2：企业自筹资金2 000万元，在同一地区内用于国家批准高新技术开发区内投资新办国家重点扶持的高新技术企业。按企业所得税有关优惠政策规定，高新技术企业减按15%税率征收企业所得税。项目前3年所获的利润3 000万元分回后可全部用于弥补亏损。第4年实现税前利润500万元，按规定缴纳75万元所得税后留给企业净利润425万元。第5年实现税前利润700万元，按规定缴纳105万元所得税，留给企业净利润595万元。在这5年中，累计实现税前利润4 200万元，除3 000万元用于弥补亏损外，还应缴纳企业所得税180万元，留给企业净利润1 020万元。

通过计算比较可见，两个方案均享受国家不同的所得税优惠政策，但是在企业亏损3 000万元的前提下：方案1可享受所得税抵免设备投资款200万元，5年内累计缴纳所得税只有100万元；方案2累计缴纳所得税180万元，应交所得税额与方案1相差80万元。

因此，方案 1 是比较好的选择。但是，生产周期如果超过 5 年以上，则方案 1 不一定优于方案 2。

2. 合理选择企业享受减免税优惠年度

让企业的优惠年度分布于企业利润最大年度，从而最大限度地节约税款。

对于新办企业，如年度中期开业，当年实际生产经营期不足 6 个月的，可向主管税务机关申请选择就当年所得缴纳企业所得税，其减征、免征企业所得税的执行期限，可以推延至下一年度计算。因此，如果新创办的符合减免条件的企业当年实际经营期不足 6 个月，而且能够预测第二年的经济效益较当年好，则可以选择第二年为免税年度。反之，倒不如选择创办当年为免税年度。

【案例 4-13】 吉祥有限公司是 2010 年 5 月 1 日新办的企业，主营范围为计算机硬软件的开发、生产、销售，其自主研发的多彩图像采集控制软件，获得当地信息产业厅软件产品登记证。2011 年，该企业被批准成为软件企业，并进入获利年度，企业应纳税所得额为 20 万元，当年按正常的 25% 税率缴纳了企业所得税。公司 2012—2016 年弥补以前年度亏损前的应纳税所得额为 −300 万元、−200 万元、−100 万元、0 万元和 600 万元。2014 年 1 月，企业符合《高新技术企业认定管理办法》（国科发火〔2008〕172 号）的规定，经企业申请被国家有关部门评为国家重点扶持的高新技术行业。《企业所得税法》第 28 条规定：国家需要重点扶持的高新技术企业，减按 15% 的税率征收企业所得税。企业适用 15% 的税率，公司 2017—2021 年的应纳税所得额预计为 3 000 万元/年。折现率为 10%。

目前，我国境内新办软件生产企业经认定后，在 2018 年 12 月 31 日前，自获利年度起，第 1 年和第 2 年免征企业所得税，第 3 年至第 5 年减半征收企业所得税。

吉祥公司的纳税情况分析如下。

2011 年、2012 年免税，2013、2014、2015 年减半征收。

2014 年度，企业被认定为国家重点扶持的高新技术企业。

据《企业所得税法》的相关规定，享受高新技术企业优惠的企业所得税税率为 15%。吉祥公司 2014—2021 年适用的企业所得税税率为 15%。

2013 年度企业应纳税所得额为 −200 万元，企业所得税为 0 万元。

2014 年度企业应纳税所得额为 −100 万元，企业所得税为 0 万元。

2015 年度企业应纳税所得额为 0 万元，企业所得税为 0 万元。

2016 年度企业应纳税所得额为 0 万元，企业所得税为 0 万元。

2017—2021 年度，每年企业应纳税所得额为 3 000 万元，企业所得税为 450 万元，总共缴纳所得税 2 250 万元。

综上所述，吉祥公司自 2011—2015 年在两免三减半期间只享受了 5 万元的税收优惠。

筹划思路：先对吉祥公司税收筹划前的经营活动做出一些假设：2012 年 2 月发生的自有房屋装修款 25 万元，未达到房产原值的 50%；2016 年 12 月的一笔赊销销售收入 70 万元,相应的成本为40万元。

2017年1月1日,企业购入一台研究开发设备,单位价值为3 000万元。《企业所得税法》第32条规定:企业的固定资产由于技术进步等原因,确需加速折旧的,可以缩短折旧年限或者采取加速折旧的方法。《企业所得税法实施条例》第98条规定:采取缩短折旧年限方法的,最低折旧年限不得低于本条例规定折旧年限的60%;采取加速折旧方法的,可以采取双倍余额递减法或者年数总和法。企业采取双倍余额递减法(5年)实行加速折旧,2017—2021年的折旧额依次为1 200万元、720万元、432万元、324万元、324万元。

第一步:调整费用与收入。

(1) 房屋装修提前到2011年进行,经过调整后的2011年亏损金额为—5万元。

(2) 2012—2015年的应纳税所得额为—275万元、—200万元、—100万元、0万元。

(3) 2016年12月的一笔赊销销售收入70万元,相应的成本为40万元,相应的应纳税所得额为30万元(将合同中约定的收款时间调整为2017年1月,相应地,2016年的企业所得税税前所得为570万元),弥补以前年度亏损后应纳税所得额为—30万元。

(4) 2017年的应纳税所得额为3 030万元,弥补亏损后所得为3 000万元。

(5) 2018—2021年的应纳税所得额为3 000万元/年。

如此进行费用与收入的纳税调整后,吉祥公司的开始获利年度应该为2017年度。吉祥公司2017—2018年免缴企业所得税;2019—2021年每年应纳企业所得税为375万元(3 000×25%×50%),总共缴纳所得税1 125万元。

第二步:在第一步的基础上,吉祥公司对设备折旧方法由余额递减法改为平均年限法,年均折旧600万元(为简化分析,不考虑残值,按年均摊)。

如此调整后,吉祥公司2017年的应纳税所得额为3 630万元[3 030+(1 200—600)],弥补亏损后所得3 600万元,2018—2021年的应纳税所得额依次为3 120万元、2 832万元、2 724万元和2 724万元。

吉祥公司2017—2018年免缴企业所得税;2019—2021年应纳企业所得税依次为354万元、340.5万元和340.5万元,总共缴纳所得税1 035万元。

与筹划前相比,企业所得税少缴了1 215万元(2 250—1 035)。

3. 运用促进技术创新和科技进步的优惠进行筹划

企业所得税法规定,一个纳税年度内,居民企业技术转让所得不超过500万元的部分,免征企业所得税;超过500万元的部分,减半征收企业所得税。注意,要享受该政策,必须符合以下条件:① 享受优惠的技术转让主体是企业所得税法规定的居民企业;② 技术转让属于财政部、国家税务总局规定的范围;③ 境内技术转让经省级以上科技部门认定;④ 向境外转让技术经省级以上商务部门认定;⑤ 国务院税务主管部门规定的其他条件。进行应纳所得税计算时,应单独计算技术转让所得,并合理分摊企业的期间费用;没有单独计算的,不得享受技术转让所得企业所得税优惠。纳税人可以恰当地利用技术转让所得临界点进行税收筹划。

【案例 4-14】 某居民企业转让一项技术,与受让方签订了五年的协议,共需收取 1 500 万元技术转让费。采取何种方式收取转让费,可以实现利益最大化?

方案 1:五年平均收取技术转让费,每年平均收 300 万元。如此,五年均无须就技术转让费缴纳所得税。

方案 2:第一年多收,后续年份少收。假设第一年收 700 万元,以后四年每年收 200 万元。应纳所得税=(700-500)×25%×50%=25(万元)。

方案 3:前几年少收,后几年多收。假设前三年每年收 100 万元,后两年每年收 600 万元。应纳所得税=(600-500)×25%×50%×2=25(万元)。

企业选择第一种方案,将实现的所得均衡地控制在免征额以下,是比较好的选择。注意,为了堵塞利用关联交易造成税款流失的漏洞,税法规定,关联企业之间进行技术转让不享受此优惠。

4. 投资于国家鼓励开发的地区

企业在选择投资地区时,可根据税法对不同区域的所得税优惠政策,在投资决策前找出几个可能投资的区域并拟出相应的投资方案,计算各方案的成本、收益及税负水平,选择既能减轻税负又能获得最大经济效益的区域投资。目前,所得税主要对西部地区和特定地区的开发投资,符合条件的给予减按 15%和两免三减半的优惠。

5. 尽量安置残疾人员和下岗人员在本企业就业,享受就业优惠

为了鼓励企业安置就业困难人员,国家在所得税中给予了相应的优惠。因此,企业在工作条件允许的情况下,招收符合比例条件的残疾人员和下岗人员,既能得到税收负担减低的优惠,又缓解了就业难现象。

【案例 4-15】 旺和酒店主要经营住宿和餐饮,属于增值税一般纳税人。由于客源足、价格公道,生意一向红火。2019 年,该酒店共有职工 60 人,营业收入 542 万元(不含税),经营成本 450 万元。2020 年,旺和酒店决定扩大经营规模,增加职工 40 人。老板的目标是扩大经营规模后,使营业收入增加到 900 万元(不含税),经营成本则控制在 770 万元左右。

酒店根据目前就业市场的情况,拟定了两种增加职工的方式。

方案 1:招收下岗职工 30 人,一般职工 10 人。全年支付的工资为 137 万元,并按比例提取支付了职工福利费、工会经费、职工教育经费,另外多列支手续费 1 万元。

方案 2:招收一般职工 40 人。全年支付的工资为 137 万元,并按比例提取支付了职工福利费、工会经费、职工教育经费。

上述两种方式,哪种对企业更有利呢?这需要根据 2019 年该酒店的经营情况,结合招用下岗职工可享受的税收优惠,对酒店的税负和利润进行测算。

根据酒店 2019 年的财务资料,营业收入为 542 万元,经营成本为 450 万元(包括支付工资 82 万元,并按此数提取支付职工福利费、工会经费、职工教育经费),营业税金及附加为

1.5万元,其他支出为25万元。支出可据实扣除。应纳税所得额为收入减去成本,减去营业税金及附加,减去25万元的其他支出,结果为65.5万元,缴纳企业所得税3.275万元,税后利润为62.225万元。

采用方案1,招用下岗职工,企业可以享受税收优惠。根据税法规定,对符合条件的企业在新增加的岗位中,当年新招用持《就业失业登记证》(注明"企业吸纳税收政策")人员,与其签订一年以上期限劳动合同并依法缴纳社会保险费的,在三年内按实际招用人数予以定额依次扣减增值税、城市维护建设税、教育费附加、地方教育费附加和企业所得税。定额标准为每人每年6 000元,可上下浮动30%。由各省、自治区、直辖市人民政府根据本地区实际情况在此幅度内确定具体定额标准,并报财政部和国家税务总局备案。按上述规定,在第一种方式下,如果企业2020年的营业收入确实达到900万元,经营成本控制在770万元左右,那么企业应纳的企业所得税计算如下:缴纳的营业税金及附加为2万元,其他支出为40万元,则应纳税所得额为88万元,应纳企业所得税4.4万元。假设享受安置下岗职工每人每年6 000元定额减免税收优惠,安置30名下岗职工,总共还可以享受18万元的税收减免。

采用方案2,企业应纳税所得额为88万元,应缴所得税4.4万元,税后利润83.6万元。

尽管两种方案都会扩大企业的税后利润,但第一种扩张方式中,税后利润增加更多,企业既安排了下岗职工,又赢得了净资产的增值。因此,建议应采用第一种方案。

(二)投资抵免的筹划

为鼓励企业加大投资力度,支持企业技术改造,税法规定,企业购置符合条件的专用设备,可按一定比例实行税额抵免。因此,筹划角度主要是,购置符合抵免所得税规定的环境保护、节能节水和安全生产三类专用设备,投资额的10%可以从企业当年应纳所得税中抵免,当年不足抵免的,可以在以后五个纳税年度结转抵免。

(三)运用优惠筹划应注意的问题

(1)注意各税收优惠条款的适用条件和彼此间的关系。有的税收优惠可以同时享受,有的税收优惠只能选择一项享受,还有的税收优惠则可待一项享受期满后,再连续享受另一项。所得税的减免优惠取决于地点、企业性质、经营期等条件,并注意一定将优惠项目分开核算。

(2)税收优惠措施限于税法规定的企业在相应地区实际从事生产、经营的所得。企业经营范围兼有生产性业务和非生产性业务的,账务上应分开核算。

七、税收缴纳的筹划

企业所得税采取按年计算、分期预缴、年终汇算清缴的办法征收。分期预缴所得税时,应当按照月度或者季度的实际利润预缴;按照月度或者季度的实际利润预缴有困难的,可以按照上一纳税年度应纳税所得额的月度或者季度平均额预缴,或者按照经税务机关认可的其他方法预缴。所以,企业可以根据实际情况,确定最佳的预缴方法。例如,如果企业预计当年的效益比上一年度要好,则可选择按上一年度应纳税所得额的一定比例预缴;反之,则按实际数预缴。

第二节 个人所得税的税收筹划

个人收入的来源多种多样,针对不同的收入来源和不同的收入组合方式,我国现行的个人所得税制度采取的是综合和分类相结合的模式,将个人的各项所得按收入的性质和来源分成综合所得、经营所得和其他所得共九类。其中,综合所得包括工资薪金所得、劳务报酬所得、稿酬所得和特许权使用所得四类,其他所得包括利息、股息、红利所得,财产转让所得,财产租赁所得和偶然所得四类。根据所得和纳税人身份不同采取不同的计算方法,这就为纳税人进行税收筹划提供了空间。

一、纳税人身份的筹划

(一) 居民与非居民身份的筹划

个人所得税的纳税人包括居民和非居民两种,居民纳税人负无限纳税义务,非居民纳税人负有限纳税义务。非居民纳税人的纳税义务低于居民纳税人的纳税义务。因此,根据居民和非居民判断标准,适当安排,将居民身份变成非居民身份,就可以减轻税负。

【案例4-16】 德国一著名专家受邀到中国讲学,在2019年5月1日到2019年12月31日期间,在中国国内某大学任教,在中国每月工资薪金收入8 000元,同时在德国取得稿酬、利息等收入。2019年,德国专家回国探亲20天。试为该专家提出税收筹划建议。

分析:如果条件允许,该德国专家可于回国探亲时多停留10天,则可达到临时离境的标准。如此,该专家于2019年为非居民,只须就来源于中国境内的工资薪金所得向中国缴纳个人所得税。

(二) 个体工商户、个人独资企业、合伙企业、私营企业的选择

随着经济的发展,个人投资在经济生活中占有越来越重要的地位。投资者个人在投资前必然会对不同的投资方式进行选择,以选择最佳方式投资。目前,个人可选择的投资方式有:作为个体工商户,从事生产经营和承包、承租业务;成立个人独资企业;组建合伙企业;设立私营企业等。在对这些投资方式进行比较时,如果其他因素相同,投资者应承担的税收,尤其是所得税便成为投资决策的关键因素。

从2019年1月1日起,我国对个人独资企业、合伙企业的投资所得,按经营所得实行新的五级超额累进税率征收个人所得税,对私营企业征收企业所得税。

【案例4-17】 方案1:某公司为个人独资企业,由李某出资并经营管理。本年度生产经营所得为15万元。

全年应纳个人所得税=150 000×20%−10 500=19 500(元)

实际税负=19 500÷150 000=13%

方案2:某公司为合伙企业,由四个合伙人共同出资,每位出资比例为25%。本年度生产经营所得为15万元,由各合伙人按出资比例均分。

每个合伙人全年应纳个人所得税=150 000÷4×10%−1 500=2 250(元)

四人总共应纳所得税=2 250×4=9 000(元)

每个合伙人实际税负=2 250÷37 500=6%

方案3:某公司为私营企业,投资者李某占企业出资额的25%,本年度生产经营所得为15万元,属于符合条件的小微企业。

应纳企业所得税=150 000×25%×20%=7 500(元)

税后所得=150 000−7 500=142 500(元)

假设税后所得全部按出资比例分配,李某从企业分得股利为35 625元(142 500×25%)。

李某缴纳的个人所得税=35 625×20%=7 125(元)

税后股利=35 625−7 125=28 500(元)

李某实际税负=(7 500×25%+7 125)÷(150 000×25%)=24%

通过比较可知,私营企业的税负最重,合伙企业由于所得分担,在收入相同情况下,适用税率降低,税负比个人独资企业轻。但是,从承担风险角度看,私营企业只承担有限责任,风险较小;个人独资企业和合伙企业由于要承担无限责任,风险较大。其中,个人独资企业风险最大,合伙企业由于由多方共同出资,在资金的筹集等方面存在优势,承担的风险相对较小。

(三) 承包承租经营改个体工商户

个人对企事业单位的承包、承租经营形式较多,分配方式也不尽相同,税务处理也相应地有所不同。

(1) 个人对企事业单位承包、承租经营后,工商登记改为个体工商户的,按经营所得计征个人所得税。

(2) 个人对企事业单位承包、承租经营后,工商登记仍为企业的,不论其分配方式如何,均先应缴纳企业所得税,然后根据承包、承租经营者按合同或协议规定取得的所得,依照规定缴纳个人所得税。其中：承包、承租者不拥有企业经营成果权的,取得所得按综合所得缴纳个人所得税;承包、承租者拥有企业经营成果权的,取得所得按经营所得缴纳个人所得税。

【案例 4-18】 某街道企业由于对市场需求把握不准,造成产品大量积压。为了避免企业破产,该企业领导决定将企业对外租赁经营。通过竞标,王某出资经营该企业,租期2年,企业将全部资产租赁给王某,王某每年上交租赁费8万元,企业经营成果全部归王某所有。

方案1：王某将原企业的工商登记改变为个体工商户。根据规定,个体工商户在生产经营过程中,以经营租赁方式租入的固定资产租赁费,可以据实扣除。假设2019年,王某实现利润 90 000 元(已扣除租赁费,未扣除折旧,其他费用都已按税法规定扣除,无须调整),王某未拿工资。业主费用扣除标准为 60 000 元/年。

本年度应纳税所得额＝90 000－60 000＝30 000(元)

应纳所得税＝30 000×5％＝1 500(元)

王某实际取得的税后利润＝90 000－1 500＝88 500(元)

方案2：王某仍使用原企业的营业执照,则按规定在缴纳企业所得税后,还要就其税后所得按承包、承租经营所得缴纳个人所得税。

在这种情况下,原企业的固定资产仍属该企业所有,按规定可以提取折旧,但上交的租赁费不得在企业所得税税前扣除,也不得把租赁费当作管理费用进行扣除。假设固定资产折旧额为 5 000 元,不考虑其他纳税调整因素：

应纳企业所得税＝(90 000＋80 000－5 000)×25％×20％＝8 250(元)

王某实际取得承包、承租收入＝90 000－5 000－8 250＝76 750(元)

应纳个人所得税＝(76 750－60 000)×5％＝837.5(元)

王某实际取得的税后利润＝76 750－837.5＝75 912.5(元)

王某采取第一种方案比第二种方案多获利 12 587.5 元。

(四) 劳务报酬所得改为经营所得

新个人所得税将劳务报酬并入综合所得纳税,在发放时由支付单位按次代扣代缴,年终汇算清缴。因此,以往的多次发放方式已达不到降低税负的目的,应通过费用由支付方承担或转为其他所得形式等减轻税负。

【案例 4-19】 某演员 2019 年多次参加电影等拍摄,共取得劳务报酬收入 5 000 000 元,该演员无其他综合性所得,专项扣除额为 36 000 元(不考虑社保和住房公积金),根据个人所得税的规定,应纳个人所得税＝[5 000 000×(1－20%)－60 000－36 000]×45%－181 920＝1 574 880(元)。

筹划方案:该演员注册成为个体工商户,为此租赁一间办公室,聘请了两个助理,年运营费用 1 000 000 元(账册健全,符合税法规定),应纳个人所得税＝(5 000 000－1 000 000－60 000－36 000)×35%－65 500＝1 300 900(元),相比之下,比劳务报酬形式减少个人所得税 273 980 元。

因此,对于那些能够取得较高劳务报酬收入的演员、经纪人等,没有其他综合所得的,成为个体工商户后,将劳务报酬所得变为经营所得,适用五级超额累进税率,能够降低个人所得税负。

二、综合所得的筹划

从 2019 年 1 月 1 日起,我国对居民的综合所得实行七级超额累进税率,采取支付单位按月或按次代扣代缴、年终汇算清缴的办法。

(一)劳动关系单位发薪的税收筹划

对于大多数工薪者来说,劳动关系单位发放的工资性收入是收入最主要的来源,劳务报酬、稿酬所得和特许权使用费所得都很少,甚至没有,因此,筹划的重点就是减少工资薪金所得的个人所得税。

1. 专项扣除的安排

此次个人所得税安排了子女教育、继续教育、大病医疗、住房贷款利息或者住房租金、赡养老人等 6 项专项扣除。其中,接受全日制学历教育的相关支出,每个子女每月 1 000 元,父母可以选择由其中一方按扣除标准的 100%扣除,也可以选择由双方分别按扣除标准的 50%扣除(在一个纳税年度内不能变更);首套住房贷款利息支出,每月 1 000 元定额扣除,扣除期限最长不超过 240 个月,经夫妻双方约定,可以选择由其中一方扣除,具体扣除方式在一个纳税年度内不能变更。婚前分别购买住房发生的首套住房贷款,婚后可以选择其中一套购买的住房,由购买方按扣除标准的 100%扣除,也可由双方对各自购买的住房分别按扣除标准的 50%扣除(在一个纳税年度内不能变更)。因此,选择适当的扣除方式,可以减轻家庭承担的个人所得税。

【案例 4-20】 假设有一对夫妻,男方年工资薪金应税收入为 18 万元,女方年工资薪金应税收入为 10 万元。夫妻育有一个正在读小学的女儿,购买了一套住房(婚前购买的),每年按揭贷款还款 6 万元(月供 5 000 元,20 年)。双方父母均已超过 60 周岁,夫妻两人都不是独生子女,各自兄弟姐妹都有工作,约定父母赡养费扣除每月 1 000 元(假设不考虑社保和住房公积金)。

方案1：子女教育费和住房贷款利息扣除均由夫妻平分。

丈夫每年缴纳的个人所得税＝(180 000－60 000－500×12－500×12－1 000×12)×
10%－2 520＝7 080(元)

妻子每年缴纳的个人所得税＝(100 000－60 000－500×12－500×12－
1 000×12)×3%＝480(元)

夫妻合计每年缴纳的个人所得税＝7 080＋480＝7 560(元)

方案2：子女教育费和住房贷款利息扣除均由丈夫享受。

丈夫每年缴纳的个人所得税＝(180 000－60 000－1 000×12－1 000×12－1 000×
12)×10%－2 520＝5 880(元)

妻子每年缴纳的个人所得税＝(100 000－60 000－1 000×12)×3%
＝840(元)

夫妻合计每年缴纳的个人所得税＝5 880＋840＝6 720(元)

方案3：子女教育费和住房贷款利息扣除均由妻子享受。

丈夫每年缴纳的个人所得税＝(180 000－60 000－1 000×12)×10%－2 520
＝8 280(元)

妻子每年缴纳的个人所得税＝(100 000－60 000－1 000×12－1 000×12－
1 000×12)×3%＝120(元)

夫妻合计每年缴纳个人所得税＝8 280＋120＝8 400元

因此，应选择方案2，子女教育费用和住房贷款利息支出均由丈夫扣除，家庭缴纳的个人所得税最少。在夫妻收入差距较大情况下，一般由收入较高一方承担子女教育费和住房贷款利息扣除，家庭承担的个人所得税可以适当减少。

此外，兄弟姐妹就父母赡养费扣除也可进行适当安排。假设三兄弟，老大年应税收入不足6万元，老二、老三年应税收入都超过6万元，这时父母赡养费可由老二、老三平分，老大放弃。

2. 年终奖金发放的筹划

新个人所得税允许居民个人取得全年一次性奖金，在2021年12月31日前，不并入当年综合所得，以全年一次性奖金收入除以12个月得到的数额，按月度税率，确定适用税率和速算扣除数，单独计算纳税。当然，居民个人取得全年一次性奖金，也可以选择并入当年综合所得计算纳税。

如果纳税人选择年终奖金单独计算纳税，单位在发放年终奖金时应适当进行安排，注意避免临界点税负剧增现象。

【案例4-21】 张某2019年应税工资收入为80 000元，专项扣除为10 000元，没有其他扣除，应纳税所得额＝80 000－60 000－10 000＝10 000(元)，适用3%税率，应纳税额＝

$10\,000 \times 3\% = 300$(元)。假设 2019 年年终奖 36 000 元,纳税人选择单独纳税,应纳税额 $= 36\,000 \times 3\% = 1\,080$(元);假设张某 2019 年的年终奖为 36 001 元,应纳税额 $= 36\,001 \times 10\% - 210 = 3\,390.1$(元),两者间的差额 $= 3\,390.1 - 1\,080 = 2\,310.1$(元),张某多领了 1 元年终奖,却须多缴个人所得税 2 310.1 元。因此,单位在发放年终奖金之前,应与张某沟通后将年终奖金调整为不超过 36 000 元,可以为张某减少个人所得税 2 310.1 元。

类似地,年终奖在 36 000～38 566.67、144 000～160 500、300 000～318 333.33、420 000～447 500、660 000～706 538.46、960 000～1 120 000 档位都会存在年终奖陷阱,所以,各等级年终奖发放时要避免这些区域。须指出,这种安排到 2022 年后就不再适用。

当然,纳税人也可以根据情况选择将年终奖并入综合所得一并纳税,以达到降低个人所得税的目的。

【案例 4-22】 王先生 2019 年工资薪金收入为 80 000 元,专项扣除合计为 24 000 元,年终奖为 40 000 元,假设不考虑社保和住房公积金支出。

第一种情况:王先生选择年终奖金单独纳税,年终奖应纳个人所得税 $= 40\,000 \times 10\% - 210 = 3\,790$(元),工资薪金不用缴纳个人所得税,合计应纳个人所得税 3 790 元。

第二种情况:王先生选择将年终奖金并入综合所得纳税,应纳个人所得税 $= (40\,000 + 80\,000 - 60\,000 - 24\,000) \times 10\% - 2\,520 = 1\,080$(元),比第一种情况少缴个人所得税 2 710 元。

3. 工资薪金+年终奖金的筹划

由于季节性生产的原因,或出于企业内部管理的需要,许多企业员工的工资收入在各月份之间会存在很大差别。还有一部分企业普遍采取这种工资发放方法:平时无论工作量多大、业务效果多好也只发基本的工资、奖金,到年底再将绩效工资和奖金一起发给职工。还有的单位实行年薪制,平时每月发放一部分,剩下的作为年终奖金发放。单位合理地安排好工资薪金收入和年终奖金的发放方式,可以达到减轻税负的目的。

【案例 4-23】 假设王先生 2019 年工资薪金收入为 80 000 元,专项扣除合计为 24 000 元,年终奖金为 100 000 元,假设不考虑社保和住房公积金支出。

第一种情况:年终奖金单独纳税,工资薪金收入 80 000 元不用纳税,应纳个人所得税 $= 100\,000 \times 10\% - 210 = 9\,790$(元)。

第二种情况:年终奖金并入综合所得纳税,应纳个人所得税 $= (100\,000 + 80\,000 - 60\,000 - 24\,000) \times 10\% - 2\,520 = 7\,080$(元)。

第三种情况:进一步安排将 100 000 元拆开,36 000 元作为年终奖金单独核算,64 000 元并入综合所得计税。则年终奖应纳个人所得税 $= 36\,000 \times 3\% = 1\,080$(元),综合所得应纳个人所得税 $= (80\,000 + 64\,000 - 60\,000 - 24\,000) \times 10\% - 2\,520 = 3\,080$(元),合计纳税 $= 1\,080 + 3\,080 = 4\,160$(元)。

第三种发放方式比第一种情况节税 5 630 元,比第二种情况节税 2 920 元。

在进行筹划时应注意两点。

(1) 充分利用费用扣除标准和专项扣除,使工资薪金收入至少超过扣除标准。

(2) 减除费用和专项扣除等之后的所得应尽量分散,尽量使年终奖金和工资薪金都适用较低的边际税率。当年终奖分别超过 36 000 元、144 000 元、300 000 元、420 000 元、660 000 元时,应对比综合所得的边际税率后,视情况将年终奖拆分到综合所得中纳税。

4. 工资+年终奖金+股票期权的筹划

根据新个人所得税的规定,企业给予职工的股票期权在 2021 年 12 月 31 日前,不并入当年综合所得,全额单独适用综合所得税率表,计算纳税。应纳税额=股权激励收入×适用税率-速算扣除数。居民个人一个纳税年度内取得两次以上(含两次)股权激励的,应合并计算纳税。因此,对于企业高管来说,适当地利用工资薪金、年终奖金和股票期权的组合,可以减轻个人所得税负。

【案例 4-24】 甲公司王某年薪为 100 万元,其年薪的领取方案有 3 种方式,方案 1 为单纯月度工资的方式,方案 2 是工资加年终一次性奖金的方式,方案 3 是工资加年终一次性奖金加股票期权的方式。分别计算三种方式的个人所得税额。假设王某的年专项扣除额为 6 万元(2 个读书的小孩,一套住房按揭贷款,父母均超过 60 周岁,王某为独生子女),不考虑社保和住房公积金。

方案 1:王某每月领取工资 83 333.33 元(1 000 000÷12)。

王某全年应纳个人所得税=(1 000 000-60 000-60 000)×35%-85 920=222 080(元)

方案 2:给王某安排年终奖金 48 万元,每月领取工资 43 333.33 元[(1 000 000-480 000)÷12]。

王某全年应纳个人所得税计算如下:

工资应纳个人所得税=(520 000-60 000-60 000)×25%-31 920=68 080(元)

年终奖应纳个人所得税=480 000×30%-4 410=139 590(元)

合计应纳个人所得税=68 080+139 590=207 670(元)

方案 3:根据股票期权下的工资薪金所得分配方案,给王某安排年终奖金 24 万元,工资收入 38 万元,股票激励收入 38 万元,王某全年应纳个人所得税为计算如下:

工资应纳个人所得税=(380 000-60 000-60 000)×20%-16 920=35 080(元)

年终奖金应纳个人所得税=240 000×20%-1 410=46 590(元)

股票期权所得应纳个人所得税=380 000×25%-31 920=63 080(元)

合计应纳个人所得税=35 080+46 590+63 080=144 750(元)

方案 3 比方案 1 节税 77 330 元,比方案 2 节税 62 920 元。由于股票期权所得适用的税率高于工资薪金适用的税率,实际上,还可以将股票期权所得调整为 30 万元,工资薪金收入为 42 万元,节税的效果将更为理想。从以上结果不难看出,在存在股票期权的前提下,合理安排工资、全年一次性奖金和股票期权所得,可以使个人所得税负担降低。

在进行筹划安排时,须注意两点。

(1) 因为企业支付给员工的工资奖金数额和支付时间受到诸多因素的影响,而且股票期权所得的实现时间和实现金额事实上具有不确定性,所以,企业应当尽可能合理安排员工的工资薪金结构,从而降低个人所得税负担。

(2) 尽量使工资、年终奖和股票激励收入适用的边际税率较低,实现节税效果的最大化。

5. 单位提高福利水平,降低名义收入

个人所获得的工资、薪金等综合性所得还可以通过单位提供一定的福利进行筹划。例如,单位为个人提供低租金住房、假期旅游津贴、免费就餐或医疗教育、提供交通工具等,保证职工的实得利益,从而降低个人所得税。但须注意,这些福利要与单位经营活动发生一定联系,既不能表现为个人的货币收入,也不能表现为实物或有价证券,不具有可变性,不能转让,不能兑换为现金。按照规定,所得为实物的,应当按照取得的凭证上所注明的价格计算应纳税所得额;无凭证的或凭证上所注明的价格明显偏低的,由主管税务机关参照当地的市场价格核定应纳税所得额。所得为有价证券的,由主管税务机关根据票面价格和市场价格核定应纳税所得额。

根据个人所得税的规定,单位按低于购置或建造成本价格出售住房给职工,职工因此而少支出的差价部分,不并入当年综合所得,以差价收入除以 12 个月得到的数额,按月度税率表计算。应纳税额＝职工实际支付的购房价款低于该房屋的购置或建造成本价格的差额×适用税率－速算扣除数。如果职工支付高于购置或建造成本价格,其低于市场价的部分不用缴纳个人所得税。在现实中,企业可以充分利用这一政策,对职工实行集资建房达到降低税负的目的。

【案例 4-25】 2019 年,甲公司拟将新购置的一处住房出售给该公司销售部经理王某。该住房的购置成本和市场价值均为 100 万元,出售给王某的价格为 50 万元。王某当年工资收入为 100 000 元,费用扣除额为 60 000 元,专项扣除额为 38 000 元,没有其他附加扣除,假设不考虑个人所得税以外的其他税费。

王某应缴纳个人所得税计算如下:

工资所得应缴纳个人所得税＝(100 000－60 000－38 000)×3%＝60(元)

住房所得适用税率:(1 000 000－500 000)÷12＝41 666.67(元),适用税率为 30%,速算扣除数 4 410 元。

住房所得应缴纳个人所得税＝(1 000 000－500 000)×30%－4 410＝145 590(元)

合计应缴纳个人所得税＝60＋145 590＝145 650(元)

方案 1:甲公司可增发王某工资 10 万元,然后将住房以 60 万元的价格出售给王某。按此方案实施后,王某应缴纳个人所得税计算如下:

工资所得应缴纳个人所得税＝(200 000－60 000－38 000)×10%－2 520＝7 680(元)

住房所得适用税率：(1 000 000−600 000)÷12=33 333.33(元)，适用税率为25%，速算扣除数为2 660元。

住房所得应缴纳个人所得税=(1 000 000−600 000)×25%−2 660=97 340(元)

合计应缴纳个人所得税=7 680+97 340=105 020(元)

方案2：甲公司向王某增发工资10万元，同时增发全年一次性奖金24万元，然后将住房以84万元的价格出售给王某。按此方案实施后，王某应缴纳个人所得税计算如下：

工资所得应缴纳个人所得税=(200 000−60 000−38 000)×10%−2 520
=7 680(元)

住房所得适用税率：(1 000 000−840 000)÷12=13 333.33(元)，适用税率为20%，速算扣除数为1 410元。

住房所得应缴纳个人所得税=(1 000 000−840 000)×20%−1 410=30 590(元)

年终奖金应缴纳个人所得税=240 000×20%−1 410=46 590(元)

合计应缴纳个人所得税=7 680+30 590+46 590=84 860(元)

方案3：假设甲公司8年前曾经购买一处住房，该住房的购置成本为30万元，目前市场价值为100万元。甲公司将该住房以50万元的价格出售给王某。按此方案实施后，王某应缴纳个人所得税如下：

工资所得应缴纳个人所得税=(100 000−60 000−38 000)×3%=60(元)

因为甲公司住房出售价格高于购置成本，所以王某没有住房所得，无须缴纳个人所得税。

合计应缴纳个人所得税为60元。

6. 解除劳动合同、提前退休与内部退养的税收比较

根据个人所得税的规定，职工由于与单位解除劳动关系获得的一次性补偿收入，在当地上年职工平均工资3倍以内的部分，免税；超过3倍部分，不并入当年综合所得，单独适用综合所得税率表。提前退休手续取得的一次性补贴收入，按照办理提前退休手续至法定离退休年龄之间实际年度数平均分摊，确定适用税率和速算扣除数，单独适用综合所得税率表。应纳税额={[(一次性补贴收入÷办理提前退休手续至法定退休年龄的实际年度数)−费用扣除标准]×适用税率−速算扣除数}×办理提前退休手续至法定退休年龄的实际年度数。办理内部退养手续而取得的一次性补贴收入，新个人所得税未明确规定，因此参照以往的做法，即按办理内部退养手续后至法定离退休年龄之间的所属月份平均，并与领取当月的"工资、薪金"合并后减除当月费用扣除标准，以余额为基数确定适用税率，再将当月工资、薪金加上取得的一次性收入，减去费用扣除标准，按适用税率计征个人所得税。应纳所得税=[(当月工资薪金+一次性内部退养收入)−费用扣除标准]×适用税率−速算扣除数。

税法对这三种收入的不同政策，为职工提供了税收筹划的机会。

【案例4-26】 老王是甲公司原总经理,再过几个月就年满60周岁准备退休,目前已经退居二线。2019年7月,为了表彰老王20多年来对甲公司做出的突出贡献,甲公司董事会研究决定,在老王退休前一次性奖励老王50万元。老王平时每月领取工资8 000元(当地上年职工平均工资为60 000元,老王享受的专项扣除额为每月2 000元,不考虑社保和住房公积金)。

如果将50万元并入综合性收入,那么老王2019年应缴个人所得税=(96 000+500 000−60 000−24 000)×30%−52 920=100 680(元)。

如果将50万元作为全年一次性奖金,那么老王应缴个人所得税计算如下:

工资应缴个人所得税=(96 000−60 000−24 000)×3%=360(元)

全年一次性奖金适用税率:500 000÷12=41 666.67(元),适用税率为30%,速算扣除数为4 410元。

全年一次性奖金应缴个人所得税=500 000×30%−4 410=145 590(元)

合计应缴个人所得税=145 590+360=145 950(元)

因为作为工资发放,只要税务局认为合理,一次性奖励支出50万元,能在企业所得税前扣除。

方案1:考虑到老王即将退休,甲公司可与老王提前解除劳动合同,将一次性奖励50万元改为一次性补偿50万元。应缴纳的个人所得税=(500 000−60 000×3)×25%−31 920=48 080(元)。可见,老王可少负担个人所得税97 870元。此外,对老王解除劳动合同日至退休期间的工资,甲公司可考虑采取其他方式予以补偿。

方案2:如果老王领取一次性奖励日至退休日的时间仍然较长(假设为36个月),甲公司可要求老王提前退养,并支付一次性生活补贴50万元。

500 000÷36=13 888.89(元),13 888.89+8 000−5 000−2 000=14 388.89(元),适用税率为3%(纳税年度的第一个月发放)。

当月应代扣代缴的个人所得税=(500 000+8 000−5 000−2 000)×3%=15 030(元)

企业支付的一次性生活补贴仍然可在企业所得税前全额扣除。

不过,由于综合性所得采取的是累计扣缴法,当年应缴纳的个人所得税最终会有调整,在工资不变情况下,发放当年老王应缴纳的个人所得税=(5 000 000+8 000×12−60 000−24 000)×30%−52 920=100 680(元)。(由于新个人所得税法对内退补贴的税务处理没有明确规定,参照以前的做法结合新政策进行处理,可能会和未来出台的政策不一致。)

方案3:提前退休(假设提前36个月退休)。应纳税额=[(500 000÷3−60 000−24 000)×10%−2 520]×3=17 240(元)。老王可少负担个人所得税128 710元。企业支付的一次性生活补贴仍然可在企业所得税前全额扣除。

三种方案比较起来,如果老王即将退休,选择方案1;如果距离退休时间较长,可选方案3。

(二) 其他单位发放稿酬的筹划

稿酬所得是指个人因其作品以图书、报刊形式出版、发表而取得的所得。稿酬所得一般由出版社或杂志社支付，对税款实行代扣代缴，年终由纳税人汇算清缴。在对稿酬收入进行筹划时，须与出版方合作才能完成。

1. 著作组筹划法

如果稿酬所得预计数较大，可以考虑多人合作，减少应纳税款。但这有个前提：合作者应具有一定的水平，尽量实行长期合作，并保证通过合作，能使享受的费用扣除大于一人享受的费用扣除。

【案例 4-27】 某作家准备写一部书，出版社初步同意该书出版之后支付稿费 24 000 元。如果作家单独著作，出版社代扣代缴的个人所得税 = 24 000×(1−20%)×20%×(1−30%) = 2 688(元)，年终再由作家将稿酬所得与其他综合所得汇总进行汇算清缴，多退少补。

如果作家采取著作组筹划法，并假定该著作组共 8 人，则出版社代扣代缴的个人所得税应纳税额 = (3 000−800)×20%×(1−30%)×8 = 2 464(元)。

如果著作组为 6 人，则出版社代扣代缴的个人所得税 = (4 000−800)×20%×(1−30%)×6 = 2 688(元)。

在这个案例中可以看到，如果著作组为 6 人，享受的费用扣除和一人独著享受的费用相同，都为 4 800 元，所以税负也相同；在著作组为 8 人情况下，享受的费用扣除为 6 400 元，大于一人独著享受的费用扣除，所以，代扣代缴的所得税有所减少。不过在实际中，须结合其他因素考虑是否合著。

2. 费用转移筹划法

作者在著作的过程中，需要一些开支，如参加一些社会实践、采访等活动，将这些费用变成收益，是税收筹划的一条途径。作者可以在开始写作计划之前，拉单位赞助，由赞助单位提供社会实践费用或租用该单位的设备，在作品完工后将其版权卖与赞助单位；或者和出版社协商，尽量让出版社分担一些资料费、实践费、交通费等。

【案例 4-28】 某经济学家欲创作一本关于中国经济发展状况与趋势的专业书籍，须到广东某地区进行实地考察研究，由于该经济学家学术水平很高，预计这本书的销路很好。出版社与他达成协议，全部稿费 20 万元，预计到广东考察费用支出 5 万元。他应该如何筹划？

方案 1：该经济学家自己负担费用。

出版社代扣代缴的个人所得税 = 200 000×(1−20%)×20%×(1−30%) = 22 400(元)

方案 2：改由出版社支出费用。限额为 50 000 元，则实际支付给该经济学家的稿费为 15 万元。

出版社代扣代缴的个人所得税 = 150 000×(1−20%)×20%×(1−30%) = 16 800(元)

因此,方案2可以节省代扣代缴的税收5 600元,当然,经济学家最后减少多少个人所得税,要和综合性所得合并后进行汇算清缴才能知道。

(三) 特许权使用费的税收筹划

随着国家创新战略的实施,越来越多的人拥有专利和发明,并进行转让。合理的安排可以有效地降低个人所得税负。

【案例4-29】 李某发明了一项专利(属于自然科学),有一家企业要求李某以500万元转让该专利使用权;另一公司则提出可让其以相同价格持有该公司股权,并让其在公司任副总经理,主管研发。

方案1:直接获取500万元收入,李某无其他综合所得,专项扣除额为48 000元,不考虑社保和住房公积金。根据增值税暂行条例规定享受增值税免税;企业代扣代缴的个人所得税=5 000 000×(1-20%)×20%=800 000(元),实际应纳的个人所得税=[5 000 000×(1-20%)- 60 000-48 000]×45%-181 920=1 569 480(元),年终汇算清缴补交个人所得税769 480元。

方案2:以专利投资入股,在公司拥有股权,共担风险,共享利润,不征增值税;按持股比例分得利润为股息、红利收入,按20%缴个人所得税;任副总经理取得工资按综合所得纳税。如果以后将公司股票转让,免征股票转让所得个人所得税。

方案1风险小,但税负较重;方案2缴税少,但风险大。纳税人可根据具体情况选择。

三、非综合所得的筹划

随着经济的发展,人们的收入形式多种多样,不限于综合所得,有不少人拥有股权或出租房屋等,从而取得收入,面临税收问题。合理安排,有时能获得意外之喜。

(一) 改变收入转让分配次序

【案例4-30】 陈先生的好友张某是某公司的股东,要出国定居,打算把自己的股份转让给陈先生。该公司的效益不错,发展前景也很被看好,因而陈先生很乐意购买,双方起草了一份股权转让协议。这一股权转让涉及纳税事宜,于是陈先生特地请教了税务师事务所的专家。

税务师小王翻开陈先生拿来的股权转让协议书,上面写道:经双方友好协商,张某愿意把自己在某公司所持有的20%的股份转让给陈先生,该部分股份原投资额为10万元,另有20万元的留存收益,因此,转让价格为30万元,双方各自承担自己的纳税义务。看了转让协议,小王觉得不妥,建议陈先生对协议做些改动,以选择另一种纳税方案,即对留存收益20

万元,由某公司先分配给张某;对20%的股份部分,再按10万元的原价转让。

见陈先生不解,小王帮他算起账来:如果按原先的协议,张某取得转让股权收入,根据个人所得税法,要按"财产转让所得"缴纳个人所得税4万元[(30-10)×20%];陈先生将来在取得留存收益时,要按照"利息股息红利所得"缴纳个人所得税4万元(20×20%)。

如果按照改动后的协议,张某取得分配的留存收益,根据规定要按"利息股息红利"所得缴纳个人所得税4万元(20×20%);因股权按原价转让,没有转让所得,张先生不必按财产转让所得缴纳个人所得税,陈先生本人也不用缴税。

(二)出租房屋选择合适的维修时机

现在不少人拥有多套住房并出租,往往会发生维修等费用。维修费用是在租赁期,还是租赁期满后发生,个人所得税的结果是不同的。

【案例 4-31】 赵明在市内有两处房产,1月,赵明将其中一套房子出租,租期1年。1月初,主管税务机关根据赵明的房屋出租收入减去其应纳城建税、教育费附加、地方教育费附加、房产税及其他税费后,计算出每月应纳税所得额为5 000元,每月应纳税额为500元。5月份,赵明发现其房屋有好几处漏水、墙壁裂缝现象,经过房屋维修人员检查,维修费用大概为6 000元,工期半个月。为了不影响租赁户的日常生活,赵明想等租赁期满后再维修。后来,赵明遇到一位在税务师事务所工作的朋友,经他一分析,赵明改变了自己的安排,决定在租赁期进行房屋的维修。下面比较这两种情况下的个人所得税税负。

(1)租赁期满后进行维修:

$$应纳所得税=500×12=6\,000(元)$$

(2)租赁期中进行维修:

$$应纳所得税=500×4+[5\,000÷(1-20\%)-800]×(1-20\%)×10\%×7+$$
$$[5\,000÷(1-20\%)-400]×(1-20\%)×10\%=5\,520(元)$$

租赁期进行维修比租赁期满后进行维修少缴所得税480元。因此,如果有修理费用支出,在房产租赁期间进行可以节税。

(三)利息、股息、红利所得转为年终奖所得

不少企业为了调动职工的积极性,往往赋予职工一定的股权,并按股权份额每年支付一定的股息、红利给职工。由于股息红利适用的是20%的比例税率,因此,当职工一年取得的股息、红利不超过300 000元时,建议将股息红利转为年终奖金形式发放,可以减轻职工的个人所得税税负,并且企业也可以将支付的年终奖金在企业所得税前扣除,从而降低企业所得税税负。

本章小结

企业所得税和个人所得税都是直接税,一般来说,纳税人就是负税人。因此,税款的多少直接关系到纳税人的切身利益。本章就这两个税种介绍了一些筹划的基本思路和方法。在企业所得税筹划方面,主要从改变纳税人身份、推迟收入的实现、合理增加成本费用、尽量利用税收优惠等手段来降低所得税负。在个人所得税筹划方面,主要根据不同类型收入项目适用不同税率及费用扣除标准规定,通过合理安排,尽量设法将个人为取得收入而支出的有关费用在税前扣除;通过费用扣除的安排、不同收入项目进行转换、尽量使所得适用较低税率等方式,达到减轻税负的目的。

练 习 题

1. 企业可从哪些方面进行所得税筹划?
2. 个人所得税税收筹划的基本方法有哪些?
3. 综合所得是个人所得税最主要的税目,其税收筹划的方法有哪些?
4. 某企业是一家拥有 500 多名职工、3 000 多万元资产的国有工业企业。2019 年 1 月 8 日,企业开始维修办公楼,在 3 月 31 日以前全部完工,支付全部维修费用 200 万元。该企业向税务机关咨询,这笔维修费用能否在缴纳企业所得税前扣除。

税务人员到该企业实地了解情况,翻开该企业的固定资产台账,发现该办公楼原始价值为 380 万元,折旧年限为 20 年,目前已使用 8 年。于是,税务人员告诉该企业负责人,该笔维修费不能一次性在税前扣除,只能增加房屋的固定资产原值,通过提取折旧费的方式逐年扣除。原因何在?应如何进行税收筹划?

5. 2019 年,某盈利企业根据产品的市场需求,拟开发一系列新产品,技术项目开发计划为两年,科研部门提出技术开发费预算需 900 万元,第一年预算为 460 万元,第二年预算为 440 万元。所得税率为 25%。现有两种方案可供选择:一是内部设立研发部门;二是将其技术开发部分立出来,成立独立研发中心,作为企业的全资子公司,并委托其进行科研试制。母公司委托其子公司进行科研试制的技术开发费按照合同价格结算。假设子公司除了收取研究成本外再加收成本的 10% 作为对外转让溢价。企业应选择哪种方案,才能实现税收筹划利益最大化?

6. 某生产企业在设备购置前一年累计亏损额 2 000 万元,其主要原因是生产设备落后,产品技术含量低,市场销路打不开。为扭亏为盈,打开销售市场,企业决定自筹资金 3 000 万元投资。现有两个方案可供选择:A 方案是购买国产节能设备进行企业内部技术改造;B 方案是对外投资新办国家重点扶持的高新技术企业。

假设两个方案 5 年内的销售收入、应交流转税、各项费用、税前利润等指标基本一致;A 方案中企业所得税税率为 25%,B 方案中企业所得税税率为 15%。请问,该企业应如何选择?

7. 2019 年 6 月,李某由于业绩突出(离退休还有 50 个月),公司一次性奖励 900 000 元,月工资8 400元照常发放。李某每年能够享受的专项扣除额为36 000元。问,李某2019年缴纳的个人所得税是多少?有无税收筹划方法,减轻李某的个人所得税?(不考虑社保和住房公积金扣除)

8. 某企业准备聘请一名法律顾问,聘期为2019年1月1日—2021年12月31日。合同约定,该法律顾问完成相关指标后,年薪为30万元,公司代扣代缴个人所得税。该顾问每月领取10 000元,余额在年终完成相关任务后以奖金形式一次性付清。问,该顾问年应纳多少个人所得税,如何进行税收筹划?(假设该顾问无其他综合所得,每年专项扣除额48 000元,不考虑社保和住房公积金扣除)

第五章

其他税种的税收筹划

本章主要介绍我国现行财产税、行为税和资源税等小税种的税收筹划,具体包括土地增值税、房产税、印花税、契税和资源税、城镇土地使用税、耕地占用税、车船税等。充分利用不同经营方式的税负差异、用好用足税收优惠政策、尽量降低计税依据是进行这些小税种税收筹划的主要思路。

第一节 土地增值税的税收筹划

土地增值税是对转让国有土地使用权、地上建筑物及其附着物并取得收入的单位和个人,就其转让房地产所取得的增值额征收的一种税。

土地增值税的纳税义务人为转让国有土地使用权、地上建筑物及其附着物的单位和个人,包括各类企事业单位、国家机关、社会团体、其他组织和个人。

土地增值税的征税范围包括:转让国有土地使用权,地上建筑物及其附着物连同国有土地使用权一并转让。

土地增值税的计税依据是纳税人转让房地产取得的增值额,即转让房地产的全部价款及有关经济收益,减去取得土地使用权所支付的金额、房地产开发成本、房地产开发费用、与转让房地产有关的税金、其他扣除项目和旧房及建筑物的评估价格等规定扣除项目后的余额。对不能准确提供房地产转让收入和扣除项目金额的纳税人,按照房地产的评估价格计算征收。

依据增值率的不同,土地增值税实行 30%~60% 的四级超率累进税率,计算公式为:

$$应纳税额 = \sum(每级距的土地增值额 \times 适用税率)$$

一、充分利用税收优惠

土地增值税法规定:纳税人建造普通标准住宅出售,增值额未超过扣除项目金额的 20%时,免征土地增值税;增值额超过扣除项目金额 20%的,应就其全部增值额按规定计税。这一优惠规定实质上为土地增值税设置了一个特殊的起征点,从而为税收筹划提供了有利条件。

按此规定,纳税人建造普通住宅出售的,应考虑增值额增加带来的效益和放弃税收优惠而增加的税收负担之间的关系,避免因增值率定位不当而得不偿失。

【案例 5-1】 某房地产开发企业建成一批商品房待售,已知除销售税金及附加外,全部允许扣除项目的金额为 100 万元。为使企业能享受起征点的税收优惠,应该如何定价?

假设销售这批商品房的价格为 X 万元,则相应的销售税金及附加为(一般纳税人预缴增值税的税率为 3%、城市维护建设税 7%、教育费附加 3%、地方教育费附加 2%):

$$3\% \times (7\% + 3\% + 2\%)X = 0.36\%X$$

这时,其全部允许扣除项目的金额为:

$$100 + 0.36\%X$$

根据有关税收优惠的规定,该企业享受免税的最高售价为:

$$X = (1 + 20\%) \times (100 + 0.36\%X)$$

解以上方程可知,此时的最高售价为 120.52 万元,允许扣除项目金额为 100.43 万元($100 + 0.36\% \times 120.52$)。

如企业欲放弃免税,通过提高售价达到增加效益的目的,又该如何定价呢?

根据土地增值税法的规定,当增值率高于 20% 但不超过 50% 时,适用税率为 30%。根据上述推算,假定此时的售价为 $(120.52 + Y)$ 万元。

由于售价的提高(数额为 Y),相应的销售税金及附加和允许扣除项目金额都应提高 $0.36\%Y$。这时:

$$扣除项目的金额 = 100.43 + 0.36\%Y$$

$$增值额 = (120.52 + Y) - (100.43 + 0.36\%Y) = 99.64\%Y + 20.09$$

$$应纳土地增值税 = (99.64\%Y + 20.09) \times 30\%$$

若企业欲使提价带来的效益超过因突破起征点而新增的税收负担,就必须满足:

$$Y > 30\% \times (99.64\%Y + 20.09)$$

解得:$Y > 8.60$ 万元。

这就是说,如果想通过提高售价获取更大的收益,就必须使价格高于 129.12 万元($120.52 + 8.60$)。

通过以上两方面的分析可知,转让房地产的企业,将售价定位为除去销售税金及附加后的全部允许扣除项目金额的 1.205 2 倍,是该纳税人可以享受起征点税收优惠的最高价位。在这一价格水平下,既可享受免税的照顾又可获得较大的收益。如果售价低于此数,虽能享受起征点的照顾,却只能获取较低的收益;如欲提高售价,则必须使售价高于除去销售税金及附加后的全部允许扣除项目金额的 1.291 2 倍,否则,价格提高带来的收益将不足以弥补价格提高所增加的税收负担。

纳税人在利用这一税收优惠进行税收筹划时,应注意把握好以下两点:① 所开发的项目必须是符合当地普通住宅标准的居住用房产。如果所建造的房产是写字楼等商业用房或高级公寓、别墅、度假村等非普通住宅,则不能享受免税优惠。② 纳税人既建造普通标准住宅又开发其他房地产项目的,必须分别核算不同类型房地产项目的增值额,如果不能分别核算增值额或者不能准确划分增值额,其建造的普通住宅也不能享受免税优惠。

二、扩大费用扣除

土地增值税法规定,作为扣除项目之一的房地产开发费用,并不按纳税人房地产开发项目实际发生的费用进行扣除,而是分为以下两种情况按《土地增值税暂行条例实施细则》规定的标准进行扣除。

(1) 房地产开发费用中的利息支出,凡能够按转让房地产项目计算分摊并提供金融机构贷款证明的,允许据实扣除,但最高不能超过按商业银行同类同期贷款利率计算的金额(对于超过贷款期限的利息部分和加罚的利息不允许扣除)。其他房地产开发费用,按取得土地使用权所支付的金额和房地产开发成本金额之和的 5% 以内计算扣除。用公式表示为:

房地产开发费用≤利息+(取得土地使用权所支付的金额+房地产开发成本)×5%

(2) 如果纳税人不能按照转让房地产项目计算分摊利息支出,或者不能够提供金融机构贷款证明,则房地产开发费用按取得土地使用权所支付的金额和房地产开发成本金额之和的 10% 以内计算扣除。用公式表示为:

房地产开发费用≤(取得土地使用权所支付的金额+房地产开发成本)×10%

具体计算扣除比例由各省、自治区、直辖市人民政府规定。

因此,纳税人在进行房地产开发时,如果利息支出数额不大,则按照第二种计算方法可以扣除更多的开发费用;但如果利息支出数额巨大,则按照第一种方式计算扣除比较有利于纳税人节省税款。

【案例 5-2】 某房地产开发企业开发某住宅,共支付地价款 200 万元,开发成本为 400 万元,为开发此项目发生贷款利息 50 万元(假设未超过商业银行同类同期贷款利率计算的金额),当地政府规定的房地产开发费用扣除比例分别为 5% 和 10%。

如果该企业不能够按照所开发房地产项目准确计算分摊利息支出并提供金融机构贷款证明,其房地产开发费用可以扣除:

$$(200+400)\times 10\% = 60(万元)$$

如果该企业能够按照所开发房地产项目准确计算分摊利息支出并提供金融机构贷款证

明,其房地产开发费用可以扣除:

$$50+(200+400)\times 5\%=80(万元)$$

因此,该企业选择准确计算分摊利息支出可以多扣除20万元开发费用。

三、合理划分项目核算单位

房地产开发业务较多的企业,可以适当利用房地产项目的核算单位进行税收筹划。这类企业很可能同时进行几处房地产的开发业务,不同地方的开发成本可能不同,这就会导致有的房屋增值率较高,而有的房屋增值率较低,这种不均匀的状态在累进税率下实际上会加重企业的税收负担,这就要求企业对开发项目的核算单位进行必要的安排。

详细的分析论证及大量的实践证明,平均费用分摊是降低增值率和边际税率的最好选择。只要生产经营者不是短期行为,而是长期从事开发业务,那么将一段时间内发生的各项开发成本进行最大限度的调整和分摊,就可以将这段时期获得的增值额进行最大限度的平均,就不会出现某处或某段时期增值率过高的现象,从而节省部分税款。

【案例5-3】 某房地产开发企业同时开发两处普通住宅,普通住宅项目A销售收入1亿元,扣除项目金额8 000万元;普通住宅项目B销售收入5 000万元,扣除项目金额3 000万元。

如果将两处项目分开核算,则:

项目A:增值率=(10 000−8 000)/8 000=25%
　　　　应纳土地增值税=2 000×30%=600(万元)
项目B:增值率=(5 000−3 000)/3 000=67%
　　　　应纳土地增值税=2 000×40%−3 000×5%=650(万元)

合计1 250万元。

如果将两处项目一并核算,则:

$$整体增值率=(15\ 000-11\ 000)/11\ 000=36\%$$
$$应纳土地增值税=4\ 000\times 30\%=1\ 200(万元)$$

但如果纳税人同时建造的房地产项目中包含增值率在20%以内的普通住宅项目,则还是应该将项目分开核算,否则,将丧失免税的资格。

【案例5-4】 A区与B区是两块相邻的土地,A是荒地,B是棚户区。某房地产开发企业先后取得这两块土地的使用权,并同时开发普通居民住宅出售。销售额均为500万元,扣除项目金额分别为300万元和420万元。

如分别计算两处住宅的土地增值税,增值额分别为:

$$A：500-300=200（万元）$$
$$B：500-420=80（万元）$$

增值率分别为：

$$A：200\div300=66.67\%$$
$$B：80\div420=19.05\%$$

A区增值额超过扣除项目金额的50%，未超过100%（适用税率40%，速算扣除系数5%），B区属于开发普通居民住宅，且在起征点以下，两处住宅应缴纳土地增值税税额分别为：

$$A：200\times40\%-300\times5\%=65（万元）$$
$$B：0$$

由于A和B两块土地相邻，房地产开发企业可以将其并作同一个开发项目，统一计算土地增值税：

$$增值额=1\,000-720=280（万元）$$
$$增值率=280\div720=38.89\%$$

增值额未超过扣除项目金额的50%，适用税率30%。

$$应缴纳土地增值税税额=280\times30\%=84（万元）$$
$$比分开核算增加税负=84-65=19（万元）$$

纳税人在利用这一税收优惠进行税收筹划时，应注意把握好以下三点：① 土地增值税以国家有关部门审批的房地产开发项目为单位进行清算，对于分期开发的项目，以分期开发的项目为单位进行清算。所以，对项目核算单位的选择应该从项目的申报立项阶段就开始筹划。② 开发项目中同时包含普通住宅和非普通住宅的，必须分别计算增值额。③ 属于多个房地产项目共同的成本费用，应按清算项目可售建筑面积占多个项目可售总建筑面积的比例或其他合理的方法，计算确定清算项目的扣除金额，不得随意在项目间人为调节。

四、适当分拆销售收入

在确定土地增值税税额时，很重要的一点便是确定售出房地产的增值额。增值额是纳税人转让房地产所取得的收入减去规定扣除项目金额后的余额，因而纳税人转让房地产所取得的收入对其应纳税额有很大影响。如果能想办法使得转让收入变少，从而减少纳税人转让的增值额，显然能节省税款。

在累进税制下，收入分拆节税筹划显得更为重要。在累进税制下，收入的增长预示着相同条件下增值额的增长，从而使得高的增长率适用较高的税率。档次爬升现象会使得纳税人税负急剧上升，因而分拆收入有着很强的现实意义。如何使收入分拆合理合法，是这种筹划方法的关键。

一般常见的方法就是将可以分开单独处理的部分从整个房地产中分离,如房屋里面的各种设施。很多纳税人在售出房地产时,喜欢整体进行,不善于利用分拆技巧,认为这样可以省去不少麻烦,但不利于节税。

【案例5-5】 某企业准备出售其拥有的一幢房屋以及土地使用权。因为房屋已经使用过一段时间,里面的各种设备均已安装齐全。估计市场价值是800万元,其中各种设备的价格约为100万元。如果该企业和购买者签订合同时不注意区分这些,而是将全部金额以房地产转让价格的形式在合同上体现,则增值额无疑会增加100万元。土地增值税适用的是四级超率累进税率,增值额越大,其适用的税率越高,相应地,应纳税额也就会增大。

如果该企业和购买者签订房地产转让合同时,采取以下变通方法,将收入分拆,便可以节省不少税款。具体做法是,在合同上仅注明700万元的房地产转让价格,同时签订一份附属办公设备购销合同,则问题迎刃而解。这样将收入分拆进行筹划,不仅可以使得增值额变小从而节省应缴土地增值税税额,而且由于购销合同适用的0.03%的印花税税率,比产权转移书据适用的0.05%税率要低,也可以节省不少印花税,一举两得。

将这种筹划方法进行一下引申,可以应用到房地产开发企业上去。如果房地产开发企业进行房屋建造出售时,将合同分两次签订,同样可以节省不少土地增值税税款。具体做法是,当住房初步完工但没有安装设备以及装潢、装饰时便和购买者签订房地产转让合同,接着再和购买者签订设备安装及装潢、装饰合同,则纳税人只就第一份合同上注明的金额缴纳土地增值税,而第二份合同上注明的金额属于增值税征税范围,不用计征土地增值税。这样就使得应纳税额有所减少,达到了节税的目的。

五、降低边际税率

土地增值税实行累进税率,因此,适当地通过增加流通环节,将一大笔增值额分割为若干笔较小的增值额,可以有效降低土地增值税的边际税率,甚至将部分应税收入转变为免税收入,从而达到节税的目的。

【案例5-6】 A房地产公司于2009年以500万元的价格取得一块土地,但一直未对土地进行开发。2012年8月,该土地的公允价值已经增值到2 000万元。A公司决定于2012年11月开始在该土地上开发商品房(普通住房)。经测算,预计商品房销售收入约为5 500万元,土地增值税扣除项目金额约为3 000万元(500万元的地价和2 500万元的其他扣除项目),可在企业所得税税前扣除的成本税费约为3 350万元(500万元的地价和2 500万元的土地增值税扣除项目金额及350万元的其他费用列支项目,不含土地增值税)。当地契税税率为3%。

A公司应缴纳土地增值税和企业所得税测算如下:

增值额=5 500−3 000=2 500(万元)

增值率＝2 500÷3 000×100％＝83％

应纳土地增值税＝2 500×40％－3 000×5％＝850(万元)

应纳企业所得税＝(5 500－3 350－850)×25％＝325(万元)

A公司应纳税额合计＝850＋325＝1 175(万元)

根据文中条件,我们可以分两步设计筹划方案:首先由A房地产公司进行前期开发,然后将其以3 300万元的价格转让给同一控制的B房地产开发公司,B房地产开发公司继续完成开发后再以5 500万元的价格对外销售。

(1) 假设A房地产公司的土地增值税扣除项目金额为2 000万元(不含土地价款500万元),其他所得税费用列支项目为200万元,其应纳税额计算如下。

① 土地增值税:

扣除项目金额＝2 500万元

增值额＝3 300－2 500＝800(万元)

增值率＝800÷2 500×100％＝32％

应纳土地增值税＝800×30％＝240(万元)

② 企业所得税＝(3 300－2 500－200－240)×25％＝90(万元)

税款合计＝240＋90＝330(万元)

(2) B房地产公司再增加500万元的土地增值税扣除项目金额,其他所得税费用列支项目为150万元,其应纳税额计算如下。

① 契税＝3 300×3％＝99(万元)

② 土地增值税:

扣除项目金额＝3 300＋99＋500＝3 899(万元)

增值额＝5 500－3 899＝1 601(万元)

增值率＝1 601÷3 899×100％＝41％

应纳土地增值税＝160 130％＝480.3(万元)

③ 企业所得税＝(5 500－3 300－500－150－99－480.3)×25％＝242.675(万元)

此筹划方案税款合计＝330＋99＋480.3＋242.675＝1 151.975(万元),比直接销售的方案节税23.025万元(1 175－1 151.975)。

纳税人在利用这一思路进行税收筹划时,应注意此筹划方案会增加一定的契税成本,必须进行综合的成本收益分析,以确保筹划结果的有效性。

六、改变经营方式

土地增值税税法对不同的建房方式进行了一系列的界定,并规定某些方式的建房行为不属于土地增值税征税范围,不用缴纳土地增值税,纳税人如果能注意运用这些特殊政策进行税收筹划,其节税效果也是很明显的。

(一) 代建房方式

这种方式是指房地产开发公司代客户进行房地产的开发,开发完成后向客户收取代建房报酬的行为。对于房地产开发公司来说,虽然取得了一定收入,但由于房地产产权自始至终是属于客户的,没有发生转移,其收入也属于劳务性质的收入,故不属于土地增值税的征税范围。

因此,如果房地产开发公司在开发之初便能确定最终用户,就完全可以采用代建房方式进行开发,而不采用税负较重的开发后销售的方式。这种筹划方式可以由房地产开发公司以用户名义取得土地使用权和购买各种材料设备,也可以协商由客户自己取得和购买,只要从最终形式上看房地产产权没有发生转移便可以了。

为了使该项筹划更加顺利,房地产开发公司可以降低代建房劳务性质收入的数额,以取得客户的配合。由于房地产开发公司可以通过该项筹划节省不少税款,让利于客户也是可能的,这样也会使得房屋各方面条件更符合客户要求,还可以大大降低客户的契税税负,真正实现了购销双赢。

(二) 合作建房方式

土地增值税法规定:对于一方出土地,一方出资金,双方合作建房,建成后按比例分房自用的,暂免征收土地增值税。房地产开发企业也可以很好地利用这项政策。例如,某房地产开发企业购得一块土地的使用权准备修建住宅,则该企业可以预收购房者的购房款作为合作建房的资金。这样,从形式上就符合了一方出土地,一方出资金的条件。一般而言,一幢住房中土地支付价所占比例应该比较小,这样房地产开发企业分得的房屋就较少,大部分由出资金的用户分得自用。因此,在该房地产开发企业售出剩余部分住房前,各方都不用缴纳土地增值税,只有在房地产开发企业建成后转让属于自己的那部分住房时,才就这一部分缴纳土地增值税。

第二节 房产税的税收筹划

房产税是以房屋为征税对象,依据房屋的计税余值或房产租金收入向产权所有人征收的一种财产税。

房产税的纳税义务人是房屋的产权所有人,包括经营管理单位、承典人、房产代管人或者使用人。

房产税的征税对象是房产,指有屋面和围护结构(有墙或两边有柱),能够遮风避雨,可供人们在其中生产、学习、工作、娱乐、居住或贮藏物资的场所。

房产税的征税范围为城市、县城、建制镇和工矿区,不包括农村。

房产税的计税依据是房产的计税余值或房产的租金收入,税率分别为 1.2% 和 12%。以房产税余值计税,适用于房产用于自己生产经营而不是出租收取租金的情况。房产余值是房产原值一次减除 10%~30% 后的余额(具体扣除比例由各省、自治区、直辖市人民政府自行确定)。

从价计征方式下,房产税的计算公式为:

$$应纳税额 = 应纳房产税原值 \times (1 - 扣除比例) \times 1.2\%$$

从租计征方式下,房产税的计算公式为:

$$应纳税额 = 租金收入 \times 12\%$$

一、选择设立地点

我国现行税法规定,房产税的征收范围仅限于城市、县城、建制镇和工矿区,而对坐落于此区域之外的房屋不征收房产税。因此,税收筹划主体如果在投资、设立环节从节税角度考虑,可将生产、经营地点选择在城市、县城、建制镇和工矿区等房产税课征范围之外的地域。这样不仅可以避免缴纳房产税和城镇土地使用税,按最低税率1%缴纳城市维护建设税,而且可享地价低廉之利。某些制造业、仓储业、物流企业以及运输企业尤其适于采用此种税收筹划方法。

【案例5-7】 在收获季节,麦子秸秆在田间地头随处可见,农民一般加以焚烧,在城郊地区,严重污染了城市环境;在机场附近,还会妨碍航班的正常起降。A市某建材公司,主要以麦子秸秆为生产原料,生产建筑装饰板材。今年它准备扩大生产规模,再建一家加工厂。新厂选址在城里,厂房预计造价100万元,占地5 000平方米,当地政府规定房产余值的扣除比例为30%,城镇土地使用税的征收标准为4元/平方米,则:

应缴纳房产税 = 1 000 000 × (1 - 30%) × 1.2% = 8 400(元)

应缴纳城镇土地使用税 = 5 000 × 4 = 20 000(元)

如果将厂址选在生产原料的产地——城郊的农村,则不用缴纳房产税和城镇土地使用税,每年节税28 400元。

当然,企业选址在农村会影响企业的业务发展和客户群体,对此,可以考虑在市区设立业务部联系业务,以弥补消息不灵通、交通不便利的限制条件。

二、合理确定房产原值

在从价计税的情况下,房产原值的大小直接决定房产税税负的多少,合理地减少房产原值是房产税筹划的关键。

(一)合理分离附属设备

税法规定,与房屋不可分割的各种附属设备或一般不单独计算价值的配套设施,都应该计入房屋的造价,作为房产的原值。有些附属设备和配套设施,如果不单独核算,则计入房产原值;如果单独核算,则作为另一项资产,不计入房产原值。如旧房安装空调设备,一般都作为单项固定资产入账,不应计入房产原值。这一规定为税收筹划提供了有利条件。

我国税法对不同类型的固定资产规定了不同的最短折旧年限,如:房屋、建筑物最短折旧年限为20年;飞机、火车、轮船、机器、机械和其他生产设备等最短折旧年限为10年;与生产经营活动有关的器具、工具、家具等最短折旧年限为5年;飞机、火车、轮船以外的运输工具最短折旧年限为4年;电子设备最短折旧年限为3年。因此,若能将一部分应税的附属设备从房屋原值中分离出来,不仅可以少缴房产税,还可以在企业所得税上获得延期纳税的好处。

当然,在分离核算部分附属设备价值时,应注意税法对此的一些限制条件。税法规定,自2006年起,凡以房屋为载体的,不可随意移动的附属设备和配套设施,如给排水、采暖、消防、中央空调、电气及智能化楼宇设备等,不论会计上是否单独核算,均应计入房产原值,计征房产税。更换房屋附属设备和配套设施的,在将其价值计入房产原值时,可扣减原来相应设备的价值,对附属设备中易于损坏,需要经常更换的零配件,更新后不再计入房产原值。

(二) 避免成为应税房产

房产税的征税对象仅限于不动产中的一个特定的类别——房屋,而对除房屋之外的其他各类不动产不征收房产税。房屋是指有屋面和围护结构(有围墙或两边有柱),能够遮风避雨,可供人们在其中生产、工作、学习、娱乐、居住或储藏物资的场所,不包括独立于房屋之外的建筑物,如围墙、水塔、变电塔、露天停车场、露天凉亭、露天游泳池、喷泉设施等。税收筹划主体在建造仓库、停车场等设施时,如果建成室内仓库和停车场,因其符合税法中对"房屋"的定义,无疑须依法缴纳房产税;但在不影响使用效果的前提下,如果采用露天仓库和露天停车场形式,则可避免缴纳房产税。

【**案例 5-8**】 南方某企业欲兴建一座花园式工厂,除厂房、办公用房外,还包括厂区围墙、水塔、变电塔、停车场、露天凉亭、游泳池、喷泉设施等建筑物,总计造价为1亿元。如果这1亿元都作为房产原值的话,该企业自工厂建成的次月起就应缴纳房产税,每年应纳房产税(扣除比例为30%)计算如下:

$$每年应纳房产税 = 10\,000 \times (1-30\%) \times 1.2\% = 84(万元)$$

这84万元的税负只要该工厂存在,就不可避免。如果以20年计算,这将是1 680万元。

该企业如果把除厂房、办公用房外的停车场、游泳池等建筑物建成露天的,并且把这部分建筑物的造价同厂房、办公用房的造价分开,在会计账簿中单独记载,则这部分建筑物的造价不计入房产原值,也无须缴纳房产税。

该企业经过估算,除厂房、办公用房外的建筑物的造价为800万元左右,独立出来后,则:

$$每年应纳房产税 = 9\,200 \times (1-30\%) \times 1.2\% = 77.28(万元)$$

每年节税6.72万元(84-77.28),以20年计算,就节约了134.4万元的房产税。

（三）避免房产改建支出的资本化

房产的改建或装饰装修发生的相关费用,是否计入房产原值也对企业房产税的税负有重要影响。

税法规定,企业的固定资产修理支出可以在发生当期直接扣除,固定资产改建支出不能直接扣除,应区别不同情况对待:如果有关资产尚未提足折旧,可增加固定资产价值,此种情况下会增加房产税的税负;如有关资产已提足折旧,则作为长期待摊费用,在规定的期限内平均扣除。固定资产的改建支出,是指改变房屋或建筑物结构、延长使用年限等发生的支出。区分一般修理支出和改建支出的标准为修理费用的大小和对使用年限的影响。如果同时符合以下两个条件,则属于需要资本化的长期待摊费用:① 修理支出达到取得固定资产时的计税基础的50%以上;② 修理后固定资产的使用年限延长2年以上。

因此,纳税人应尽量避免单笔改建、装修支出过大,以免增加房产原值,增加房产税税负。

三、合理确定租金收入

在从租计税的情况下,租金收入的多少直接决定房产税税负的轻重,合理地确定租金收费标准也是房产税筹划的关键。

【案例 5-9】 某企业拟将一层楼房出租给另一公司,双方原商定的年租金为 100 000 元,其中包括水电费 15 000 元、取暖费 5 000 元。按照此方案,该企业出租楼房应纳的房产税计算如下:

$$应纳房产税 = 100\,000 \times 12\% = 12\,000(元)$$

经筹划后认为,如果把承租方应负担的水电费和取暖费并入房租收取,将会加大房产税的税基,而且在对承租方水电消耗缺乏有效制约手段的情况下,按固定数额收取水电费的做法也欠妥当。于是,决定将房屋租金标准确定为每年 80 000 元,承租方应承担的水电费、取暖费按其所耗水电气的实际数量和规定的价格标准结算。按照这一方案,此项业务的房产税税基减少 20 000 元,则:

$$应纳房产税 = 80\,000 \times 12\% = 9\,600(元)$$

这个方案比采用原方案每年少缴纳房产税 2 400 元。

四、合理选择经营方式

现行房产税视房产的使用状况不同,分别采取从价计征和从租计征两种计税方式,两种计税方式计算口径不同,适用税率不同,往往会出现同一房产按不同计税方式计算的税负高低相差悬殊的现象。这就为纳税人通过合理选择经营方式进行税收筹划提供了空间。

【案例 5-10】 甲公司为一内资企业，拥有一处闲置库房，原值 1 000 万元，净值 800 万元，乙公司拟承租该库房，初步商定年租金为 80 万元。甲公司每年的租金收入应缴纳的房产税计算如下：

$$应纳房产税 = 80 \times 12\% = 9.6(万元)$$

如甲公司和乙公司协商，将房屋的租赁行为改为仓储业务，即由甲公司代为保管乙公司原准备承租房屋后拟存放的物品，从而将原来的租金收入转化为仓储收入。在此方案下，甲公司房产由出租改为自营，房产税由从租计征改为从价计征，则：

$$从价计征的房产税 = 1 000 \times (1-30\%) \times 1.2\% = 8.4(万元)$$

相比之前的 9.6 万元，这一方案减少了 1.2 万元的纳税义务，显然是一个值得采纳的筹划方案。

【案例 5-11】 甲公司为一内资企业，在某省的一"开发区"内投资一处房产，拟经营仓储业务，其原值为 3 000 万元。由于甲公司所在城市规划后来发生重大变化，朝着与该处房产投资不利的方向发展，而且"开发区"被清理下马，所以，甲公司经营的仓储业务逐渐冷落，每年收入均不足 80 万元，而且在可预计的将来也难以超过这一水平。现有一专业物流公司看中该房产，双方约定年费用为 80 万元。在这种情况下，甲公司如果仍以仓储收入的名义收取费用，则：

$$该处房产每年应纳房产税 = 3 000 \times (1-30\%) \times 1.2\% = 25.2(万元)$$

而如果甲公司以租金收入的名义收取费用，则：

$$该房产每年应纳房产税 = 80 \times 12\% = 9.6(万元)$$

显然，此时甲公司采取"仓储改租赁"就是一种明智之举。

由于通货膨胀等因素的影响，一些房龄较长的旧房屋可能出现按余值计征房产税税负较低，而按租金收入计征房产税税负较高的情况；一些新房屋的情况则恰恰相反。

五、充分利用税收优惠

现行房产税法规定下列房产免税：① 国家机关、人民团体、军队自用的房产；② 由国家财政部门拨付事业经费的单位自用的房产；③ 宗教寺庙、公园、名胜古迹自用的房产；④ 个人所有非营业用的房产；⑤ 经财政部批准免税的其他房产。

除此以外，纳税人纳税确有困难的，可由省、自治区、直辖市人民政府确定，定期减征或者免征房产税。

第三节 印花税的税收筹划

印花税是对经济活动和经济交往中书立、领受应税凭证的单位和个人征收的一种行为税,因其采用在应税凭证上粘贴印花税票的方法缴纳税款而得名,具有征税范围广、税负轻、由纳税人自行贴花纳税、多缴不抵不退的特点。

印花税的征税范围分为13个税目,包括各类合同、产权转移书据、营业账簿、权利、许可证照和各类电子应税凭证。相应地,印花税的纳税人为应税凭证的立合同人、立据人、立账簿人、领受人、签订人和使用人。

印花税的税率形式分为比例税率和定额税率,比例税率有0.05‰、0.3‰、0.5‰、1‰四档,定额税率为按件贴花5元。其应纳税额计算公式为:

应纳税额＝应税凭证计税金额(或应税凭证件数)×适用税率

一、避免成为纳税人

印花税的纳税人为在中国境内书立、领受《中华人民共和国印花税暂行条例》列举的应税凭证的单位和个人。据此,我们可以得出这样两个结论:① 发生经济业务不订立合同的,不纳税;② 订立的合同不是条例列举的,不纳税。因此,对印花税实施税收筹划,首先应当在遵循税法的前提下尽量避免成为税法规定的印花税纳税义务人。

须注意,不订立合同的经济当事人,必须双方信誉较好。通常情况下,常年客户可以采取此办法,如果信誉不好,则不能使用此方法,防止产生不必要的经济纠纷。

《印花税暂行条例》是根据旧的《合同法》制定的。近年来,随着各种经营形式、经营方式的不断出现,各种新的经济活动应运而生。因此,全国人大将《合同法》进行了重新修订,并充实了新的内容。目前,我国税法尚未明确对这些新出现的经济合同进行征税,如代理合同,人寿保险合同,一般会计、法律、审计等方面的咨询合同,管道运输合同,赠与合同,行纪合同,居间合同等,如果对这些合同征税缺乏依据,纳税人就可以通过选择合同方式进行税收筹划。又如,税法只规定对金融部门的借贷款合同征税,对企业与企业间、企业与个人间的借贷款合同就无法征税,纳税人同样可从这方面合理筹划,减少税收成本。

【案例5-12】 某航空公司承接某电影摄制组的人员与服装、道具、摄影器材等货物的包机运输业务,双方商定的运费金额为36万元,并起草了运输合同。由于该合同对客、货运输费用金额未分别记载,按照税法规定,应就运费总金额依照0.5‰的税率计算缴纳印花税。则:

应纳印花税＝360 000×0.5‰＝180(元)

经双方研究决定,对合同草案进行修改,在运费总金额不变的情况下,将货运费用按照最低价格标准确定为 6 万元,其余 30 万元确定为客运费用,并正式签订了合同。按此方案,则:

$$应纳印花税 = 60\,000 \times 0.5‰ = 30(元)$$

双方都比按原定方案签订合同少缴纳印花税 150 元。

二、充分利用免税优惠

尽管印花税具有征税范围广的特点,税法还是对有关凭证制定了若干免税规定,纳税人应当充分加以利用。

税法规定,下列凭证可以免征印花税:① 已缴纳印花税的凭证的副本或者抄本;② 财产所有人将财产赠与政府、社会福利单位、学校所立的书据;③ 经财政部批准免税的其他凭证,包括国家指定的收购部门与村民委员会、农民个人书立的农副产品收购合同,无息、贴息贷款合同,外国政府或者国际金融组织向我国政府及国家金融机构提供优惠贷款所书立的合同,农牧业保险合同等。

三、合理划分不同税目金额

税法规定,同一凭证载有两个或两个以上经济事项而适用不同税目税率的,分别记载金额的,应分别计算应纳税额,相加后按合计数额贴花,未分别记载金额的,按税率较高的计税贴花。因此,纳税人对载有两个经济事项的合同,一定要将不同的金额明确分开,然后分别计算纳税。

例如,税法规定,加工承揽合同应按 0.5‰ 的税率计算贴花,对加工合同中涉及的材料价款不再贴花。这里所称的委托加工合同,是指由委托方提供原材料,受托方提供辅助材料并收取加工费的合同。对于由受托方提供原材料的加工、定做合同,凡在合同中分别记载加工费金额与原材料金额的,应分别按照"加工承揽合同""购销合同"计税,两项税额相加数,即为合同应贴印花;合同中不划分加工费金额与原材料金额的,应就全部金额并按照"加工承揽合同"计税贴花,从高计征。

依据上述规定,在订立受托方提供原材料的加工合同时,可以从两个方面节税:① 将原材料金额与加工费金额明确分开。加工承揽合同的税率为 0.5‰,而购销合同的税率为 0.3‰,如果不将其分开,必然导致原材料金额多纳 0.2‰ 的印花税。② 在合理范围内适当降低加工费金额,提高原材料金额。在总价不变的情况下,降低加工费与提高原材料金额,其效果是降低的加工费金额部分将少纳 0.2‰ 的印花税。另外,由于总价不变,对双方的成本收益没有影响。

【案例 5-13】 A 门窗厂和 B 建筑工程公司签订了一份加工承揽合同。合同规定:A 门窗厂受 B 建筑安装公司委托,负责加工某小区房屋的铝合金门窗,加工所需原材料和零配件均由 A 铝合金门窗厂提供。A 门窗厂共收取加工费及原材料、零配件费共计 200 万元。

该合同因未将加工承揽和销售货物分开,导致均适用较高的税率 0.5‰,因此:

$$双方各自应纳印花税 = 2\,000\,000 \times 0.5‰ = 1\,000(元)$$

如果 A 门窗厂在合同中分别记载加工费和原材料的金额,则按其各自适用的税率计算缴纳印花税。经筹划,决定对加工费用按最优惠价格标准计算,金额为 20 万元;原材料金额为 180 万元。按此方案,则:

$$应纳印花税 = 1\,800\,000 \times 0.3‰ + 200\,000 \times 0.5‰ = 540 + 100 = 640(元)$$

此项业务通过压低加工费金额,使门窗厂和建筑公司双方各少纳印花税 360 元。

四、递延纳税

虽然印花税法要求在立合同时就要按规定贴花,但某些合同在签订时无法确定计税金额,如技术转让合同中的转让收入,是按销售收入的一定比例收取或是按实现利润分成金额计税的;财产租赁合同,只是规定了月(天)租金标准而却无租赁期限。为此,税法规定:对在签订时无法确定计税金额的合同,可以在签订时先按定额 5 元贴花,以后结算时再按实际金额计税,补贴印花。这一规定,为纳税人递延缴纳印花税提供了筹划空间。

【**案例 5-14**】 金牛公司和青羊公司签订了一份租赁合同,金牛公司出租一幢厂房给青羊公司用于生产经营,期限为 3 年,合同规定每月租金 10 万元,每月月底支付当月租金。

如果这样签订合同,则:

$$交易双方应纳印花税 = 10 \times 12 \times 3 \times 1‰ = 0.36(万元)$$

经筹划,上述合同改为:"金牛公司出租一幢厂房给青羊公司生产经营,每月租金 10 万元,每月月底支付当月租金,同时双方决定是否继续本合同。"这样操作后,公司可以仅先预缴 5 元印花税,待以后结算时再按实际结算金额计税,并补缴印花税。

比较这两个方案,虽然税收支出总额一致,但支出时间一个是现在,另一个则平均到 3 年,即使不计算因此减少的利息支出,只比较现值,第二个方案也很划算。当然,纳税人在运用这一筹划思路时一定要注意防范经营风险,以防出租方或承租方单方面提前终止租赁协议。

五、减少计税依据

(一)减少流通环节

按照印花税法的规定,在货物或劳务的流转过程中每订立一次合同均须缴纳一次印花税。如果事先能够确定下一个流转环节,就完全可以通过减少流通环节来节省印花税。

如建筑安装工程承包合同是印花税中的一种应税凭证,该种合同的计税依据为合同上记载的承包金额,适用税率为0.3‰。根据印花税法的规定,施工单位将自己承包的建设项目分包或者转包给其他施工单位所签订的分包合同或者转包合同,应按照新的分包合同或者转包合同上所记载的金额再次计算应纳税额。印花税是一种行为性质的税种,只要有应税行为发生,就应按税法规定纳税。因此,尽管总承包合同已依法计税贴花,但新的分包或转包合同又是一种新的应税凭证,又发生了新的纳税义务。如果能尽量避免签订分包或转包合同,就可以减轻印花税的负担。

【案例 5-15】 某城建公司 A 与某商城签订了一份建筑合同,总计金额为 1 亿元,该城建公司因业务需要又分别与城建公司 B 和 C 签订分包合同,其合同记载金额分别为 4 000 万元和 4 000 万元,B 和 C 又分别将其中 2 000 万元转包给 D 和 E。则应纳税额的计算如下:

A 与商城签合同时:

$$双方各应纳税额 = 10\,000 \times 0.3‰ = 3(万元)$$

A 与 B、C 签合同时,各方应纳税额如下:

$$A 应纳税额 = (4\,000 + 4\,000) \times 0.3‰ = 2.4(万元)$$

$$B、C 各应纳税额 = 4\,000 \times 0.3‰ = 1.2(万元)$$

B、C 与 D、E 签合同时:

$$各方应纳税额 = 2\,000 \times 0.3‰ = 0.6(万元)$$

五家建筑公司共缴纳印花税额 = 3+2.4+1.2×2+0.6×4 = 10.2(万元)

如果这五方进行合理筹划,该商城分别与上述 A、B、C、D、E 五家建筑公司签订 2 000 万元的承包合同,则:

$$五家公司共应纳印花税额 = 2\,000 万元 \times 0.3‰ \times 5 = 3(万元)$$

可以节省 7.2 万元税款。

因此,减少流通环节筹划法的核心就是尽量减少签订分包合同的环节,以最少的可能书立应税凭证,达到节约税款的目的。

(二) 适当压缩合同金额

税法规定,纳税人应在签订合同时按合同所记载的金额计算缴纳印花税。对于已经履行并缴纳印花税的合同,实际结算金额与合同所记载金额不一致的,如果因实际结算金额小于合同所载金额而多缴纳了印花税,纳税人不得申请退税或抵税;如果因实际结算金额大于合同所载金额而少缴纳了印花税,一般也不再补缴。税收筹划主体可利用这一规定,在签订某些合同时,在合理的限度内,尽可能地压低合同记载金额,以达到节税的目的。

但是,这样做一定要注意防范可能对成本或收入带来的不确定性和经营风险。

(三) 合理选择借款方式

一些税收筹划主体由于生产经营活动的季节性特点,在一年当中的各个不同时期对流动资金的需求量不尽相同。他们在生产经营的旺季需要向金融机构大量借款,而在淡季时,他们由于资金占用量下降会归还大部分甚至全部贷款,而当生产经营旺季再度到来时又要重新举债。如果每次借款时借贷双方都重新签订合同,应分别就每份合同所记载的借款金额计算缴纳印花税。按照税法规定,对此类流动资金周转性借款,如果按年(期)签订借款合同,规定借款最高限额,在签订借款合同时,应按合同规定的最高借款限额计算缴纳印花税。在合同期内,贷款可随借随还,再借款时只要不超过合同规定的最高限额,不签订新合同,就无须另缴印花税。因此,企业如果能够选择这种"定期、限额"借款方式,肯定能比采用一般短期借款方式少缴印花税。

第四节 契税的税收筹划

契税是指在土地、房屋权属转移时,国家按照当事人双方签订的合同契约,以及所确定价格的一定比例,向承受权属者一次性征收的一种行为税。它是对房地产产权变动征收的一种专门税种。

契税的纳税义务人为在我国境内转移土地、房屋权属,承受权属的单位和个人。

契税的征税范围是境内转移的土地、房屋权属。具体包括以下五项内容:国有土地使用权出让,土地使用权转让,房屋买卖,房屋赠与,房屋交换。

契税的计税依据为不动产的价格,实行3%~5%的比例税率,具体税率由各省、自治区、直辖市人民政府在规定范围内自行确定。

一、利用法定减免优惠

税法规定,下列情形免征契税:① 国家机关、事业单位、社会团体、军事单位承受土地、房屋用于办公、教学、医疗、科研和军事设施的;② 城镇职工按规定第一次购买公有住房的;③ 因不可抗力灭失住房而重新购买住房的,酌情准予减征或免征;④ 纳税人承受荒山、荒坡、荒丘、荒滩的土地使用权,用于农林牧渔业生产的;⑤ 应当予以免税的外国驻华使馆、领事馆、联合国驻华机构及其外交代表、领事官员和其他外交人员承受土地、房屋权属的;⑥ 公租房经营单位购买住房作为公租房的。

【案例 5-16】 某戏剧研究所系全民所有制事业单位,原计划购买隔壁一幢两层居民住宅楼作为道具厂生产经营用房,买卖双方商定的价款为100万元,契税的税率为3％,应纳契税为3万元(100×3％)。

经筹划,决定将拟购买的楼房作为行政处室办公用房,而将该单位原有的一排作为办公用房的平房改作道具厂生产经营用房。由于购入楼房的用途为事业单位办公用房,可享受免缴契税的优惠,而改变用途的平房属于其原有房产,无须补缴契税。

【案例5-17】 有两块地,一块是贫地,另一块是荒滩土地,荒滩土地经改造,生产能力比贫地还稍好一些。某农户欲承包这两块地中的一块用于农业生产。如果不从税收方面进行筹划,农户出于种种考虑,可能会选择可以直接用于农业生产的贫地,但这块土地使用权的获得是要缴纳契税的。如果选择荒滩土地,不仅可以使自己符合免税条件,节省税款,而且从长远利益来看,未来收益将更有保障。

二、利用改制减免优惠

为了推动企业制度改革的深化,国家对企业改制中的契税问题制定了很多优惠的规定。

(1) 企业改制。企业按照《公司法》有关规定整体改制,包括非公司制企业改制为有限责任公司或股份有限公司,有限责任公司变更为股份有限公司,股份有限公司变更为有限责任公司,原企业投资主体存续并在改制(变更)后的公司中所持股权(股份)比例超过75％,且改制(变更)后公司承继原企业权利、义务的,对改制(变更)后公司承受原企业土地、房屋权属,免征契税。

(2) 事业单位改制。事业单位按照国家有关规定改制为企业,原投资主体存续并在改制后企业中出资(股权、股份)比例超过50％的,对改制后企业承受原事业单位土地、房屋权属,免征契税。

(3) 公司合并、分立。两个或两个以上的公司,依照法律规定、合同约定,合并为一个公司,且原投资主体存续的,对合并后公司承受原合并各方土地、房屋权属,免征契税。公司依照法律规定、合同约定分立为两个或两个以上与原公司投资主体相同的公司,对分立后公司承受原公司土地、房屋权属,免征契税。

(4) 企业破产。企业依照有关法律法规的规定实施破产,债权人(包括破产企业职工)承受破产企业抵偿债务的土地、房屋权属,免征契税;对非债权人承受破产企业土地、房屋权属,凡按照《劳动法》等国家有关法律法规政策关于妥善安置原企业全部职工的规定,与原企业全部职工签订服务年限不少于三年的劳动用工合同的,对其承受所购企业土地、房屋权属,免征契税;与原企业超过30％的职工签订服务年限不少于三年的劳动用工合同的,减半征收契税。

(5) 资产划转。对承受县级以上人民政府或国有资产管理部门按规定进行行政性调整、划转国有土地、房屋权属的单位,免征契税。同一投资主体内部所属企业之间土地、房屋权属的划转,包括母公司与其全资子公司之间,同一公司所属全资子公司之间,同一自然人与其设立的个人独资企业、一人有限公司之间土地、房屋权属的划转,免征契税。母公司以土地、房屋权属向其全资子公司增资,视同划转,免征契税。

(6) 债权转股权。经国务院批准实施债权转股权的企业,对债权转股权后新设立的公司承受原企业的土地、房屋权属,免征契税。

【案例 5-18①】 南方某市有一家国有独资客车制造厂(以下简称客车厂),原注册资金为8 000万元,已停产多年,现有固定资产经中介机构评估价值1.5亿元,其中设备价值3 000万元,房屋建筑物等不动产价值1.2亿元。鉴于国内汽车市场已进入历史上最好的发展时期,为把握时机,2015年,市政府决定将该厂列为市属企业重点改制对象。经广泛宣传招商,现已确定国内某著名民营上市公司的母公司(以下简称民营公司)为合作对象。为轻装上阵,民营公司要求设立一家新客车公司,除汽车厂的土地、房屋建筑物和50岁以下的在职职工外,其他资产、负债和人员概不接收。新公司拟注册资本为3亿元,其中,客车厂以价值1.2亿元的土地、房屋及建筑物出资,占注册资本的40%,民营公司以现金1.8亿元出资,占注册资本的60%。按照这个方案,新公司在办理土地、房屋建筑物过户手续时,应以1.2亿元按3%税率(该市使用的契税税率为3%),缴纳契税360万元。

当该方案送到财税顾问税务师李某手上时,李某觉得如此操作,在改制过程中新公司承担的契税负担过重。

根据合作双方的要求,他提出了新的操作思路,建议客车厂和民营公司在合作协议中将合作过程修改为两步进行:第一步,新公司成立初期,注册资金定为1.58亿元,其中,客车厂以价值1.2亿元的土地、房屋以及建筑物出资,占注册资本的76%,民营公司以现金0.38亿元出资,占注册资本的24%。在此期间,双方另行达成协议:民营公司少出资的1.42亿元无偿借给新公司使用或存于银行而将利息收益归新客车公司,管理以民营公司方为主。

第二步,在双方认为适当的时间(假设与新公司成立的第一天相隔6个月),新公司定增资1.42亿元,全部由民营公司以现金出资,出资额为1.42亿元加同等金额按同期银行半年期定期存款利率计算利息(如已无偿借给新公司使用则不计利息),该利息作为新公司的资金溢价,作资本公积处理。增资后,新公司注册资本为3亿元,其中,客车厂以价值1.2亿元的土地、房屋以及建筑物出资,占注册资本的40%不变,民营公司以现金增资至1.8亿元,占注册资本的比例增至为60%。增资时企业的土地、房屋以及建筑物权属不发生转移,按现行的税法规定不征契税。

新操作方案比原操作方案节税360万元。

【案例 5-19②】 某化学涂料公司成立于2002年,注册资金5 000万元,由甲、乙、丙、丁四个股东各出资25%。公司现有固定资产1.5亿元,其中各种设备(主要是建筑涂料和家具涂料两大系列产品生产线各5条)价值7 000万元、土地和房屋价值8 000万元。公司经过十余年的发展,由于经营理念等方面的原因,公司股东大会决定对公司进行分立重组。具体方案是:公司聘请中介机构对资产进行整体评估,按评估结果计算各个股东拥有公司的股

---

① 刘蓉.税收筹划.北京:中国税务出版社,2008.
② 刘蓉.税收筹划.北京:中国税务出版社,2008.

权价值以及分立的各项资产负债的价值。甲和丁退出原化学涂料公司,从原公司现有资产中分出一部分土地、房屋和五个家具涂料生产线及附属装置另行组建一家新的涂料公司。新公司成立所需的一切税费由四个股东共同负担,在原化学涂料公司整体资产评估价值分配时扣除。

根据评估价值报告,分立出来的新涂料公司承受的土地和房屋价值4 500万元,所以,新涂料公司成立后应缴纳契税135万元,分摊给4个股东,平均每个人承担33.75万元。

当受聘参与该公司资产评估和设立验资小组的注册税务师了解到这个新公司的重组方案后,马上建议上述化学涂料公司将该公司分立重组分解为两步进行。

第一步,甲和丁不退出原化学涂料公司,而是由甲、乙、丙、丁4个股东按在原公司中相同的股权比例从原公司现有资产中分出一部分土地、房屋和5条家具生产线以及附属装置共同另行组建一家新的涂料公司。这样,两家公司的投资主体完全相同。按规定,新的涂料公司承受原企业的土地、房屋权属不征收契税。

第二步,分立后的两家涂料公司的4个股东分别签订股权转让协议,甲、丁退出原化学涂料公司,将股权分别转让给乙、丙;乙、丙退出新涂料公司,将股权分别转让给甲、丁。按照税法规定,在股权转让中,单位、个人承受原企业股权,企业土地、房屋权属不发生转移,不征收契税。转让后原化学涂料公司由乙、丙组成,新涂料公司由甲、丁组成,完全符合分立前原化学涂料公司股权大会分立重组的目标,并且与原方案结果一致。但是,整个过程均不用缴纳契税。所以,按此建议,该化学涂料公司4个股东共可节税135万元。

三、利用房产交换

契税法规定,土地使用权的交换和房屋的交换,以所交换土地使用权、房屋的交换差额为计税依据。这就是说,当双方当事人进行交换的价格相等时,任何一方都不用缴纳契税,因为差价为零。当双方当事人进行交换的价格不相等时,由多交付货币、实物、无形资产或者其他经济利益的一方缴纳税款。

【案例5-20】 居民张某为A公司职员,拥有一套价值为25万元的公寓房,因坐落地点距公司较远,上下班深感不便,计划卖掉该公寓房,以变价款在其公司附近重新购买一套类似规格标准的住房。当地政府规定的契税税率为3%。按此计划,如果新购买与原住房等值的房屋,张某应当按照房屋全价计算缴纳契税,则:

$$应纳税额 = 250\,000 \times 3\% = 7\,500(元)$$

经筹划,张某改变了计划,经过某房地产中介机构介绍,与居住在A公司附近的居民王某所拥有的一套公寓进行等价交换。因为此项房屋交换不存在价格差额,交易双方都无须缴纳契税。

以交换土地使用权或房屋所有权来降低契税负担的筹划,其核心是尽量地缩小交换房地产项目的价差。这时可以采用一方按另一方的要求先行装修再出售,或是将一方房屋可以单独出售的部分从整体中分离的方式,来缩小价差。

【案例 5-21①】 甲、乙两位当事人欲交换各自房屋的所有权,甲的房屋市场价格大约为 100 万元,乙的房屋市场价格大约是 50 万元,当地政府规定的契税税率为 4%。如果不进行筹划,则:

$$乙应纳契税=(100-50)\times 4\%=2(万元)$$

由于甲、乙两位当事人进行房屋所有权交换总是会用于某一特定目的,双方当事人交换房屋所有权之后再进行改造与双方当事人在交换之前便进行改造,其实际效果是一样的,都可以将房屋改造得适合该项用途。这就给纳税人进行筹划创造了一定条件。

假设由纳税人乙将自己的房屋按照甲的要求进行改造,以满足甲的特定目的,通过这次改造,乙拥有的房屋市场价格升至 80 万(当然,能控制在 100 万元左右是最理想的),则应纳契税额会下降:

$$应纳契税=(100-80)\times 4\%=0.8(万元)$$

注意:双方在交换土地使用权或房屋所有权时,也可采用自由定价,任意抬高或压低价格的方法进行筹划,使两者价格差额较小甚至没有,但这种筹划应控制在一定的限度内,因为如果成交价格明显低于市场价格并且无正当理由,或者所交换的土地使用权、房屋的价格差额明显不合理并且无正当理由,税务机关具有一定的税收调整权,可以参照市场价格核定征收。

这种筹划方法的另一种引申是,将本来不属于交换的行为,通过合法的途径改变为交换行为,可以减少税款。

【实例 5-22②】 甲、乙、丙三位当事人,甲和丙都拥有一套价值 100 万的房屋,乙想购买甲的房屋,甲也想购买丙的房屋后出售其房屋。如果不进行筹划,甲购买丙的住房,假定税率为 5%,则:

$$应纳契税=100\times 5\%=5(万元)$$

同样,甲向乙出售其住所,乙也应缴纳契税,税款为 5 万元。

如果三方进行一下调整,先由甲和丙交换房屋,再由丙将房屋出售给乙,这同样可以达到上述买卖的结果,但应纳税额却是天壤之别了。因为甲和丙交换房屋所有权为等价交换,没有价格差额,不用缴纳契税,整个经济交易活动,只是在丙将房屋出售于乙时,应由乙缴纳契税 5 万元。

调整后,较直接交易可以节省税款 5 万元。

---

① 张中秀.税收筹划教程.北京:中国人民大学出版社,2009.
② 张中秀.税收筹划教程.北京:中国人民大学出版社,2009.

四、个人购买住房的筹划

为了切实减轻个人买卖普通住宅的税收负担,积极启动住房二级市场,按照《财政部、国家税务总局、住房城乡建设部关于调整房地产交易环节契税、营业税优惠政策的通知》(财税〔2016〕23号)的规定,对个人购买家庭唯一住房(家庭成员范围包括购房人、配偶以及未成年子女),面积为90平方米及以下的,减按1%的税率征收契税;面积为90平方米以上的,减按1.5%的税率征收契税。对个人购买家庭第二套改善性住房,面积为90平方米及以下的,减按1%的税率征收契税;面积为90平方米以上的,减按2%的税率征收契税。居民个人在购买住房时一定要注意利用这些优惠政策。

第五节 资源税的税收筹划

资源税是对在我国境内开采应税矿产品和生产盐的单位和个人征收的一种税,以各种自然资源为课税对象,为了调节资源级差收入并体现国有资源有偿使用而征收。资源税的税收筹划主要围绕税收优惠和应纳税额计算的特殊规定进行。

一、利用减免税优惠

有下列情况之一的,减征或免征资源税。

(1) 开采原油过程中用于加热、修井原油,免税。

(2) 纳税人开采或者生产应税产品过程中,因意外事故或自然灾害等原因遭受重大损失的,由省、自治区、直辖市人民政府酌情决定减税或者免税。

(3) 稠油、高凝油和高含硫天然气资源税减征40%;三次采油资源税减征30%;对低丰度油气田资源税暂减征20%;对深水油气田资源税减征30%。

(4) 对实际开采年限在15年以上的衰竭期矿山开采的矿产资源,资源税减征30%。

(5) 对依法在建筑物下、铁路下、水体下通过充填开采方式采出的矿产资源,资源税减征50%。

(6) 对鼓励利用的低品位矿、废石、尾矿、废渣、废水、废气等提取的矿产品,由省级人民政府根据实际情况确定是否给予减税或免税。

纳税人的减税、免税项目,应当单独核算课税数量;未单独核算或者不能准确提供课税数量的,不予减税或者免税。

【案例5-23】 华北某矿产开采企业6月份销售天然气20万立方米,其中,10万立方米为开采石油时伴生的,10万立方米为煤矿生产的。已知天然气的价格为每立方米2元,税率为6%。若该矿山对两种来源的天然气未分别核算,则:

应纳资源税＝20×2×6％＝2.4(万元)

如果该矿山对两种来源的天然气分开核算，根据税法，煤矿生产的天然气免税，则：

应纳资源税＝10×2×6％＝1.2(万元)

分开核算能节税1.2万元。

二、分别核算不同税目资源产品

资源税法规定：纳税人开采或者生产不同税目应税产品的，应分别核算不同税目应税产品的销售额。未分别核算或者不能准确核算提供不同税目应税产品的销售额的，从高适用税率计税。

根据上述规定，纳税人对不同税目的产品要准确区别，以避免加重税收负担。

【案例5-24】 某矿山2月份销售铁矿石精矿2万吨，每吨800元。在开采铁矿石的过程中，还开采销售了伴生矿锰矿石2 000吨，每吨1 000元。已知铁矿石税率为5％，锰矿石税率为2％。如果该矿山未按要求分别核算铁矿石和伴生矿的销售额，则：

该矿山应纳资源税＝(2×800＋0.2×1 000)×5％＝90(万元)

如果该矿山分别核算各种应税矿产品的销售额，则：

应纳资源税＝2×800×5％＋0.2×1 000×2％＝84(万元)

分开核算能节税6万元。

三、利用综合换算比、折算率

纳税人由于某种原因，在现实经济生活中可能无法提供或无法准确提供应税产品销售数量，根据《财政部、国家税务总局关于资源税改革具体政策问题的通知》(财税〔2016〕54号)的规定，为公平原矿与精矿之间的税负，对同一种应税产品，征税对象为精矿的，纳税人销售原矿时，应将原矿销售额换算为精矿销售额缴纳资源税；征税对象为原矿的，纳税人销售自采原矿加工的精矿，应将精矿销售额折算为原矿销售额缴纳资源税。换算比或折算率原则上应通过原矿售价、精矿售价和选矿比计算，也可通过原矿销售额、加工环节平均成本和利润计算。这给纳税人进行税收筹划提供了条件。

例如，煤炭的资源税征税对象为原煤，纳税人将其开采的原煤加工为洗选煤销售的，以洗选煤销售额乘以折算率作为应税煤炭销售额计算缴纳资源税。如果某纳税人生产煤炭并连续加工生产某种煤炭制品，而且由于其采用的加工技术相对落后，使得其产品的加工生产综合利用率相对同行业企业更低，便可用这种方法进行筹划。具体筹划过程如下：企业在自己折算率相对较高的情况下,无须花费成本刻意核算原煤销售额,而直接采用税务机关确定的折算率换算出的原煤销售额课税。这样,一方面,减少了企业为确定销售额花费的成本;另一方面,因为同行业企业的平均折算率相对较低,折算出的应税产品销售额相对较少。这里假定该企业生产出的最终产品有 100 万元,同行业折算率为 80%,该企业的折算率为 85%,则实际课税销售额为 $100 \times 85\% = 85$(万元),而税务机关最终认定数量为 $100 \times 80\% = 80$(万元)。由于资源税采用的是从价定率征收方法,课税销售额的减少将会直接减少应纳资源税税额。

可用这种方法进行的筹划的资源主要有煤炭、金属矿产品和非金属矿产品。

【案例 5-25】 某铜矿 10 月份销售铜矿石原矿取得销售额 2 000 万元,铜矿资源税的征税对象为精矿,资源税税率为 5%。假定该矿山的实际换算比是 1.4,而税务机关确定的换算比为 1.35。该矿山应纳税额计算如下。

按实际换算比计算,则:

$$应纳资源税 = 2\,000 \times 1.4 \times 5\% = 140(万元)$$

如果该矿山不能准确提供换算比,按税务机关确定的换算比计算,则:

$$应纳资源税 = 2\,000 \times 1.35 \times 5\% = 135(万元)$$

由此可见,按税务机关确定的换算比计算,应纳税额减少了 5 万元。

【案例 5-26】 我国北方某盐厂生产的海盐以原盐为征税对象,资源税税率为 4%。该厂以自产的原盐连续加工生产加碘精盐,实际折算率为 95%,当地主管税务机关确定的精盐与原盐的折算率为 90%,该盐厂预计全年精盐的销售额为 500 万元。

如果按本厂实际折算率计算,则:

$$应纳原盐资源税 = 500 \times 95\% \times 4\% = 19(万元)$$

如果按主管税务机关确定的折算率计算,则:

$$应纳原盐资源税 = 500 \times 90\% \times 4\% = 18(万元)$$

测算结果表明,该盐厂如果选择按税务机关确定的折算率计算原盐销售额,将会比按实际销售额计算少缴纳资源税 1 万元。

相反,当企业实际资源折算率低于税务机关确定的折算率时,应当加强财务核算,准确提供应税产品销售额,避免增加税收负担。

四、相关产品的筹划

一般而言,一个矿床除了一种主要矿产品外,还有一些其他矿产品;同样,矿产品加工企业在生产过程中,一般也不会只生产一种矿产品。为促进共伴生矿的综合利用,纳税人开采销售共伴生矿,共伴生矿与主矿产品销售额分开核算的,对共伴生矿暂不计征资源税;没有分开核算的,共伴生矿按主矿产品的税目和适用税率计征资源税。

伴生矿,是指在同一矿床内,除了主要矿产品外,还含有多种可供工业利用的成分。考虑到一般性开采是以主产品的元素成分开采为目的,因此,确定资源税税率时,一般将主产品作为主要依据,同时也考虑作为副产品的元素成分及其他相关因素。如果主产品的税率较低,而副产品的税率较高且量较小,企业在开采时应仅注重主产品元素,避免因价格较高的副产品使得税务机关确定的整体税率偏高。

伴采矿,是指开采单位在同一矿区内开采主产品时,伴采出来的非主产品元素的矿石。根据有关税法规定,伴采矿量大的,由省、自治区、直辖市人民政府根据规定,对其核定资源税税率标准;伴采矿量小的,则在销售时,按照国家对收购单位规定的相应品目的税率缴纳资源税。运用这项政策策划如下:因为伴采矿量的大小由企业自己生产经营决定,如果伴采矿的税率比主产品高,企业在开采时应少采伴采矿,这样一来,企业的伴采矿量就小,可以统一适用较低税率;反之,如果伴采矿的税率相对较低,则企业应多采伴采矿。

须注意,以上对伴生矿和伴采矿的筹划有一些限制因素,如伴生或伴采矿的量的大小、重要程度、开采意义。税收筹划要结合这些因素通盘考虑,在不影响开采的整体收益或对综合利益有所提高的情况下采用,不能仅仅从税收角度决定多开采或少开采。

伴选矿,是指对矿石原矿中所含主产品进行选精矿的加工过程中,以精矿形式伴生出来的副产品。由于国家对以精矿形式伴选出来的副产品不征收资源税,对纳税人而言,最好的筹划方式就是尽量改善工艺,引进技术,使以非精矿形式伴生出来的副产品以精矿形式出现,从而达到合理节税的目的。

第六节 城镇土地使用税的税收筹划

城镇土地使用税是以国有土地为征税对象,对拥有土地使用权的单位和个人征收的一种税,属于对土地资源的课税。为实现对土地级差收入的调节,城镇土地使用税实行差别幅度定额税率,计税公式为:

> 应纳税额=实际占用应税土地面积×适用税额

一、选择设立地点

我国开征城镇土地使用税的一个很重要的目的是促使纳税人提高土地利用率,并通过调节土地资源级差收入,为企业之间开展公平竞争创造条件。因此,这一税种选择在企业分布比较密集的城镇地区课征,包括城市、县城、建制镇和工矿区。具体来看,城镇土地使用税在城市的征税范围为市区和郊区;在县城的征税范围为县人民政府所在地。城市、县城、建制镇、工矿区的具体征税范围由各省级人民政府划定。在上述法定征收范围之外的区域,不征收城镇土地使用税。

城镇土地使用税征收范围的有限性,意味着税收筹划主体可以通过选择投资地点进行该税种的税收筹划。一般而言,税收筹划主体如果将生产经营场所设立在城镇土地使用税的课征范围之外,就可以彻底地规避城镇土地使用税的负担。具体而言,一些对城镇依赖性较强的企业,如一般制造业、仓储业、物流业等,可选择设立在位于城镇之外但又与之相毗邻的地区;至于那些对城镇依赖性较弱的企业,则具有更为广泛的选择余地。例如,以农产品为原料的加工企业,可考虑以原料产地为依托,设立在农村地区。我国的城镇土地使用税与房产税的课征区域范围一致,而且在这两税课征范围之外的地区又恰好属于城市维护建设税的低税负区域(适用税率为1%),因此,采用上述方法进行税收筹划能够收到"一举多得"的效果。

二、利用地区税额差别

由于不同规模的城市之间,以及城市与县城、建制镇与工矿区之间经济发展水平不同,各地区纳税人的收益水平及负税能力也有差别。即使在同一城市,由于不同区位的市政建设状况、交通运输条件及商业繁华程度等方面的差异,各区位之间也存在着土地级差收益。为了适应不同地区纳税人的税收负担水平,并合理地调节土地级差收益,城镇土地使用税以纳税人实际占用的土地面积为计税依据,以每平方米土地为计税单位,采用地区差别税额。在课征城镇土地使用税的区域内,不同地区之间的税收负担水平存在着较大的差异。其中,大城市的单位税额为1.5~30元/平方米,中等城市的单位税额为1.2~24元/平方米,小城市的单位税额为0.9~18元/平方米,县城、建制镇、工矿区的单位税额为0.6~12元/平方米。具体税额由各省、自治区、直辖市人民政府根据市政建设情况和经济繁荣程度在规定幅度内加以确定。

企业应根据自身的特点,在能够满足其对生产经营环境的要求,不降低总体经济效益的前提下,尽可能地将生产经营地选择设立于城镇土地使用税负担水平低的地区。

三、利用税收优惠规定

《城镇土地使用税暂行条例》规定,对下列土地实行免税:① 国家机关、人民团体、军队自用的土地;② 由国家财政部门拨付事业经费的单位自用的土地;③ 宗教寺庙、公园、名胜古迹自用的土地;④ 市政街道、广场、绿化地带等公共用地;⑤ 直接用于农、林、牧、渔业的生产用地(不包括农副产品加工场地和生活、办公用地);⑥ 经批准开山填海整治的土地和改造的废弃土地,从使用月份起免缴土地使用税5年至10年;⑦ 免税单位无偿使用纳税单位的土地;⑧ 企业办的学校、医院、托儿所、幼儿园,其用地能与企业其他用地明确区分的。

为体现国家的产业政策,支持重点产业发展,对石油、电力、煤炭等能源用地,民用港口、铁路等交通用地和水利设施用地,三线调整企业、盐业、菜市场、邮电等一些特殊用地划分了征免税的界限并给予政策性减免税照顾。如对企业厂区以外的公共绿化用地和向社会公众开放的公园用地,企业厂区以外与社会公用地段未加隔离的铁路专用线、公路等用地,水利设施及其管护用地,矿山的采矿场、排土场、尾矿库、炸药库的安全区,采区运矿及运岩公路,尾矿输送管道及回水系统用地,建筑行业的石灰厂、水泥厂、大理石厂、砂石厂等企业的采石场、排土场、炸药库的安全区用地以及采区运岩公路,暂免征收城镇土地使用税。

除此以外,国家税务总局规定,各省、自治区、直辖市地方税务局可以自行确定下列项目的征免税:① 个人所有的居住房屋及院落用地;② 房管部门在房租调整改革前经租的居民住房用地;③ 免税单位职工家属的宿舍用地;④ 民政部门举办的安置残疾人占一定比例的福利工厂用地;⑤ 集体和个人办的各类学校、医院、托儿所、幼儿园用地。

企业应认真研究、充分利用上述税收优惠政策,规避城镇土地使用税负担。例如,按照政策要求合理划分不同用途的用地,尽量缩减经营用地,把享受免税待遇的特定用地在不同土地等级上进行合理布局,充分利用免税单位自用土地享受优惠政策,实现税收负担最小化。

【案例 5-27】 某企业厂区外有一块 10 000 平方米的空地,由于该地在厂区后面远离街道,位置不好,目前商业开发价值不大,所以一直闲置未用,现在主要供职工及家属以及周边的居民休闲娱乐之用。据调查得知,该地区的年城镇土地使用税为 2 元/平方米,每年企业须为这块地负担的城镇土地使用税为 10 000×2=20 000(元)。为此,企业管理人员请税务专家帮助进行税收筹划。

专家建议企业将 10 000 平方米的空地改造成公共绿化用地,植些树、栽些花草,这样,根据税法的规定,就可以享受暂免征收城镇土地使用税。

据初步测算,改造成绿化用地须投资 50 000 元,假设该企业预计三年后开发该地块,三年可节省城镇土地使用税 20 000×3−50 000=10 000(元)。另外,改造成绿化用地,不仅美化了环境,而且为职工、周边居民做了一件大好事,有利于提高企业的美誉度,有利于得到当地政府和社会的认同,更为企业节省了税收支出,可谓一举多得。

第七节 耕地占用税的税收筹划

耕地占用税是对占用耕地建房或从事其他非农业建设的单位和个人就其实际占用耕地的面积,在获准占用耕地环节一次性征收的一种税,它属于对占用特定土地资源行为的课税,兼具资源税和行为税的性质。

一、利用地区差别税额

开征耕地占用税是政府运用税收经济杠杆保护耕地资源的一项举措。但就国内的不同地区而言,由于我国地域辽阔,人口和耕地资源在各地区之间的分布极不均衡,各地区之间不仅人均占有耕地面积相差悬殊,而且耕地的质量也有很大差别。因此,耕地占用税对不同地区的调节力度应有所区别。基于这一情况,并考虑到不同地区之间经济发展水平和纳税人负担能力方面的差别,耕地占用税实行从量定额课征制,在税率设计上,根据不同地区的实际情况,采用地区差别税额。具体规定为:以县为单位,人均耕地不超过1亩的地区(以县级行政区域为单位,下同),每平方米课税10~50元;人均耕地超过1亩但不超过2亩的地区,每平方米课税8~40元;人均耕地超过2亩但不超过3亩的地区,每平方米课税6~30元;人均耕地超过3亩以上的地区,每平方米课税5~25元。经济特区、经济技术开发区和经济发达、人均耕地特别少的地区,适用税额可以适当提高,但最多不得超过上述规定税额的50%。占用基本农田的,按照当地适用税额的150%征收。

为了平衡不同的地区纳税人之间的税收负担,避免毗邻地区税额过于悬殊,税法还核定了各省、自治区、直辖市每平方米耕地的平均税额:上海市45元;北京市40元;天津市35元;浙江(含宁波市)、福建、江苏、广东(含广州市)四省均为30元;湖北(含武汉市)、湖南、辽宁(含沈阳市、大连市)三省均为25元;河北、山东(含青岛市)、江西、安徽、河南、四川、重庆市七省市均为22.5元;广西、海南、陕西(含西安市)、贵州、云南四省(自治区)均为20元;山西、黑龙江(含哈尔滨市)吉林三省均为17.5元;甘肃、宁夏、内蒙古、青海、新疆、西藏6省(自治区)均为12.5元。各省、自治区、直辖市内部县级行政区域的适用税额,按照税法和各省、自治区、直辖市人民政府的规定执行。

上述规定表明,耕地占用税的负担水平在不同地区之间是有明显差别的。税收筹划主体可以根据自身的条件,利用耕地占用税的这一特点开展税收筹划。其基本方法是选择以耕地占用税低税区域为设立地点。在全国范围内,由于不同省份之间的税收负担最大可相差2至3倍,一个企业如果设立于低税负区域就会获得显著的税收环境优势。此外,只要对耕地占用税税负在不同地区间的分布状况稍加分析就可以发现,我国实施西部大开发战略划定的西部地区,基本上都包含在耕地占用税的低税负地区之内。这意味着税收筹划主体如果投资设立于这些地区,除降低耕地占用税负担之外,还能够享受到政府为促进西部大开发战略实施而制定的其他税收优惠政策。在一个县、市范围内,耕地占用税的税负水平在不同种类的耕地之间也有高低之分。通常:城市用地税负水平高于非城市用地;经济收益较高的菜地税负水平高于一般农业用地;城市近郊的耕地税负水平高于远郊的耕地。企业应根据自身特点及其对投资环境的要求来尽量选择占用税负水平较低的耕地。

二、利用税收优惠规定

税法规定,下列情形免征耕地占用税:
(1) 军事设施占用耕地;
(2) 学校、幼儿园、社会福利机构、医疗机构占用耕地。
税法规定,下列情形减征耕地占用税。
(1) 铁路线路、公路线路、飞机场跑道、停机坪、港口、航道、水利工程占用耕地,减按每平方米2元的税额征收耕地占用税。
(2) 农村居民占用耕地新建住宅,按照当地适用税额减半征收耕地占用税。其中,农村居民经批准搬迁,新建自用住宅占用耕地不超过原宅基地面积的部分,免征耕地占用税。

农村烈士家属、残疾军人、鳏寡孤独以及革命老根据地、少数民族聚居区和边远贫困山区生活困难的农村居民,在规定用地标准以内新建住宅,缴纳耕地占用税确有困难的,经所在地乡(镇)人民政府审核,报经县级人民政府批准后,可以免征或者减征耕地占用税。

免征或者减征耕地占用税后,纳税人改变原占地用途,不再属于免征或者减征耕地占用税情形的,应当按照当地适用税额补缴耕地占用税。

税收筹划主体应当积极创造条件,争取利用上述税收优惠政策,规避耕地占用税。

第八节 车船税的税收筹划

车船税是对我国境内的车辆、船舶的所有人或者管理人征收的一种财产税。

一、合理选择车船规格

车船税实行从量定额课征制,对不同类别的应税车辆和船舶,分别采用不同计税标准,按规定的单位税额(定额税率)计算应纳税额。其中,对摩托车和载客汽车(含电车)以"辆"为计税标准;对载重汽车、专项作业车、三轮汽车、低速货车以准备质量为计税标准,对船舶以净吨位为计税标准。车船税单位税额的确定,体现了"量能负担""公平税负"的税收原则。对同一类型应税车船,依据其运载客、货的能力以及由此而决定的获利能力,并考虑其受益于公共交通设施的程度不同,分别规定高低不等的差别税额。

如乘用车中,按发动机汽缸容量(排气量)的不同分为 7 档:气缸容量在 1.0 升(含)以下的,每辆年基准税额为 60～360 元;气缸容量在 1.0 升以上至 1.6 升(含)的,每辆年基准税额为 300～540 元;汽缸容量在 1.6 升以上至 2.0 升(含)的,每辆年基准税额为 360～660 元;汽缸容量在 2.0 升以上至 2.5 升(含)的,每辆年基准税额为 660～1 200 元;汽缸容量在 2.5 升以上至 3.0 升(含)的,每辆年基准税额为 1 200～2 400 元;汽缸容量在 3.0 升以上至 4.0 升(含)的,每辆年基准税额为 2 400～3 600 元;汽缸容量在 4.0 升以上的,每辆年基准税额为 3 600～5 400 元。

而对于船舶,税法规定按净吨位大小划分为 4 个税级:净吨位小于或者等于 200 吨的,每吨每年 3 元;净吨位在 201～2 000 吨的,每吨每年 4 元;净吨位在 2 001～10 000 吨的,每吨每年 5 元;净吨位在 10 001 吨及以上的,每吨每年 6 元,船舶越大,适用的单位税额越高。

这种课征制度的征收效果实际上等同于全额累进税制。船舶计税吨位如果超过两个相邻税级的临界点,税收负担的提升幅度将大大超过税基的增加幅度。鉴于此,纳税人在进行应税车辆和船舶购置决策时,应考虑税收负担因素,就车船运载能力、价格和预期税收负担等进行综合筹划,合理确定拟购车船的规格,力求在满足运力要求的前提下,尽量节省税收开支,提高经济效益。

【案例 5-28】 某内河航运公司计划购置一艘轮船,有 2 000 吨和 2 008 吨两种规格的轮船可供选择,两者的性能价格比基本相同。经测算,两艘船的车船税负担相差悬殊:

2 000 吨的机动船适用税额为 4 元每吨,每年应纳车船税税额为:2 000×4＝8 000(元)。

2 008 吨的机动船适用税额为 5 元每吨,每年应纳车船税税额为:2 008×5＝10 040(元)。

考虑到车船税属于定期、连续缴纳的税种,从长远计议,公司决定购买 2 000 吨的轮船。

二、选择车船税的纳税地点

车船税属于地方税,该税种的征收管理比较充分地体现了因地制宜的政策原则,赋予了地方政府较多的税收管理权限。首先,地方政府在一定限度内的享用税率确定权。如税法规定,车辆适用的税率由各省、自治区、直辖市人民政府在该条例所附的车辆税额表规定的幅度内确定。其次,地方政府享有一定的税收减免权和征收范围调整权。如税法规定:车船税的纳税人纳税确有困难的,可由各省、自治区、直辖市人民政府确定,定期减税或免税;对个人自有自用的自行车和其他非营业用非机动车,征收或免征车船使用税,由各省、自治区、直辖市人民政府确定。再次,车船税实行按年征收、分期预缴,但其具体征收期限由各省、自治区、直辖市人民政府自行确定。最后,税法赋予各省、自治区、直辖市人民政府制定《车船税暂行条例》的实施细则的权利。上述规定使地方政府对车船税的管理拥有较多的自主权,而由于经济发展水平、纳税人的税收承受能力、政府财政状况及政策目标选择等方面的差异,各地政府所确定的车船税的负担水平必然存在差距。纳税人可利用车船税的这一特点开展税收筹划。

不同的纳税人具有不同的税负结构,车船税对不同行业纳税人总体税负的影响程度是不同的。对从事水、陆交通运输行业的企业而言,由于船舶和车辆是其主要固定的资产,车船税在其税负结构中占有比其他行业更高的比重。因此,从事水、陆交通运输的企业在投资、设立环节,应将车船税负担作为进行投资决策的重要影响因素,通过收集、分析不同地区的车船税政策、法规信息,测算预期税负水平,筛选出其中的低税负区域,作为备选投资地区。在此基础上,权衡综合投资环境,确定企业机构所在地和经营地。现有企业亦可采取在低税负地区设立分支机构的方法进行车船税的税收筹划。

三、利用税收优惠规定

车船税的税收优惠政策主要包括法定免税和特定减免两种。

(一) 法定免税

(1) 捕捞、养殖渔船。捕捞、养殖渔船是指在渔业船舶登记管理部门登记为捕捞船或者养殖船的渔业船舶。

（2）军队、武装警察部队专用的车船。军队、武装警察部队专用的车船是指按照规定在军队、武装警察部队车船管理部门登记，并领用军用牌照、武警牌照的车船。

（3）警用车船。警用车船，是指公安机关、国家安全机关、监狱、劳动教养管理机关和人民法院、人民检察院领取警用牌照的车辆和执行警务的专用船舶。

（4）依照法律规定应当予以免税的外国驻华使领馆、国际组织驻华代表机构及其有关人员的车船。有关法律是指《中华人民共和国外交特权与豁免条例》和《中华人民共和国领事特权与豁免条例》。

（5）对节约能源的车船，减半征收车船税；对使用新能源的车船，免征车船税；对受严重自然灾害影响纳税困难以及有其他特殊原因确需减税、免税的，可以减征或者免征车船税。

（6）省、自治区、直辖市人民政府根据当地实际情况，可以对公共交通车船，农村居民拥有并主要在农村地区使用的摩托车、三轮汽车和低速载货汽车定期减征或者免征车船税。

（二）特定减免

对经批准临时入境的外国车船和香港特别行政区、澳门特别行政区、台湾地区的车船，不征收车船税。

本 章 小 结

本章主要介绍土地增值税、房产税、印花税、契税、资源税、城镇土地使用税、耕地占用税、车船税的税收筹划技巧。各税种的筹划应紧密围绕其税制特点并结合纳税人的业务特色合理开展。

土地增值税税收筹划的思路主要包括：充分利用税收优惠、扩大费用扣除、合理划分项目核算单位、适当分拆销售收入、改变经营方式等。

房产税税收筹划的思路主要包括：合理选择设立地点、合理确定房产原值、合理确定租金收入、合理选择经营方式、充分利用税收优惠等。

印花税税收筹划的思路主要包括：避免签订应税凭证、充分利用税收优惠、合理划分不同税目金额、纳税递延、减少计税依据等。

契税税收筹划的思路主要包括：充分利用法定减免和改制企业税收优惠、改变交易方式等。

资源税、城镇土地使用税、耕地占用税、车船税的税收筹划主要围绕税收优惠和计税依据的特殊规定展开。

练 习 题

1. 简述土地增值税的税收筹划要点。
2. 简述房产税的税收筹划要点。
3. 简述印花税的税收筹划要点。
4. 简述契税的税收筹划要点。

5. 简述资源税的税收筹划要点。

6. 简述城镇土地使用税的税收筹划要点。

7. 简述车船税的税收筹划要点。

8. 某房地产开发商共开发 20 000 平方米的普通居民住宅,其成本费用开支为:地价款 3 600 万元,开发成本 5 000 万元,开发费用 450 万元,总计利息支出 920 万元。该房地产开发商为销售房地产确定了三种销售定价方案:

方案一:14 000 元/平方米;方案二:15 000 元/平方米;方案三:16 000 元/平方米。

(1) 该房地产开发商应选择哪一种定价方案使其利润最大化?

(2) 如果出于市场需求心理考虑,房价不宜降低,必须实行 16 000 元/平方米的定价策略,那么,采取什么措施可以使此方案下开发商的利润回报更高?

9. 甲企业在某市经济开发区内投资一处房产,经营仓储业务,房产原值为 3 000 万元,由于该城市市政规划后来发生重大变化,其经营的仓储业务逐渐冷落,每年收入均不足 80 万元,且在可预计的将来也难以超过这一水平。现有一专业物流公司看中该房产,双方约定年费用为 80 万元。请问在这种情况下,甲企业应该怎样进行税收筹划以降低其房产税税负?

10. 某厨卫设备厂与某建筑公司签订了一份加工承揽合同,合同规定:厨卫设备厂负责加工一批厨卫设备,加工所需原材料由厨卫设备厂提供,厨卫设备厂共收取加工费及原材料费 100 万元。请问,该份合同厨卫设备厂应纳多少印花税?该厨卫设备厂应如何进行税收筹划?

第六章

企业生命周期的税收筹划

企业从创办设立到发展壮大,再到破产清算,形成完整的生命周期。在企业生命周期中,企业的设立、投资、筹资、经营、购并、清算各环节均存在涉税事务,处理得当可以免除或减轻税收负担,获得相应的税收利益。

第一节　企业设立的税收筹划

企业在设立过程中会面临组织形式、设立规模、行业及地点选择、设立子公司与分公司的选择等问题,这些方面都与税收筹划有关。不同的组织形式涉及缴纳企业所得税还是个人所得税的选择;不同的规模涉及按增值税一般纳税人还是按小规模纳税人计算增值税的问题,也涉及能否按小型微利企业享受缴纳企业所得税优惠政策的问题;企业行业、设立地点则可能涉及能否享受企业所得税相关税收优惠政策的问题;设立分公司或子公司,从税收筹划角度来看也各有利弊。

一、组织形式的税收筹划

企业的组织形式一般包括股份有限公司、有限责任公司、私营企业、个人独资企业和个人合伙企业。企业不同的组织形式适用不同的所得税税种,进行税收筹划时可根据不同税种的税负避重就轻。

按照现行税法的规定,个人独资企业和合伙企业不缴纳企业所得税,而是按五级超额累进税率缴纳个人所得税,应纳税所得额超过 50 万元的适用的最高边际税率为 35%;而股份有限公司、有限责任公司、私营企业则缴纳企业所得税,缴纳企业所得税后对个人的分红另按"股息、红利所得"按 20% 的税率缴纳个人所得税。小型微利企业在 2021 年年底前,年应纳税所得额不超过 100 万元的部分,减按 25% 计入应纳税所得额,按 20% 的税率缴纳企业所得税;对年应纳税所得额超过 100 万元但不超过 300 万元的部分,减按 50% 计入应纳税所得额,按 20% 的税率缴纳企业所得税。尽管如此,就税收筹划而言,如果由个人出资成立企业,设立个人独资企业或合伙企业,则只缴一种个人所得税,较之成立有限责任公司缴纳企业所得税和个人所得税仍然更为有利。

【案例 6-1】 三人拟各出资 20 万元合伙办厂,预计每年企业可获利 300 000 元。方案 1,订立合伙协议,设立合伙企业。方案 2,设立小型有限责任公司。请从税收筹划角度考虑以何种企业组织形式为优。

方案 1:

合伙企业每人应纳税所得额=300 000÷3－5 000×12=40 000(元)

三人合计应纳个人所得税=(40 000×10%－1 500)×3=7 500(元)

方案 2:

小型有限责任公司应纳企业所得税=300 000×25%×20%=15 000(元)

公司税后利润全部分配给三人合计应纳个人所得税=[(300 000－15 000)÷3×20%]×3=57 000(元)

方案 2 合计应纳税 72 000 元。

方案比较:选择方案 1 可节税 64 500 元。

二、企业规模的税收筹划

企业设立规模的大小主要涉及增值税和企业所得税的税收筹划问题。

现行税法规定,增值税的纳税人分为两类。增值税小规模纳税人采用简易办法计征,依销售额和 3% 的征收率计算应纳税额。增值税一般纳税人根据销项税额和进项税额据实计算,工业企业增值率高、商业企业进销差率高的,其增值税税负就重,增值率低、进销差率小的,其增值税税负就轻。对于纳税人,如果新设立企业规模处于小规模纳税人年销售额标准临界点附近,就应当根据企业增值率情况选择经营规模,决定是按增值税一般纳税人还是按小规模纳税人缴税。根据测算,以企业销售业务、购进业务按 13% 的税率计算销项税额、进项税额为例,在现行小规模纳税人按 3% 征收率计税的情况下,增值税一般纳税人与小规模纳税人的税负无差别平衡点是增值率为 25.32%,此时,按一般纳税人计税与按小规模纳税人计税应纳税额相同。当增值率大于 25.32% 时,按一般纳税人纳税的税负重于按小规模纳税人纳税税负,此时应尽量使企业设立的规模不超过小规模纳税人年销售额,以便按小规模纳税人纳税。

企业设立规模对企业所得税税率的适用也有直接影响。现行税法规定,企业所得税原则上适用 25% 的税率,但国家为了扶持中小企业的发展,符合条件的小型微利企业 2021 年年底前可享受税收优惠政策:年应纳税所得额不超过 100 万元的部分,减按 25% 计入应纳税所得额,按 20% 的税率缴纳企业所得税;对年应纳税所得额超过 100 万元但不超过 300 万元的部分,减按 50% 计入应纳税所得额,按 20% 的税率缴纳企业所得税。上述小型微利企业是指从事国家非限制和禁止行业,且同时符合年度应纳税所得额不超过 300 万元、从业人数不超过 300 人、资产总额不超过 5 000 万元等三个条件的企业。因此，企业设立时如果需要享受税收优惠照顾，在资产总额、从业人数方面就应不超过税法规定的临界点。

三、设立地点与行业的税收筹划

货物与劳务税的税收优惠政策相对较少，但企业所得税仍然有不少税收优惠政策。企业所得税税收优惠政策以行业为主、区域为辅，企业从事什么行业、设立在什么地点直接影响企业能否享受所得税优惠政策。

企业所得税的行业税收优惠政策主要体现在对从事农业项目、公共基础项目以及节能节水和环境保护方面给予照顾。现行含金量较高的区域税收优惠政策主要体现为西部大开发税收优惠政策和经济特区的税收优惠政策。上述税收优惠政策以及今后出台的税收优惠政策如果能够用足、用好，有利于免除或减轻企业的所得税负担，可供企业在选择设立地点及行业时参考。

四、设立分公司与子公司的税收筹划

企业设立分公司还是设立子公司，其涉税处理存在重大差异，税收筹划的空间较大。

分公司是指受总公司管辖的分支机构。分公司可以有自己的名称，但不具备法人资格，其经营成果原则上应并入总公司计算缴纳企业所得税，分公司不是独立的企业所得税纳税人。设立分公司在税收筹划中的优点是分公司的亏损可以冲抵总公司的利润，从而减轻企业所得税的整体税收负担。设立分公司在税收筹划中的不利之处是：分公司不是独立的法人，不是企业所得税的纳税人，分公司不能单独享受相应的税收优惠；分公司与总公司是同一个法人，难以通过转让定价进行避税。

母公司和子公司是各自独立的法人，各自以其独立的财产承担责任，互不连带。作为独立法人的子公司，在税收筹划中既有有利因素，也有不利因素。子公司在税收筹划中的优点是可单独享受税收的减免等权利，而且子公司向母公司支付的特许权使用费、利息及其他间接费用等容易得到税务部门的认可；子公司在税收筹划中的不利因素主要是子公司的亏损不能冲抵母公司的利润。

总、分公司税收筹划的有利因素往往是母、子公司税收筹划的不利因素，而总、分公司税收筹划的不利因素往往却是母、子公司税收筹划的有利因素，两者优劣互现，从税收筹划角度考虑哪种投资方式更优，应视具体投资情况而定。一般地，跨国投资在国外以设立子公司较设立分公司更为有利；而对境内投资，则应综合考虑相关情况。公司设立初期，投入产出效益不明显，亏损往往较多，如果设立分公司，其亏损可以冲抵总公司的利润，从而获得延迟纳税的好处。但是，如果新设立的公司可以适用低于公司总部的税率，或需要享受企业所得税优惠照顾，则应设立具有独立法人资格的子公司。

【案例 6-2】 A 公司是大型企业，拟增设一个分支机构 B 公司（小型企业），A 公司适用 25% 的企业所得税税率。假设 A 公司今后五年每年盈利 100 万元，B 公司前两年均亏损 40

万元、后三年均盈利 40 万元,请问:B 公司是设立分公司还是设立子公司更有利?

方案 1:设立不具法人资格的分公司,分公司不缴税,由总公司缴纳企业所得税。

A 公司第一年、第二年分别应纳企业所得税=(100-40)×25%=15(万元)

A 公司第三年、第四年、第五年分别应纳企业所得税=(100+40)×25%=35(万元)

A 公司五年合计应纳企业所得税=15×2+35×3=135(万元)

方案 2:设立具有法人资格的子公司,由 A 公司和 B 公司分别缴税。

A 公司第一年至第五年每年分别应纳企业所得税=100×25%=25(万元)

B 公司第一年至第四年由于发生亏损或弥补以前年度亏损而无须缴税。

B 公司第五年应纳企业所得税=40×25%×20%=2(万元)

A 公司和 B 公司五年合计应纳企业所得税=25×5+2=127(万元)

筹划方案比较:方案 2 由于新设分支机构享受小型微利企业税收优惠政策,比方案 1 少缴纳企业所得税 8 万元,方案 2 优于方案 1。

【案例 6-3】 A 公司拟增设一个分支机构 B 公司,A 公司适用 25% 的企业所得税税率,B 公司拟设立为国家重点扶持的高新技术企业。假设 A 公司今后五年每年盈利 100 万元,B 公司前两年均亏损 40 万元、后三年均盈利 40 万元,请问:B 公司是设立为分公司还是设立为子公司更有利?

方案 1:设立不具法人资格的分公司,分公司不缴税,由总公司缴纳企业所得税。

A 公司第一年、第二年分别应纳企业所得税=(100-40)×25%=15(万元)

A 公司第三年、第四年、第五年分别应纳企业所得税=(100+40)×25%=35(万元)

A 公司五年合计应纳企业所得税=15×2+35×3=135(万元)

方案 2:设立具有法人资格的子公司,由 A 公司和 B 公司分别缴税。

A 公司第一年至第五年每年分别应纳企业所得税=100×25%=25(万元)

B 公司第一年至第四年由于发生亏损或弥补以前年度亏损而无须缴税。

B 公司第五年应纳企业所得税=40×15%=6(万元)

A 公司和 B 公司五年合计应纳企业所得税=25×5+6=131(万元)

方案比较:方案 2 优于方案 1,五年共少缴企业所得税 4 万元。因为 B 公司设立为独立的法人,每年均按 15% 的优惠税率缴纳企业所得税;而如果设立为不具法人资格的分公司,B 公司就不能享受减按 15% 税率缴纳企业所得税的税收优惠。

第二节 企业筹资的税收筹划

企业从事生产经营活动,须筹集资金。企业筹资方式有二,其一是所有者权益资金的筹集方式(简称"权益筹资"),包括吸收直接投资、发行股票、利用留存收益;其二是负债资金的筹集方式(简称"负债筹资"),包括银行借款、发行债券、融资租赁和商业信用。企业筹资要付出一定的代价,这就是所筹集资金的资金成本,包括资金使用费用和筹资费用。资金成本高低一般用筹资费用率、资金使用报酬率、资金成本率等指标来衡量。其中:筹资费用率是筹资费用与筹资总额的比率;资金使用报酬率是使用资金支付的报酬与筹资总额的比率;资金成本率是指资金使用者所支付的报酬与所取得的资金实有额的比率。一般来说,只有当筹资带来的预期收益率高于资金成本率时,才能给企业增加收益。不同的筹资方式由于其筹资成本在所得税前列支的规定略有不同,合理利用税收对不同筹资方式下资金成本率的影响程度差异来安排筹资方式,可以减轻企业所得税负担。

一、负债筹资的税收筹划

企业负债筹资的财务杠杆效应主要体现在两方面:一是节税功能;二是提高权益资本收益率的效应。节税功能反映为负债利息计入财务费用可减少应纳税所得额,从而减少企业所得税。在息税前投资收益率[①]不低于负债成本率的前提下,负债比率越高、负债金额越大,企业权益资本收益率也将提高越多,而且由于税前列支的筹款费用较多而节税效果较好。企业负债筹资可分为短期负债筹资、长期负债筹资、发行债券筹资,不同负债筹资方式的税收筹划侧重点各不相同。

(一) 短期负债筹资的税收筹划

短期负债筹资包括短期借款、企业间资金拆借以及商业信用等筹资行为。短期负债筹资具有筹资便捷、利息较低、利息可税前列支等特点,其不利之处是借款期偏短、还款压力较大。

1. 短期借款

短期借款是指企业根据借款合同向银行和其他非银行金融机构借入的期限在一年以内的款项。短期借款的利率较长期借款低,借款成本较低且借款利息不存在资本化问题,可在当期计入财务费用,直接在企业所得税前列支。短期借款也应适度,规模过大将增加较多财务费用,影响企业盈利水平,此外,还要防止还款期过度集中造成即期支付危机。

2. 企业间资金拆借

企业间资金拆借是指向有闲置资金的企业借款的业务。现行税法规定,非金融企业向金融企业借款的利息支出允许税前据实列支;非金融企业向非金融企业借款的利息支出,不超过按照金融企业同期同类贷款利率计算的数额部分,允许税前列支。一般来说,企业间资金拆借的利息往往高于银行同期贷款利率,资金成本相对较高,而且高于银行同期贷款利率的部分不允税前列支,因此,应尽可能少地向其他企业拆借资金。在税收筹划实践中,也有一些关联企业利用企业间资金拆借避税,所得税率较低的企业将资金拆借给所得税率较高的关联企业,从而将高税企业的利润转移至低税企业,可以从总体上减轻企业所得税负担。但是,如果税收征管严格,企业拆借资金取得的利息收入不仅须缴纳企业所得税,同时还要

[①] 息税前投资收益是指尚未进行利息费用扣除的所得税前投资收益,即税前利润与利息费用之和。息税前投资收益率是息税前投资收益与投资额的比率。

缴纳增值税及城市维护建设税、教育费附加,因此,这种关联企业拆借资金避税的业务是得不偿失的。此外,针对关联企业利用资金拆借进行资本弱化避税问题,税法还专门制定了相关的反避税措施。《企业所得税法》规定,企业从其关联方接受的债权性投资与权益性投资的比例超过规定标准而发生的利息支出,不得在计算应纳税所得额时扣除。接受关联方债权性投资与其权益性投资比例为:金融企业为5∶1;其他企业为2∶1。企业间资金拆借业务的一种可行的避税做法是零息贷款,即以零息换取企业间业务往来的其他利益,借入方零息借入资金,可适当压低产品价格销售产品给对方等。

3. 商业信用

商业信用是指在企业间正常经营活动中由于延期付款或预收货款所形成的借贷行为,如应付账款、应付票据、预收账款等。商业信用无须签订专门的借款合同,无须办理筹资手续,资金成本为零。但商业信用也不宜过多透支,经常拖欠货款会因失信而影响企业的形象和声誉,而且在存在现金折扣的情况下,不按期支付货款还有失去现金折扣的机会成本。

(二) 长期借款筹资的税收筹划

长期借款是指企业根据借款合同向银行或其他非金融企业借入的期限在一年以上的款项。长期借款的优点是企业可以在较长时间内占用资金、借款利息及借款费用可以在税前列支或资本化以后通过提取折旧进而减少应纳税所得额,其缺点是借款利率高于短期借款利率、借款较多往往财务风险较大。长期借款筹资在进行税收筹划时,应考虑筹资规模(负债比率)、筹资成本问题。

1. 筹资成本相同的筹资规模筹划

负债筹资最重要的杠杆作用在于提高权益资本收益率。在息税前投资收益率大于负债成本率的情况下,负债投资新增的收益减去负债成本后必然会有盈利,这一新增的息后盈利与权益资本的比率就是负债新增的权益资本收益率。

从理论上说,息税前投资收益率大于负债成本率时,负债越多,负债占总资产的比率越大,新增收益越多,投资收益率也就越大。

【案例6-4】 某公司实收资本3 000万元,经营效益良好,其息税前投资收益率为10%,现拟借款扩大生产规模,借款利率为年息6%,筹资方案有三:方案1,借入资金1 000万元,资产负债率为1/4;方案2,借入资金1 500万元,资产负债率为1/3;方案3,借入资金3 000万元,资产负债率为1/2。请问:何种方案对企业有利?

方案1:

息税前投资收益=(3 000+1 000)×10%=400(万元)

利息支出=1 000×6%=60(万元)

税前权益资本收益率=(400−60)÷3 000=11.33%

应纳企业所得税=(400−60)×25%=85(万元)

税后利润=400−60−85=255(万元)

税后权益资本收益率=255÷3 000=8.5%

方案2：

息税前投资收益＝(3 000＋1 500)×10%＝450(万元)

利息支出＝1 500×6%＝90(万元)

税前权益资本收益率＝(450－90)÷3 000＝12%

应纳企业所得税＝(450－90)×25%＝90(万元)

税后利润＝450－90－90＝270(万元)

税后权益资本收益率＝270÷3 000＝9%

方案3：

息税前投资收益＝(3 000＋3 000)×10%＝600(万元)

利息支出＝3 000×6%＝180(万元)

税前权益资本收益率＝(600－180)÷3 000＝14%

应纳企业所得税＝(600－180)×25%＝105(万元)

税后利润＝600－180－105＝315(万元)

税后权益资本收益率＝315÷3 000＝10.5%

方案比较：由于息税前投资收益率大于借款利率，借款较多的方案，其税前权益资本收益率也就较高，尽管缴纳的企业所得税增多，但由于税前利润相对较多，其按25%比例税率缴纳企业所得税后，税后利润也相应较多，自然其税后权益资本收益率也就较高。因此，方案2优于方案1，方案3又优于方案2。

本例的前提是"息税前投资收益率大于借款利率"。但是，实践中随着负债比率的提高、借款增多、借款难度增大，往往借款利息会提高，一旦负债成本率高于息税前投资收益率，就会使负债筹资呈现出负杠杆效应，此时，负债会导致企业盈利水平的降低。

2. 筹资成本不同情况下的税收筹划

在资产负债率一定的情况下，负债成本率越高，企业支付的利息成本也就越多，企业的盈利水平就会下降。当债务成本率高于息税前利润率时，将导致息后税前利润率低于息税前利润率，因为借债投资所增加的息前利润不足以支付债务的利息成本，此时借债越多，对企业利润的减少也就越多。

即使在负债成本率低于息税前利润率的前提下，权益资本收益率的变化也受两方面因素影响。一方面，借债越多，资产负债率越高，权益资本的投资收益率就越高；另一方面，负债成本率的较高方案，其权益资本收益率会相对较低。因此，须考虑负债率与负债成本率对税收筹划的综合影响。

【案例6-5】 有三个企业，息税前投资收益率均为10%，适用25%的企业所得税税率，均拟形成8 000万元资产的规模。三个企业的资本结构如下：企业A，通过借款2 000万元、自有股本6 000万元，资产负债率为25%，借款利率为6%；企业B，通过借款4 000万元、自有股本4 000万元，资产负债率为50%，借款利率为年息9%；企业C，通过借款6 000万元，自有股本

2 000万元,资产负债率为75%,借款年息10%。请问：哪个企业的资本结构最佳？

企业A：

息税前投资收益=(2 000+6 000)×10%=800(万元)

利息支出=2 000×6%=120(万元)

税前权益资本收益率=(800−120)÷6 000=11.33%

应纳企业所得税=(800−120)×25%=170(万元)

税后利润=800−120−170=510(万元)

税后权益资本收益率=510÷6 000=8.5%

企业B：

息税前投资收益=(4 000+4 000)×10%=800(万元)

利息支出=4 000×9%=360(万元)

税前权益资本收益率=(800−360)÷4 000=11%

应纳企业所得税=(800−360)×25%=110(万元)

税后利润=800−360−110=330(万元)

税后权益资本收益率=330÷4 000=8.25%

企业C：

息税前投资收益=(6 000+2 000)×10%=800(万元)

利息支出=6 000×10%=600(万元)

税前权益资本收益率=(800−600)÷2 000=10%

应纳企业所得税=(800−600)×25%=50(万元)

税后利润=800−600−50=150(万元)

税后权益资本收益率=150÷2 000=7.5%

方案比较：企业C由于借贷较多，利息可税前列支，节税效果较好，仅缴纳企业所得税50万元，但由于借款利率相对较高，与息税前利润率相等，不能发挥财务杠杆的正效应，其税后权益资本收益率仅为7.5%，不是理想的方案。企业A与企业B的借款利息率均低于息税前利润率，因此可以发挥财务杠杆正效应，税前利润率与税后利润率均高于企业C；企业B尽管资产负债率较高，有利于权益资本率的提高，但由于其借款利率9%偏高，较高的负债成本率减弱了一部分财务杠杆的正效应，其利息支出成本后的税前权益资本收益率及税后权益资本收益率均低于企业A。综合而言，企业A的资本结构最优。

(三) 发行债券筹资的税收筹划

发行债券筹资是企业根据法定程序发行具有一定期限的有价证券的筹资行为。债券筹资的期限一般长于一年,企业可以在较长时间内占用资金,其支付的利息一般会高于其他借债筹资的利息,且允许在税前列支。但是,企业发行债券必须具备一定的条件,并非全部企业都能通过发行债券筹资,如股份公司需要发行债券,其净资产额不能低于3 000万元,而有限责任公司净资产不能低于6 000万元；累计债券总额不得超过公司净资产额的40%。债券筹资须支付利息,其利息费用不仅包括根据票面利率计算的利息,还应包括溢价、折价的摊销。当债券票面利率与发行时市场利率相同时,债券按面值发行;当债券票面利率高于市场利率时,债券溢价发行,企业对其将来多付的利息事先获得补偿;当债券票面利率低于市场利率时,债券折价发行,企业对其将来少付的利息给予补偿。溢价或折价摊销计入财务费用,冲减利息费用或增加利息费用。债券溢价、折价摊销的方法可以选择直线摊销法,也可选择实际利率法,摊销方法的不同对企业所得税的影响不同。

1. 债券溢价摊销的税收筹划

债券溢价发行的直线摊销法是指将债券的溢价按债券年限平均分摊到各年冲减利息费用的方法,其各年的利息费用是实付利息减去溢价摊销额的差额。债券溢价发行的实际利率摊销法是以应付债券的现值乘以实际利率计算出的利息和名义利息比较,将其差额作为溢价摊销额,其各年的利息费用是债券账面价值与市场利率的乘积。实际利率摊销法的特点是使负债递减,利息也随之递减,溢价摊销额则相应逐年递增。债券摊销方法不同,不会影响利息费用总和,但会影响各年度的利息费用摊销额。如果采用实际利率法,前几年的利息费用会大于直线法的利息费用,企业前期缴纳企业所得税较少,而后期缴纳企业所得税较多。由于存在货币时间价值,在正常情况下,企业采用实际利率法对债券的溢价进行摊销可获得延期纳税的利益。

【案例 6-6】 某企业 2019 年 1 月 1 日发行债券 100 000 元,期限 5 年,票面利率为 10%,每年支付一次利息。该企业按溢价 108 030 元发行,市场利率为 8%。请分别按直线摊销法和实际利率摊销法计算各年利息费用,并说明采用哪种方法更能节税。

方案 1:按直线法摊销溢价。

每年摊销溢价额 = 8 030 ÷ 5 = 1 606(元)

每年利息费用 = 100 000 × 10% − 1 606 = 8 394(元)

五年利息费用合计 = 8 394 × 5 = 41 970(元)

方案 2:按实际利率法摊销溢价。

第一年利息费用 = 108 030 × 8% = 8 642.4(元)

第一年溢价摊销额 = 100 000 × 10% − 8 642.4 = 1 357.6(元)

第二年利息费用 = (108 030 − 1 357.6) × 8% = 106 672.4 × 8% = 8 533.8(元)

第二年溢价摊销额 = 100 000 × 10% − 8 533.8 = 1 466.2(元)

第三年利息费用 = (108 030 − 1 357.6 − 1 466.2) × 8% = 105 206.2 × 8% = 8 416.5(元)

第三年溢价摊销额 = 100 000 × 10% − 8 416.5 = 1 583.5(元)

第四年利息费用 = (108 030 − 1 357.6 − 1 466.2 − 1 583.5) × 8%
= 103 622.7 × 8% = 8 289.8(元)

第四年溢价摊销额 = 100 000 × 10% − 8 289.8 = 1 710.2(元)

第五年溢价摊销额 = 8 030 − 1 357.6 − 1 466.2 − 1 583.5 − 1 710.2 = 1 912.5(元)

第五年利息费用 = 100 000 × 10% − 1 912.5 = 8 087.5(元)

五年利息费用合计 = 8 642.4 + 8 533.8 + 8 416.5 + 8 289.8 + 8 088.5 = 41 970(元)

方案比较：尽管按直线法摊销和按实际利率法摊销计算出的五年利息费用都是41 970元，但两种方法各年利息费用不同。直线法每年溢价摊销数额相等，其利息费用也相等，均为8 394元；实际利率法中各年的利息费用前多后少，其扣除利用费用后的应纳税所得额则前少后多，即前几年应纳企业所得税相对较少，具有延迟缴纳企业所得税的税收利益，节税效果较好。

2. 债券折价摊销的税收筹划

债券折价发行的直线摊销法是指将债券的折价按债券年限平均分摊到各年增加利息费用的方法，其各年的利息费用是各年实付利息加各年折价摊销额之和。债券折价发行的实际利率摊销法是以应付债券的现值乘以实际利率计算出的利息与名义利息比较，将其差额作为折价摊销额，其各年的利息费用是债券账面价值与市场利率的乘积。实际利率摊销法的特点是使负债递增，利息也随之递增，折价摊销额则相应逐年递减。债券折价摊销方法不同，不会影响利息费用总和，但会影响各年度的利息费用摊销额。如果采用实际利率法，前几年的折价摊销额少于直线法的摊销额，前几年的利息费用则少于直线法的利息费用，企业前期缴纳企业所得税较多，而后期缴纳企业所得税较少。由于存在货币时间价值，在正常情况下，企业采用直线摊销法比采用实际利率法更能获得延期纳税的利益。

【案例6-7】 某企业2019年1月1日发行债券100 000元，期限5年，票面利率为6%，每年支付一次利息。该企业按折价92 058元发行，市场利率为8%。请分别按直线摊销法和实际利率摊销法计算的各年利息费用，并说明采用哪种方法更能节税。

方案1：按直线法摊销折价。

每年摊销折价额＝(100 000－92 058)÷5＝7 942÷5＝1 588.4(元)

每年利息费用＝100 000×6%＋1 588.4＝7 588.4(元)

五年利息费用合计＝7 588.4×5＝37 942(元)

方案2：按实际利率法摊销折价。

第一年利息费用＝92 058×8%＝7 364.6(元)

第一年折价摊销额＝7 364.6－100 000×6%＝1 364.6(元)

第二年利息费用＝(92 058＋1 364.6)×8%＝93 422.6×8%＝7 473.8(元)

第二年折价摊销额＝7 473.8－100 000×6%＝1 473.8(元)

第三年利息费用＝(92 058＋1 364.6＋1 473.8)×8%＝94 896.4×8%＝7 591.7(元)

第三年折价摊销额＝7 591.7－100 000×6%＝1 591.7(元)

第四年利息费用＝(92 058＋1 364.6＋1 473.8＋1 591.7)×8%＝96 488.1×8%
　　　　　　　＝7 719(元)

第四年折价摊销额＝7 719－100 000×10%＝1 719(元)

第五年折价摊销额＝(100 000－92 058)－1 364.6－1 473.8－1 591.7－1 719
　　　　　　　＝1 792.9(元)

第五年利息费用＝100 000×6%+1 792.9＝7 792.9(元)

五年利息费用合计＝7 364.6+7 473.8+7 591.7+7 719+7 792.9＝37 942(元)

方案比较：尽管按直线法摊销和按实际利率法摊销计算出的五年利息费用都是37 942元，但两种方法各年利息费用不同。直线法每年折价摊销数额相等，其利息费用也相等，均为7 588.4元；实际利率法其各年的利息费用表现为前少后多，其应纳税所得额则前多后少，即前几年应纳企业所得税相对较多。因此，方案1选择直线法摊销折价可以使每年利息保持均衡，这样才不至于因前几年多缴企业所得税而造成税收利益损失。

二、权益筹资的税收筹划

企业权益筹资是指采用吸收直接投资、发行股票、利用留存收益等方式筹措资金。权益筹资方式有其特有的优点，其所筹资金企业可长期占用，无须还本；适当募集权益资本可调整企业资产负债结构，规避负债比率过高的财务风险；上市发行股票还可以提高企业的知名度，提升企业商誉。其不足之处是由于权益筹资的资金成本只能在所得税后列支，不能在税前扣除，因而相对于负债筹资而言，节税效果欠佳。对权益筹资进行税收筹划，主要应考虑两个方面，一是负债筹资与权益筹资如何抉择，二是在每股盈余目标确定的情况下如何确定负债规模与负债比率。

（一）负债筹资与权益筹资抉择的税收筹划

负债筹资与权益筹资的抉择，应比较两种筹资方案的税后权益资本收益率。一般来说，在借款利率低于息税前投资收益率的情况下，应尽量选择负债筹资；而在借款利率高于息税前投资收益率的情况下，应尽量选择权益筹资。

【案例6-8】 某企业现有资本金4 000万元，息税前投资收益率为10%，适用25%的企业所得税税率，拟再筹集4 000万元资金扩大生产，有三种资本结构备选方案。方案1，全部资金通过募集股本解决；方案2，通过借款1 000万元、募集股本3 000万元筹资，借款利率为6%；方案3，通过发行债券4 000万元筹资，债券年息为12%。请问：哪种方案对企业最佳？

方案1：

息税前投资收益＝(4 000+4 000)×10%＝800(万元)

利息支出＝0(万元)

税前权益资本收益率＝10%

应纳企业所得税＝800×25%＝200(万元)

税后利润＝800-200＝600(万元)

税后权益资本收益率＝600÷8 000＝7.5%

老股东税后收益＝4 000×7.5%＝300(万元)

方案 2：
息税前投资收益＝(4 000＋4 000)×10%＝800(万元)
利息支出＝1 000×6%＝60(万元)
税前权益资本收益率＝(800－60)÷(4 000＋3 000)＝14.28%
应纳企业所得税＝(800－60)×25%＝185(万元)
税后利润＝800－60－185＝555(万元)
税后权益资本收益率＝555÷7 000＝7.93%
老股东税后收益＝4 000×7.93%＝317.2(万元)

方案 3：
息税前投资收益＝(4 000＋4 000)×10%＝800(万元)
利息支出＝4 000×12%＝480(万元)
税前权益资本收益率＝(800－480)÷4 000＝8%
应纳企业所得税＝(800－480)×25%＝80(万元)
税后利润＝800－480－80＝240(万元)
税后权益资本收益率＝240÷4 000＝6%
老股东税后收益＝4 000×6%＝240(万元)

方案比较：方案 1 通过募集股本筹资，由于其所筹资资金的资金成本只能通过税后利润列支，筹资成本不具有节税效应，其税前权益资本收益率与税后权益资本收益率均只维持筹资前的水平，不能发挥财务杠杆的正效应。方案 3 通过负债筹资，利息可税前列支，节税效果较好，仅缴纳企业所得税 80 万元，但由于借款利率高于息税前利润率，其财务杠杆效应为负，导致税后权益资本收益率低于筹资前的息税前投资收益率 7.5%，其税后收益比通过募集股本所获利润少。方案 2 的借款利息率低于息税前利润率，因此可以发挥财务杠杆正效应，税前利润率与税后利润率均高于方案 1 与方案 3。经比较可知，方案 1 优于方案 3，而方案 2 又优于方案 1，方案 2 是最佳方案。

（二）确定负债规模与负债比率的税收筹划

在股份制企业，税后利润减去支付给优先股的股利即为普通股的股利，因此，普通股每股的盈余可用下式表示[①]：

$$EPS = [(Kr - Bi)(1 - T) - U] / N$$

其中：EPS 为普通股每股盈余；K 为投资总额；r 为预计息税前投资收益率；B 为负债总额；i 为负债利率；T 为企业所得税税率；U 为优先股股利支付额；N 为已发行普通股数。

因此，在考虑所得税因素的情况下，在进行权益资本规模、负债筹资规模的筹划时，我们可以根据普通股每股盈余目标来求出该目标下的合理负债规模 B。

---

① 盖地,付建设,苏喜兰.税务筹划.3 版.北京：高等教育出版社,2008.

由 $EPS=[(Kr-Bi)/(1-T)-U]/N$ 可推导出下式：

$$B=[Kr-(EPS\times N+U)(1-T)]/i$$

由于负债规模的衡量指标通常用资本负债率来表示，即：资本负债率＝$B/(K-B)$，据此可以算出普通股每股盈余目标下的资本负债率。

三、融资租赁的税收筹划

企业既可以从银行贷款直接购置设备，也可以用租赁的方式获得设备。当企业筹措贷款出现困难，就可考虑从外部租赁资产。租赁有经营性租赁与融资租赁两种不同的方式。

经营性租赁是一种以提供租赁物短期使用权为特点的租赁形式。通常情况下，经营租赁资产的所有权不转移，企业在租赁期满后，承租人不存在优先优惠购置权。租入方支付的租赁费用可以在税前扣除，但不能对租入的设备计提折旧，租入设备的损耗不能在税前扣除。

融资租赁将设备租赁给承租人具有融资性质和所有权转移的特点，合同期内，设备所有权属于出租人，承租人只拥有使用权，合同期满付清租金后，承租人有权按残值购入设备，以拥有设备的所有权。融资租赁的租金包括租赁设备的价款、价款利息和手续费。融资租赁对承租方而言可减轻一次性巨额投资的压力。融资租赁的租金不能在税前列支，但融资租入的设备视同购置设备处理，允许计提折旧计入当期成本。

经营性租赁一般属于短期租赁业务，而融资租赁是一种长期性租赁且资产所有权发生转移，两者在业务性质上有很大区别，尽管因两者在税收处理方面有不同的规定而存在税收筹划的空间，但具体筹划主要应视企业经营需要而定。就融资租赁决策而言，承租方融资租赁租进设备与借入资金购买资产没有差别，融资租赁可以看作借入资金的一种替代。进行税收筹划时，主要应将融资租赁与借入资金并购置资产相比较，从而选择费用较小的方式。一般来说，融资租赁稍优于贷款购置设备，贷款购置设备的现金流出量较大，而融资租赁租入设备每年的现金流出量相对较小。进行税收筹划时，应将融资租赁期限与还贷时间、融资租金和贷款利息进行比较选择，时间长、成本低者为优。

第三节 企业投资的税收筹划

企业投资按投资对象的不同和投资者对被投资者的生产经营是否实际参与控制与管理的不同，可以分为直接投资和间接投资。

直接投资是指通过购买经营资本物、兴办企业，掌握被投资企业的实际控制权的一种投资方式。直接投资对企业的生产经营活动进行直接管理和控制，投资者重点关注投资收益大小及投资风险高低，在进行税收筹划时须考虑生产经营活动所涉及的增值税的不同税目和税率，另外还要考虑是设立分公司还是设立全资子公司等。企业直接投资，如从事工业、商业、加工修理修配业则通常按13%的税率缴纳增值税,而若从事其他劳务服务行业及不动产行业则依相对较低的税率缴纳增值税,两者税款计算方法及税负轻重不同,可以通过税负平衡点方法进行测算,判别从事何种行业税负较轻。由于从事什么行业主要取决于投资者的投资兴趣、投资经验、投资能力,按何种税目征收增值税的税收筹划相对而言不是影响投资决策的主要因素。至于新投资企业如何征收企业所得税,由于设立分公司和设立子公司的涉税处理存在重大差异,税收筹划的空间较大,前文已专门阐述,本节不再赘述。

间接投资是指对股票或债券等金融资产的投资。间接投资根据投资对象的不同,又可分为股票投资、债券投资(国债投资、金融债券投资、公司债券投资)和其他金融资产的投资。间接投资的投资者关注的重点也是投资收益大小和投资风险高低,但由于其不直接让被投资对象参与实际控制与管理,因此,其税收筹划一般仅涉及所收取的股息、利息的所得税及股票、债券的资本增益纳税问题。此外,闲置房产是用于出租还是用于对外投资也面临投资决策的选择问题。

一、长期股权投资的税收筹划

企业通过购买股票从事股权间接投资是企业投资的常见形式,其投资收益主要有股息性所得和资本利得。

股息性所得是投资方从被投资方获得的税后利润,属于已缴纳过企业所得税的税后所得,原则上应避免重复征税。我国现行税法规定,纳税人直接投资于其他居民企业取得的投资收益是免税收入,但不包括连续持有居民企业公开发行并上市流通的股票不足12个月取得的投资收益。也就是说,股权短期的股息应并入应纳税所得额计算缴纳企业所得税,而长期股权的股息性所得免征企业所得税。

资本利得是投资企业处理股权取得的收益,即企业收回、转让或清算处置股权投资所获得的收入减除股权投资成本后的余额。资本利得应全额并入企业的应纳税所得额计算缴纳企业所得税。

股息性所得与资本利得在企业所得税处理方面的政策差异为税收筹划提供了空间。如果被投资企业是母公司下属的全资子公司,一般没有进行利润分配的必要。但如果投资企业打算将其拥有的被投资企业的全部或部分股权对外转让,由于其未分配利润较多,每股的股价也就相对较高,这会导致本可免税的股息所得转化为应税的股权转让所得。因此,出于减轻税负的考虑,被投资企业在正常情况下可保留利润不分配,减少现金的流出量,但投资方拟将股权转让时,被投资方应在转让之前将未分配利润进行分配,避免投资方应分得的利润被重复计算企业所得税。当然,如果投资方控制被投资企业多数股份,投资方对未分配利润进行分配就可方便地操作;如果投资方占有一定比例股份但未控股,则可要求被投资企业配合投资企业进行税收筹划而适时分配股利。

【案例6-9】 A公司于2018年1月5日向B公司投资1 000万元,占B公司股本总额的50%,B公司当年的税后利润400万元未进行分配。2019年2月,A公司拟将投资于B

公司的全部股权转让给C公司。方案1：B公司先分配利润，A公司获得从B公司的分配利润200万元，再按1 200万元的转让价将股权转让给C公司。方案2：B公司的留利继续不做分配，A公司以1 400万元的转让价将所拥有B公司的股权全部转让给C公司。请问：假设A公司2019年内部生产经营所得为800万元，考虑转让B公司股权因素，两种方案对A公司的税收利益有何不同影响？

方案1：

A公司从B公司分得的税后利润200万元免征企业所得税，仅就其股权转让所得200万元缴纳企业所得税。

$$A公司应纳企业所得税=(800+1\,200-1\,000)\times 25\%=250(万元)$$

方案2：

A公司未从B公司分得税后利润，但取得较高的股权转让所得400万元应当缴纳企业所得税。

$$A公司应纳企业所得税=(800+1\,400-1\,000)\times 25\%=300(万元)$$

方案比较：方案1优于方案2，其所分配取得的税后利润200万元可以免于被重复征税。

二、债权投资的税收筹划

（一）债权投资的形式

企业债权投资相对于直接投资及股权投资而言，具有投资风险小、投资收益稳定的特点，但投资收益也相对较少。债权投资有多种方式，包括存款、可转让定期存单、银行承兑汇票、商业票据、商品及外汇期货、政府债券、金融债券、企业债券、投资基金、企业间资金拆借等[①]。

1. 存款

存款是指将货币资金存入银行并取得利息的投资形式。按存款期限的不同，银行存款可以分为活期存款、通知存款和定期存款。按存款性质的不同，存款可分为普通存款和政策鼓励性存款。普通存款的利息收入原则上应缴纳所得税，政策鼓励性存款一般免征所得税。我国教育储蓄存款利息收入免征个人所得税，居民普通存款利息收入一度恢复征收个人所得税，但目前也免征个人所得税。

2. 可转让定期存单

可转让定期存单也称流通存单，是指银行开出的可以在二级市场转让的、存款期限一般为1个月到1年的定期存单。投资者可随时买卖可转让定期存单，存单到期，投资者可以从银行取得利息。购买、转让定期存单要缴纳印花税，从可转让定期存单获得利息收入，要缴

---

① 盖地.税务筹划.3版.北京：高等教育出版社，2008.

纳所得税。

3. 银行承兑汇票

银行承兑汇票是指出票人开出的,经银行承兑的远期汇票。银行承兑汇票可以对外背书转让,也可以随时向银行贴息变现,利息略高于银行同期存款利息。购买、转让银行承兑汇票也要缴纳印花税,其获得的利息收入要缴纳所得税。

4. 商业票据

商业票据是一种短期票据,到期期限一般在6个月以内,可以背书转让,不能贴现,到期利息高于同期银行存款利息。购买、转让商业票据也要缴纳印花税,其获得的利息收入要缴纳所得税。

5. 商品、外汇期货

商品、外汇期货是指交易成立时约定按交易价格在一定日期实行交割商品、外汇的业务。期货交易可以规避交易价格风险,也可出于获取投机收益的目的进行投资。期货交易业务缴纳增值税,期货交易合同应缴纳印花税,期货投机收益缴纳所得税。

6. 政府债券

政府债券是指由政府作为债务人发行的债券。按发行政府债券的政府级别,政府债券可分为中央政府债券(国库券)与地方政府债券。个人购买国债取得的利息免征个人所得税,企业购买国债取得的利息免征企业所得税;政府债券的转让所得应缴纳所得税。

7. 金融债券

金融债券是指由银行或其他金融机构作为债务人发行的债券。投资金融债券的风险很小,金融债券的利息一般高于同期定期储蓄存款。国家发行的金融债券利息所得,免缴个人所得税;企业购买金融债券取得的利息收入应缴纳企业所得税;金融债券的转让要缴纳印花税,转让所得应缴纳企业所得税。

8. 企业债券

企业债券是指由企业作为债务人发行的债券。投资企业债券有一定的风险,但企业债券可以转让,在发行企业破产清偿时,债权优先于股权,风险小于股票投资。企业债券利息所得要缴纳所得税,企业债券转让所得要缴纳印花税。

9. 投资基金

投资基金是指专门进行股票、企业债券或其他证券投资的基金。购买基金的风险大于公司债券投资,但小于股票投资。购买、转让基金,要缴纳印花税;个人取得的基金分红应缴个人所得税,个人转让基金所得暂不缴纳个人所得税;企业取得的税后基金分红免税,企业取得基金的转让所得要缴纳企业所得税。

10. 企业间资金拆借

企业间资金拆借是指企业将富余资金借给其他企业的业务。企业间资金拆借取得的利息收入要缴纳企业所得税。

(二) 不同债权投资方式的税收筹划

1. 不同债权投资方式的比较

除政府债券利息收入免征企业所得税外,其他债权利息收入均应缴纳企业所得税,企业应当考虑不同债权投资方式的变现灵活程度及投资风险度、投资收益率而选择合适的投资方式。一般而言，投资国债可无风险地取得较高的免税利息，但投资国债与存款业务相比一般期限相对较长，而与投资其他债券相比则回报率可能略低。在具备一定风险承担能力的情况下，进行税收筹划时，应将投资其他债券的税后利息收入与国债利息收入进行比较，以投资金融债券获取8%的年息为例，在缴纳25%的企业所得税后，只相当于投资国债获取6%的年息。

2. 贷款投资国债的税收筹划

由于国债具有无风险、收益稳定的特点，在银行贷款利率不高的情况下，贷款购买国债不失为一种可行的投资方式。但投资时应考虑扣除贷款利息支出、贷款手续费、购买国债手续费等成本支出后的收益情况。

假设贷款用于投资国债的金额为 M，国债年收益率为 d，贷款利率为 i，企业所得税税率为 T（T 为 25% 或 20%），贷款手续费与购买国债手续费之和与贷款额的比率为 f，贷款投资国债有利可图需要满足以下条件[①]：

$$Md > Mi(1-T) + Mf(1-T)$$
$$即：d > (i+f)(1-T)$$

【案例 6-10】某企业拟通过银行贷款投资国债，该企业适用 25% 的企业所得税税率，假设贷款年利率为 4%，企业贷款购买国债的手续费率为 0.4%，请问：该企业在国债年收益率为多少时贷款投资国债才合算？

分析： $d > (i+f)(1-T) = (4\% + 0.4\%)(1-25\%) = 3.3\%$

由于贷款利息支出及购买国债手续费可在税前列支，在国债年收益率略低于贷款年利率的情况下也有利可图，当国债年收益率高于 3.3% 时，该企业贷款投资国债就是合算的。

三、其他投资方式的税收筹划

企业利用闲置房地产进行投资有两种选择，其一是将房地产出租获取租金收入，其二是以房地产对外投资联营，这两种方式涉及的税种不同，承担的税收负担也不一样。房地产出租涉及的税种较多，出租营改增之前建造、购进的房产，依据租金收入按照 5% 的税率缴纳增值税；缴纳相应的城市维护建设税和教育费附加；按租金收入按照 12% 的税率缴纳房产税；签订房屋出租合同上的租金收入依照 1‰ 的税率缴纳印花税；按照租金收入减去发生的相关税费后的所得依照适用税率缴纳企业所得税。以房地产投资联营，投资方可取得投资联营分回的税后利润。单就此项房地产投资涉及的纳税收事项而言，接受投资方应缴纳房产税、城镇土地使用税以及投资收益的企业所得税。

---

① 尹音频.税收筹划.2版.成都：西南财经大学出版社，2008.

【案例 6-11】 某城市企业有一处 2016 年 4 月竣工、占地面积为 1 000 平方米、房产原值为 800 万元的闲置房产,现有两种处置方案。方案 1:将房产出租,每年可取得 100 万元不含增值税房租收入。方案 2:将该房产作价 1 000 万元对外联营,被投资企业的税前投资收益率为 10%。已知:计算房产税时,该房产余值按原值减去 30% 计算;土地使用税为每平方米每年税额 0.5 元;投资企业与被投资企业均适用 25% 的企业所得税。请问:该企业采取何种方案更优?

方案 1:

房租收入应缴增值税 =100×5%=5(万元)

房租收入应缴城市维护建设税、教育费附加、地方教育费附加 =5×(7%+3%+2%)
=0.6(万元)

房租收入应缴纳房产税 =100×12%=12(万元)

房租合同应缴印花税 =100×1‰=0.1(万元)

房租收入应缴企业所得税 =(100-5-0.6-12-0.1)×25%=20.56(万元)

房租收入合计应纳税款 =5+0.6+12+0.1+20.6=38.3(万元)

房租收入的税负率 =38.3÷100=38.3%

房租净收益 =100-38.3=61.7(万元)

方案 2:

被投资方应纳房产税 =1 000×(1-30%)×1.2%=8.4(万元)

被投资方应纳城镇土地使用税 =1 000×0.5=0.5(万元)

房产投资收益应纳企业所得税 =(1 000×10%-8.4-0.5)×25%=22.78(万元)

投资方房产投资收益净收益 =1 000×10%-22.78-8.4-0.5=68.32(万元)

方案比较:应缴房产税和城镇土地使用税会影响盈利水平,但可冲减应纳税所得额,可获得少纳部分企业所得税的税收利益。此例中方案 2 的房产投资净收益 68.32 万元多于房产出租的净收益 61.7 万元,方案 2 优于方案 1。总体来说,由于城镇土地使用税金额相对于投资收益而言金额不大,其对税前利润及税后利润可忽略不计。投资方在进行税收筹划时,应考虑其从被投资方分到的税后利润是否会超过房产出租收入的税后收益。

第四节　企业经营的税收筹划

一、购销活动的税收筹划

企业购销活动既涉及流转税缴纳问题,又涉及所得税缴纳问题,合理进行税收筹划,有利于减轻企业税收负担。

(一)转让定价的税收筹划

通过转让定价进行避税是关联企业常见做法。转让定价是指企业集团内部或关联方之间不按市场独立交易原则作价的交易定价。以减轻企业集团整体税负为目标的转让定价的基本做法是:高税企业以低于市场价格的价格销售货物给关联方,或以高于市场价格的价格从关联方购进货物,以将高税企业的利润转移给低税企业。尽管税法针对转让定价制定了反避税措施,规定企业与其关联方之间的业务往来不符合独立交易原则而减少企业或者其关联方应纳税收入或者所得额的,税务机关有权按照合理方法调整,但由于转让定价的认定及调整费时费力,只要内部交易价格不偏离市场价格过多,税务部门往往不会追究,当然,转让定价的税收筹划方法也存在一定的风险性。

(二)销售方式的税收筹划

销售方式主要有让利销售与返利销售的不同。让利销售即折扣销售、打折销售。按照税法规定,折扣销售的折扣额在同一张发票上注明的,允许按减去折扣额以后的价格计税。返利销售是为了鼓励购买方多购,销售方在销售时按正常价格作价,销售结束后给予购货方返利款的业务。返利销售业务多见于厂家对商家销售汽车、家电等大宗货物,年终时再由厂家对商家按采购业绩给予不同比例的返利奖励;商家有时促销也会给予消费者购货返现。对于返利销售业务,销售方应按其正常销售价款计税,其返利支出不允许扣减,商业企业从工业企业取得的返利款应作增值税进项税额转出,商业企业给予消费者返利款的则应代消费者缴纳个人所得税。

就销售方的税收负担而言,返利销售的税负高于让利销售。对于确实需要运用返利促销手段的,也应尽量压低正常价格减少返利金额,以减轻销售方本身的税收负担。

(三)货物采购的税收筹划

小规模纳税人采购货物不存在税款抵扣问题,从增值税一般纳税人处购货与从小规模纳税人处购货没有区别。但增值税一般纳税人采购货物,根据购货对象不同会存在很大的税收利益差别,从一般纳税人那里购货取得增值税专用发票可以按适用税率抵扣税款,而从小规模纳税人那里购货由于只能取得按征收率计算进项税额的增值税专用发票,扣税较少。如果采购金额相同,显然从小规模纳税人那里购货就会损失扣税利益。但是,如果从小规模纳税人那里购货支付的价款较低,以适用13%税率的货物为例,只要低到一般纳税人含税价的91.41%时,就可考虑从小规模纳税人处采购货物。

【案例6-12】 一般纳税人某公司外购适用13%税率的货物,方案有二。方案1,从一般纳税人处购货,开具专用发票,含税价56 500元。方案2,从小规模纳税人处购货,开具普通发票,但在含税价56 500元的基础上打九折,即支付50 850元。请问:从小规模纳税人处进货是否可行?

方案1:从一般纳税人进货可按13%扣税计6 500元,不含税成本为50 000元。

方案2：从小规模纳税人进货取得增值税专用发票，可按3%征收率计算进项税额1 481元，实际购进成本为49 368元，其价税合计低于从一般纳税人进货的含税价款。

方案比较：适用13%税率的货物开具专用发票与按3%征收率开具专用发票的无差别税负平衡点是小规模纳税人价格折让91.41%，折扣比平衡点优惠，则从小规模纳税人处进货更合算。显然，方案2进货打九折，虽然少扣进项税额5 019元，但少付进价5 650元，因此方案2更佳。

二、成本费用核算的税收筹划

成本费用核算直接影响企业利润的核算，合理利用财务会计制度及税法有关规定对成本费用进行合理处理，如存货计价方法的选择、折旧方法的选择、汇兑损益确认方法的选择，可以起到减轻或延迟缴纳企业所得税的作用。

（一）存货计价方法的税收筹划

存货的计价方法不同，会对企业各期的盈亏产生直接影响，进而影响各期企业所得税的多少。《企业所得税法实施条例》规定，企业使用或者销售存货的成本计算方法，可以在先进先出法、加权平均法、个别计价法中选用一种，计价方法一经选用，不得随意变更。

一般而言，物价呈下降趋势时，应当采用先进先出法。采用这种方法，本期发出的存货按照最先购货的单位成本计算，从而使当期成本按较高价格计价，成本相对较高，当期应税利润相对较低，当期应纳企业所得税相对较少。但是，当企业处于税法规定的所得税免税期或减税期时，则应采用加权平均法或个别计价法，使本期成本相对较低、利润较多，从而使本期享受到相对较多的企业所得税减免优惠；如果采用先进先出法，则会导致本期所得税减免较少，而减免税期满以后的年份实现利润较多时，税收负担就会较重。

更接近常态的情况是，物价呈上升趋势。在正常纳税状况下，如果物价呈上升趋势，应采用加权平均法或个别计价法，不宜采用先进先出法，这样对企业节税有利。当然，处于减免税期则应做相反的税收筹划。

（二）固定资产折旧的税收筹划

企业计提折旧多少直接影响企业的当期损益，进而影响企业所得税的多少。现行税法规定，固定资产原则上应按照直线法计算折旧，但对因技术进步而产品更新换代较快的固定资产和常年处于强震动、高腐蚀状态的固定资产，可以缩短折旧年限，或者采取加速折旧方法，加速折旧方法包括双倍余额递减法和年数总和法。

按直线法计提折旧就是将固定资产价值扣除残值后按使用年限平均分摊，计入各期的折旧额相同，从而使各年之间的损益相对均衡。

双倍余额递减法是指在不考虑固定资产预计净残值的情况下，根据每期期初固定资产原值减去累计折旧后的金额和双倍的直线法折旧率计算固定资产折旧的一种方法。应用这种方法计算折旧额时，由于每年年初固定资产净值没有减去预计净残值，在计算固定资产折旧额时，应在其折旧年限到期前的两年期间，将固定资产净值减去预计净残值后的余额平均摊销。其计算公式如下：

$$年折旧率 = 2 \div 预计使用寿命(年) \times 100\%$$
$$月折旧率 = 年折旧率 \div 12$$
$$月折旧额 = 月初固定资产账面净值 \times 月折旧率$$

年数总和法，又称年限合计法，是指将固定资产的原值减去预计净残值后的余额，乘以一个以固定资产尚可使用寿命为分子、以预计使用寿命逐年数字之和为分母的逐年递减的分数计算每年的折旧额。其计算公式如下：

$$年折旧率 = 尚可使用年限 \div 预计使用寿命的年数总和 \times 100\%$$
$$= (折旧年限 - 已使用年限) \div [折旧年限 \times (折旧年限 + 1) \div 2] \times 100\%$$
$$月折旧率 = 年折旧率 \div 12$$
$$月折旧额 = (固定资产原值 - 预计净残值) \times 月折旧率$$

加速折旧方法前期折旧多、后期折旧少，从而使前期利润相对减少、后期利润相对增多，可以取得延期纳税的好处。双倍余额递减法的递减速度快于年数总和法，其加速折旧的效果也就好于年数总和法。因此，在正常纳税状况下，从税收筹划角度考虑其折旧方式的选择顺序应当是：双倍余额递减法、年数总和法、直线折旧法。

须特别说明，如果新办企业处于减免税期，出于尽量多地享受税收优惠的考虑，其折旧方式应选择直线折旧法，切忌采用加速折旧方法，因为新办企业在减免税期按加速折旧法计提折旧较多，减免税款就较少，而减免税期满后，会因计提折旧少而缴纳较多的企业所得税。

现行政策规定，企业在2018年1月1日至2020年12月31日期间新购进的设备、器具，单位价值不超过500万元的，允许一次性计入当期成本费用在计算应纳税所得额时扣除，不再分年度计算折旧。这一政策对企业十分有利，应当用足用好。

（三）汇兑损益确认的税收筹划

对于有出口外销业务的企业，会涉及外币核算问题。企业在对外币业务进行会计核算时，记账方法上可以选择外币统账制或外币分账制。外币分账制是指在日常核算时分币种以外币原币记账，而在编制资产负债表时才折算为本位币报表。在外币统账制下，企业发生外币业务时，应当按外币原币登记外币账户，同时选用一定的汇率将外币金额折算为记账本位币金额。记账汇率是指企业在外币业务发生当日记账时，将外币金额折算为记账本位币金额时所采用的汇率。按照会计制度规定，企业可以选取外币业务发生当日的市场汇率作为记账汇率，也可以选取外币业务发生当期期初的市场汇率作为记账汇率，一般是当月1日的市场汇率。在月份(或季度、年度)终了时，将各外币账户的期末余额按期末市场汇率折算为记账本位币金额，其与相对应的记账本位币账户期末余额之间的差额，确认为汇兑损益。

汇兑损益在会计处理上有两种方法。对企业筹建期间以及固定资产购建期间所发生的汇兑损益应当予以资本化，将其作为原始成本的一部分计入相关的资本账户，其对所得税的影响是通过计提折旧的方式分次摊销计入成本;企业生产经营期间发生的汇兑损益则直接计入当期损益。

对汇兑损益进行税收筹划的建议是：如果预计月中的汇率普遍高于月初的汇率(如月初1美元兑换6.8元人民币,月中1美元兑换6.9元人民币),则建议按月初的汇率,企业可以按较低的汇率折合成人民币来计算增值税销项税额,从而可以少缴增值税。至于企业将外币向银行兑换成人民币,则应选择汇率较高时兑换,获得的汇兑收益较大的,其缴纳企业所得税后收益仍然较大。

三、财务成果核算与分配的税收筹划

企业的财务成果是企业在一定时期内全部经营活动所取得的利润或发生的亏损。财务成果分配,是指将企业在一定时期内实现的利润总额按照有关法规进行合理分配。企业财务成果的核算直接影响企业所得税的计算,而税后利润的分配多少不仅关系到企业投资者利益和企业未来的发展,也会影响投资者的税收负担。

(一) 财务成果核算的税收筹划

企业实现的利润在计算缴纳企业所得税后方可进行利润分配。企业财务成果核算的税收筹划应关注三个方面：其一是尽量使应纳税所得额适用较低税率；其二是防止以前年度亏损超期不能弥补；其三是在税收优惠期内尽可能用足税收优惠政策。

1. 关于合理控制所得以便适用较低税率的问题

现行税法规定,从业人数不超过300人、资产总额不超过5 000万元的企业在2021年年底前可享受税收优惠政策：年应纳税所得额不超过100万元的部分,减按25%计入应纳税所得额,按20%的税率缴纳企业所得税;对年应纳税所得额超过100万元但不超过300万元的部分,减按50%计入应纳税所得额,按20%的税率缴纳企业所得税。对于从业人员和资产总额符合优惠标准的企业,如果预计年度应纳税所得额可能略微超过300万元,出于避免适用25%正常税率的考虑,可以通过货款结算方式的选择等方法合理控制年度销售收入的实现,或适当将本应在以后年度安排的费用提前在本年开销,从而将当年应纳税所得额控制在小型微利企业的标准之内。

2. 关于税前利润弥补以前年度亏损的问题

我国税法规定,当年的亏损可以用以后五个年度的税前利润弥补,超过五年则不允许亏损结转。对于即将超过结转期的以前年度的亏损,如果当年没有税前利润,则会丧失亏损结转的税收利益,在这种情况下,应通过税法允许采用的资产计价和摊销方法的选择权以及费用列支范围、标准的选择权,尽可能少列成本、少摊销费用,使当年有足够的利润用以弥补即将超期的以前年度亏损。

3. 关于用足税收优惠政策的问题

基于最大程度享受税收优惠政策的考虑,应当尽量把利润提前或集中于减免税期,而把亏损或支出推迟于征税期。要把利润提前或集中到减免税期,应当尽量缩小减免税期的成本、费用,在减免税期发生的应由以后负担的费用应尽可能通过待摊费用核算,分期计入成

本,对于各种须分期摊销的无形资产、递延资产,应尽量将其摊销期延长到减免税期以后,等等。

(二) 财务成果分配的税收筹划

投资人股权投资业务可以从被投资企业获得的收益主要有股息性所得和资本利得。被投资企业的税后利润可用于分配,但利润分配时间、幅度的不同可能会涉及投资者税收处理的差别,进而影响投资者的税收利益。

1. 利润分配的时机问题

在企业持续经营的情况下,被投资企业的税后利润留在被投资企业对投资方并无大碍,但如果投资方打算将拥有的被投资企业的全部或部分股权对外转让,则会由于被投资企业存有大量未分配利润而抬高股价,投资方转让股权时就会造成免税的股息所得转化为应税的股权转让所得。因此,为避免股息所得转化为资本利得,在对控股企业的部分股权转让之前有必要先进行利润分配。

2. 利润分配的幅度问题

根据《关于股权投资业务所得税若干问题的通知》,被投资企业对投资方的分配支付额,如果超过被投资企业的未分配利润和累计盈余公积金而低于投资方的投资成本,则视为投资回收,应冲减投资成本;超过投资成本的部分,则视为投资方企业的股权转让所得,应并入企业的应纳税所得额,依法缴纳企业所得税。因此,在进行转让之前分配股息时,其分配额应以不超过可供分配的被投资企业未分配利润和盈余公积的部分为限。

第五节 企业重组与破产清算的税收筹划

企业重组,是指企业在日常经营活动以外发生的法律结构或经济结构重大改变的交易,包括企业法律形式改变、债务重组、股权收购、资产收购、合并、分立等。企业法律形式改变,是指企业注册名称、住所以及企业组织形式等的简单改变。企业在生产经营过程中,由于不能按期偿还债务或难以及时收回债权,可能会进行债务重组;出于经营困难或发展壮大的考虑,可能与其他企业进行合并;由于破产或者设立目的已经达到等原因,可能需要进行清算。这些特定的活动都会涉及税务处理,具有重要的税收筹划价值。企业法律形式改变的涉税问题相对简单,企业由法人转变为个人独资企业、合伙企业等非法人组织,或将登记注册地转移至中华人民共和国境外(包括港澳台地区),应视同企业进行清算、分配,股东重新投资成立新企业,企业的全部资产以及股东投资的计税基础均应以公允价值为基础确定;企业发生其他法律形式的简单改变的,可直接变更税务登记,除另有规定外,有关企业所得税纳税事项(包括亏损结转、税收优惠等权益和义务)由变更后的企业承继,但因住所发生变化而不符合税收优惠条件的除外。本节着重介绍债务重组、企业购并、企业分立、破产清算的税收筹划问题。

一、债务重组的税收筹划

债务重组是指在债务人发生财务困难的情况下,债权人按照其与债务人达成的书面协议或者法院裁定书,就其债务人的债务做出让步的事项。债务重组的方式一般包括以非货币资产清偿债务、债权转股权等。债务人以资产抵债涉及流转税计税问题,应视同销售缴纳相关的增值税、消费税。债务重组同时也直接影响所得税的计算,债务人和债权人应按有关规定确认债务重组所得、债务重组损失。以非货币资产清偿债务,应当分解为转让相关非货币性资产、按非货币性资产公允价值清偿债务两项业务,确认相关资产的所得或损失;发生债权转股权的,应当分解为债务清偿和股权投资两项业务,确认有关债务清偿所得或损失。具体来说,就是债务人应当按照支付的债务清偿额低于债务计税基础的差额,确认债务重组所得;债权人应当按照收到的债务清偿额低于债权计税基础的差额,确认债务重组损失。

债务重组如具有合理的商业目的,且不以减少、免除或者推迟缴纳税款为主要目的,则债务重组可适用以下特殊税务处理规定:企业债务重组确认的应纳税所得额占该企业当年应纳税所得额50%以上的,可以在5个纳税年度的期间内,均匀计入各年度的应纳税所得额;企业发生债权转股权业务,对债务清偿和股权投资两项业务暂不确认有关债务清偿所得或损失,股权投资的计税基础以原债权的计税基础确定。企业的其他相关所得税事项保持不变。

对企业的债务重组进行税收筹划,应选择最佳的重组方式,以最大限度地降低企业的税收负担。出于财务利益最大化的考虑,债务重组协商时,债务人应将抵债的非货币性资产尽可能高地作价,而债权人则应要求抵债资产尽可能以较低价格作价。

二、企业购并的税收筹划

(一)企业购并的相关概念

企业购并包括股权收购、资产收购、合并等。

股权收购是指一家企业(收购企业)购买另一家企业(被收购企业)的股权,以实现对被收购企业的控制的交易。收购企业支付对价的形式包括股权支付、非股权支付或两者的组合。

资产收购是指一家企业(受让企业)购买另一家企业(转让企业)实质经营性资产的交易。受让企业支付对价的形式包括股权支付、非股权支付或两者的组合。

合并是指一家或多家企业(被合并企业)将其全部资产和负债转让给另一家现存或新设企业(合并企业),被合并企业股东换取合并企业的股权或非股权支付,实现两个或两个以上企业的依法合并。

上述"股权支付"是指企业重组中购买、换取资产的一方支付的对价中,以本企业或其控股企业的股权、股份作为支付的形式;"非股权支付"则是指以本企业的现金、银行存款、应收款项、本企业或其控股企业股权和股份以外的有价证券、存货、固定资产、其他资产以及承担债务等作为支付的形式。

（二）企业购并的流转税筹划

购并会使原来企业间的购销环节转变为企业内部的原材料转让环节。如果购并企业双方存在着原材料供应关系，而这些原材料如果属于消费税应税消费品，则在购并前，这种原材料的转让关系为购销关系，应该按照正常的购销价格缴纳消费税。在购并后，原来两个企业之间的购销关系变为企业内部的原材料移送领用关系，因此，不用缴纳消费税。

（三）企业购并的所得税筹划

出于减轻消费税、增值税税负考虑的购并业务非常有限，企业购并业务更多的是购并企业出于扩大企业规模、被购并企业出于摆脱经营困境的考虑而进行的。在进行企业购并业务决策时，主要涉及所得税的税收筹划问题。根据有关政策，企业购并的税务处理区分不同条件分别适用一般性税务处理的规定和特殊性税务处理的规定。

1. 企业购并的一般性税务处理规定

企业股权收购、资产收购重组交易，除适用特殊性税务处理规定的情形外，其相关交易应按以下规定处理：① 被收购方应确认股权、资产转让所得或损失；② 收购方取得股权或资产的计税基础应以公允价值为基础确定；③ 被收购企业的相关所得税事项原则上保持不变。

企业合并，除适用特殊性税务处理规定的情形外，其当事各方应按下列规定处理：① 合并企业应按公允价值确定接受被合并企业各项资产和负债的计税基础；② 被合并企业及其股东都应按清算进行所得税处理；③ 被合并企业的亏损不得在合并企业结转弥补。

2. 企业购并的特殊性税务处理规定

企业购并适用特殊性税务处理规定应符合以下条件：① 具有合理的商业目的，且不以减少、免除或者推迟缴纳税款为主要目的；② 被收购、合并的资产或股权比例符合规定的比例；③ 企业重组后的连续12个月内不改变重组资产原来的实质性经营活动；④ 重组交易对价中涉及股权支付金额符合规定比例；⑤ 企业重组中取得股权支付的原主要股东在重组后连续12个月内，不得转让所取得的股权。

企业购并符合上述五条规定条件的，交易各方对其交易中的股权支付部分，可以按以下规定进行特殊性税务处理。

（1）关于股权收购。收购企业购买的股权不低于被收购企业全部股权的50%，且收购企业在该股权收购发生时的股权支付金额不低于其交易支付总额的85%，可以选择按以下规定处理：被收购企业的股东取得收购企业股权的计税基础，以被收购股权的原有计税基础确定；收购企业取得被收购企业股权的计税基础，以被收购股权的原有计税基础确定；收购企业、被收购企业的原有各项资产和负债的计税基础和其他相关所得税事项保持不变。

（2）关于资产收购。受让企业收购的资产不低于转让企业全部资产的50%，且受让企业在该资产收购发生时的股权支付金额不低于其交易支付总额的85%，可以选择按以下规定处理：转让企业取得受让企业股权的计税基础，以被转让资产的原有计税基础确定；受让企业取得转让企业资产的计税基础，以被转让资产的原有计税基础确定。

（3）关于企业合并。企业股东在该企业合并发生时取得的股权支付金额不低于其交易支付总额的85%，以及在同一控制下且不需要支付对价的企业合并，可以选择按以下规定处理：合并企业接受被合并企业资产和负债的计税基础，以被合并企业的原有计税基础确定；被合并企业合并前的相关所得税事项由合并企业承继；可由合并企业弥补的被合并企业亏损的限额＝被合并企业净资产公允价值×截至合并业务发生当年年末国家发行的最长期限的国债利率；被合并企业股东取得合并企业股权的计税基础，以其原持有的被合并企业股权的计税基础确定。

（4）关于非股权支付所得计税问题。重组交易各方按规定对交易中股权支付暂不确认有关资产的转让所得或损失的，其非股权支付仍应在交易当期确认相应的资产转让所得或损失，并调整相应资产的计税基础。

$$\text{非股权支付对应的资产转让所得或损失} = (\text{被转让资产的公允价值} - \text{被转让资产的计税基础}) \times (\text{非股权支付金额} \div \text{被转让资产的公允价值})$$

（5）关于企业购并的税收优惠处理问题。在企业吸收合并中，合并后的存续企业性质及适用税收优惠的条件未发生改变的，可以继续享受合并前该企业剩余期限的税收优惠，其优惠金额按存续企业合并前一年的应纳税所得额（亏损计为零）计算。

须注意，企业发生涉及中国境内与境外（包括港澳台地区）之间的股权和资产收购交易，除应符合前述条件外，还应同时符合下列条件，才可选择适用特殊性税务处理规定：① 非居民企业向其100%直接控股的另一非居民企业转让其拥有的居民企业股权，没有因此造成以后该项股权转让所得预提税负担变化，且转让方非居民企业向主管税务机关书面承诺在3年（含3年）内不转让其拥有的受让方非居民企业的股权；② 非居民企业向与其具有100%直接控股关系的居民企业转让其拥有的另一居民企业股权；③ 居民企业以其拥有的资产或股权向其100%直接控股的非居民企业进行投资；④ 财政部、国家税务总局核准的其他情形。居民企业以其拥有的资产或股权向其100%直接控股关系的非居民企业进行投资，其资产或股权转让收益如选择特殊性税务处理，可以在10个纳税年度内均匀计入各年度应纳税所得额。

3. 企业购并所得税筹划的思路

企业购并主要涉及税收债权债务的承继、合并后存续企业对被兼并方的亏损弥补、重组业务本身新增纳税义务等问题。

（1）关于企业兼并重组中税收债务的承继问题。正常情况下，合并企业应按公允价值确定接受被合并企业各项资产和负债的计税基础，被合并企业及其股东都应按清算进行所得税处理，被合并企业的亏损不得在合并企业结转弥补。但如果企业合并时股权支付金额不低于其交易支付总额的85%，可以选择：合并企业接受被合并企业资产和负债的计税基础以被合并企业的原有计税基础确定；被合并企业合并前的相关所得税事项由合并企业承继。

显然，如果被合并企业资不抵债、欠税较多，清算后仍有部分税款难以清偿，则按一般税务处理对被合并企业更为有利。在进行税收筹划时，除考虑税收债务的承继问题外，还应与其他税收利益一并联系起来考虑，据此决定是否应创造条件选择特殊税务处理方式。

（2）关于对被合并方的亏损弥补问题。根据有关政策，企业合并时股权支付金额不低于其交易支付总额的85%,才有机会获得弥补被合并企业合并前亏损的税收利益,可由合并企业弥补的被合并企业亏损的限额=被合并企业净资产公允价值×截至合并业务发生当年年末国家发行的最长期限的国债利率。实践中,被合并企业往往是经营困难的企业,不少被合并企业都可能有大额亏损,而合并企业在进行重组决策时的一个重要因素就是获得被合并方亏损弥补的税收利益,因此,在合并时支付方式的选择显得十分重要。

值得一提的是,对于收购方来说,亏损弥补的前提条件是所接受的被合并企业资产和负债应按被合并企业的原有计税基础确定。如果可以弥补的亏损不多,而合并企业收购的公允价值远大于被合并企业各项资产的原有计税基础,收购方采用特殊税务处理规定反而会得不偿失。

(3) 关于重组业务本身新增纳税义务问题。按照税法规定,原则上被收购方、被合并方应按公允价值确认股权、资产转让所得或损失并据此计算企业所得税。如果收购、合并时股权不低于被收购企业全部股权的50%,股权支付金额不低于其交易支付总额的85%,则被收购企业、被合并企业此项重组业务中的股权转让业务实际上无须缴纳企业所得税。

【案例6-13】 某股份公司A于2019年3月兼并某亏损公司B。B公司上年亏损100万元,合并时账面净资产为470万元,评估确认的价值为550万元,当年最长期限(五年期)国债年利率为4%。A公司已发行的股票共有2 000万元(面值为1元/股),A公司合并时股票市价为3元/股。经双方协商,A公司有两种可选合并方案:方案1,A公司以70万元现金和480万元股票(160万股)购买B公司;方案2,A公司以100万元现金和450万元股票(150万股)购买B公司。请问:哪种方案对兼并双方更有利?

方案1:

由于B公司被合并时取得的股权支付金额为480万元,相当于其合并交易支付总额550万元的87.27%,不低于其合并交易支付总额的85%,因此,交易各方对其交易中的股权支付部分可以按特殊性税务处理规定进行处理。

(1) B公司收到的股权支付金额无须就转让所得缴纳企业所得税。

(2) B公司收到的非股权支付对应的资产转让所得应纳企业所得税=(550-470)×(70÷550)×25%=80×12.73%×25%=2.55(万元)

(3) A公司每年对B公司亏损弥补的限额=550×4%=22(万元),B公司的账面亏损100万元可在五年内由A公司用税前利润弥补,2019年、2020年、2021年、2022年分别弥补亏损22万元,2023年弥补亏损12万元。

A公司弥补B公司合并前亏损,可少缴企业所得税25万元(100×25%)。

(4) A公司接受B公司资产时,应以B公司原账面净值为基础作为资产的计税成本。

方案2:

由于B公司被合并时取得的股权支付金额为450万元,只相当于其合并交易支付总额550万元的81.82%,未达到其合并交易支付总额的85%,因此,交易各方对其交易中的股权支付部分不得按特殊性税务处理规定进行处理。具体税务处理如下。

(1) B公司清算应纳企业所得税=(550-470)×25%=20(万元)

(2) B 公司的亏损不得在 A 公司结转弥补。

(3) A 公司可按公允价值确定接受 B 公司各项资产和负债的计税基础。

A 公司按评估价格对资产计价,因多提折旧可少缴企业所得税 20 万元[(550－470)×25%]。

方案比较:方案 1 对兼并双方均有利。对于被兼并企业 B 公司来说,因其取得的股权支付金额不低于其合并交易支付总额的 85%,股权支付资本利得无须缴纳企业所得税,仅须对其非股权支付部分的资本利得缴纳所得税 2.55 万元,无须就资本利得全额缴纳企业所得税 20 万元。对于兼并企业 A 公司来说,其税前利润弥补被兼并企业合并前亏损可获得少缴 25 万元企业所得税的税收利益,尽管丧失了按资产评估价值入账多提折旧时少缴 20 万元企业所得税的税收利益,两相权衡,得大于失。

税收筹划除考虑生产经营活动变化带来的税收利益变化外,还要考虑现金流量的变化以及投资收益状况,如本例中 A 公司兼并 B 公司,不仅要考虑 A 公司在合并时支付给 B 公司股东的现金价款,而且要考虑由于 B 公司股东还拥有 A 公司的股权,A 公司每年均要向 B 公司股东支付股利。如果 A 公司预计兼并后效益较好,兼并时不妨多付现金、少付股票以期获得兼并后较多的利润。

【案例 6-14】 甲企业于 2019 年初合并乙企业,乙企业当时尚有 200 万元的亏损未弥补,税前弥补期限尚有 3 年。被合并的乙企业净资产账面价值为 200 万元、评估公允价值为 300 万元,假设合并后合并企业对乙企业的资产按公允价值入账,则预计 2019 年、2020 年、2021 年未弥补亏损前的应税所得为 100 万元、200 万元、300 万元,2009 年国家发行的最长期限的国债利率为 4%。请问:甲企业出于少缴企业所得税的考虑,其合并乙企业时支付的非股权支付额占合并交易金额的比例是否应当超过 15%?

方案 1:非股权支付额不超过 15%。

甲企业合并后三年内,每年可对乙企业亏损进行弥补的限额=300×4%=12(万元)

2019 年度应纳所得税=(100－12)×25%=22(万元)

2020 年度应纳所得税=(200－12)×25%=47(万元)

2021 年度应纳所得税=(300－12)×25%=72(万元)

三年共缴企业所得税=22＋47＋72=141(万元)

税前利润弥补乙企业亏损获得的税收利益=12×3×25%=9(万元)

方案 2:非股权支付额超过 15%。

合并后如对乙企业的净资产按原账面价值计价,应缴企业所得税=(100＋200＋300)×25%=150(万元)

合并后如对乙企业的净资产按公允价值计价,则由于公允价值高于原账面价值,可少缴企业所得税=(300－200)×25%=25(万元)

方案比较:对甲企业而言,方案 2 较之方案 1 可以多获得税收利益 16 万元,从节税角度而言,应当采用方案 2。当然,合并时不仅应考虑税收因素,还应该结合合并的主要动因,全面分析合并的成本和收益。

三、企业分立的税收筹划

（一）企业分立的相关概念

企业分立是企业重组的一种重要形式。分立是指一家企业（被分立企业）将部分或全部资产分离转让给现存或新设的企业（分立企业），被分立企业股东换取分立企业的股权或非股权支付，实现企业的依法分立。上述"股权支付"，是指企业重组中购买、换取资产的一方支付的对价中，以本企业或其控股企业的股权、股份作为支付的形式；"非股权支付"则是指以本企业的现金、银行存款、应收款项、本企业或其控股企业股权和股份以外的有价证券、存货、固定资产、其他资产以及承担债务等作为支付的形式。

（二）企业分立的流转税筹划

1. 企业分立避免多缴增值税问题

如果纳税人兼营适用不同增值税税率的货物和应税劳务，或者增值税纳税人兼营减免税项目的货物和非减免税项目的货物，应当分别核算适用不同税率的货物和应税劳务以及减税、免税项目。如果不分别核算，税务机构将不予办理减税、免税，企业须从高适用税率。如果在同一企业分别进行会计核算有困难，就应考虑将兼营的减免税货物或低税率货物的生产分立出来，归于单独的生产企业，避免从高适用税率而不能享受本应享受的税收优惠。

2. 企业分立减轻消费税负担问题

税法规定，消费税在生产委托加工和进口环节征收，在批发和零售环节原则上不再征收消费税。应税消费品的生产企业出于减轻消费税税负的考虑，可以设立一家专门的批发企业，以较低的价格将应税消费品销售给该独立核算的批发企业，再由批发企业按正常市场销售价格销售，这样可以降低应税消费品的消费税计税价格，达到减轻消费税负担的目的。但是，生产企业给其关联批发企业的价格不宜过低，否则容易被税务部门调整转让定价。

（三）企业分立的所得税筹划

根据有关政策，企业分立的税务处理也区分不同条件分别适用一般性税务处理规定和特殊性税务处理规定。企业分立的税收筹划主要是应避免分立重组业务带来新增纳税义务、避免分立企业不能享受被分立企业的亏损结转，其税收筹划的关键在于：企业分立时分立企业和被分立企业均不应改变原来的实质经营活动，且被分立企业股东在该企业分立发生时取得的股权支付金额应不低于其交易支付总额的85%。

四、企业清算的税收筹划

企业清算是企业出现法定解散事由或者章程所规定的解散事由后，依法清理企业债权债务并向股东分配剩余财产，终结企业所有法律关系的行为。企业清算分为破产清算和非破产清算。破产清算是指企业法人不能清偿到期债务被依法宣告破产时，由法院组成清算组对企业法人进行清理，并将破产财产公平地分配给债权人，并最终消灭企业法人资格的程序。非破产清算是指在企业法人资产足以清偿债务的情况下进行的清算,包括自愿解散的清算和强制解散的清算,其清算的财产除用于清偿企业的全部债务外,还要将剩余的财产分配给债权人和股东。

企业开始清算时,应视为会计年度终了,编制和报送财务会计报表。清算期间发生的费用、收益和损失通过清算费用和清算损益账户进行核算。企业清算中发生的财产盘盈盘亏、资产变现净损益、无法归还的债务、坏账损失以及清算期间的经营损益,均计入清算损益。如果清算损益大于零,即为清算净收益,应在依法弥补以前年度亏损后,依法缴纳企业所得税。如果清算损益小于零,则为清算净损失,无须缴纳企业所得税。

税法规定,企业在清算年度,应划分两个纳税年度:从1月1日到清算开始日前一日为一个生产经营纳税年度;从清算开始日到清算结束日的清算期间为一个清算纳税年度。企业的清算日期不同,对两个纳税年度应税所得的影响不同。企业可以利用改变清算日期的方法来影响企业清算期间应税所得的数额。

【案例6-15】 某公司2019年1—6月生产经营盈利10万元,董事会拟决定解散公司,清算方案有二。方案1:从7月1日起正式清算。方案2:7月份停产停销,着手清算准备工作,预计当月可发生与清算有关的费用15万元;待8月1日再正式清算,预计正式清算后的清算结果为亏损20万元。请比较两种方案的优劣。

方案1:2019年1—6月应纳企业所得税=10×25%=2.5(万元)

清算年度亏损20万元无须缴纳企业所得税。

方案2:2019年1—7月因生产经营亏损5万元(10−15=−5),无须缴纳企业所得税;清算年度亏损20万元,也无须缴纳企业所得税。

方案比较:方案2将一部分清算费用计入生产经营年度,使该公司在本应缴税的生产经营年度无须缴税,获得税收利益,故优于方案1。

本 章 小 结

税收筹划贯穿于企业设立、筹资、投资、经营、重组、破产等各个环节。企业设立是企业生命的开始,面临着组织形式的选择、设立规模的选择、行业与地点的选择、设立分公司与子公司的选择,不同的选择可能适用不同的税种、不同的税率、不同的税收优惠。企业的筹资、投资、购销、财务成果核算与分配等是企业发展、壮大、持续经营的主要业务。企业筹资涉及筹资成本能否在所得税前扣除的问题,涉及债权筹资与权益筹资对税收利益的比较权衡问题,而且债券发行的溢价、折价摊销方法选择也会对所得税产生不同的影响。投资决策应当考虑不同投资方式的投资收益征免税问题,考虑长期股权投资的留存收益对股权转让收益征税的影响问题,而对于闲置房地产的税收筹划,则需对房地产出租的税后租金收益与房地产对外直接投资的投资收益进行权衡。企业生产经营的税收筹划涉及产品销售、材料采购、资产摊销、利润分配等各方面，不同的经营决策直接影响增值税、所得税的计算。企业合并、分立、破产清算标志着原有企业的生命终结，企业重组业务主要是基于被购并企业摆脱经营困境的考虑，企业重组业务由于购并支付方式的不同，对所得税的处理也不同，具有重要的税收筹划价值。

练 习 题

1. 出于节税的需要，企业设立分公司或子公司应考虑哪些主要因素？

2. 企业通过银行贷款筹资与通过发行债券筹资各有何利弊？债券筹资进行税收筹划时应考虑哪些因素？

3. 企业在投资环节进行税收筹划与在筹资环节进行税收筹划有何区别？

4. 企业在成本费用核算中，税法规定与会计制度规定的差异有何税收筹划价值？

5. 某企业拟设立一个分支机构，如果独立纳税，总机构与分支机构均适用25%的企业所得税税率，而且预计3年内总机构每年应纳税所得额均为30万元，分支机构第一年亏损10万元，第二年应纳税所得额为0，第三年应纳税所得额为20万元。请问：出于税收利益的考虑，该分支机构是否应当设立为独立的法人？

6. 2019年5月，某股份有限公司A公司拟购并某有限责任公司B公司，相关资料如下：① A公司适用25%的企业所得税税率，已发行股票1 000万股（每股面值1元，市价2.5元），估计购并后A公司每年未弥补亏损前的应纳税所得额为4 000万元，购并后A公司股票市价不变。② B公司适用25%的企业所得税税率，购并前账面资产为1 000万元，评估确认的价值为1 500万元。2018年亏损100万元，以前年度无亏损。假设2019年最长期限国债的年利率为4%。经双方协商，A公司购并B公司的对价是1 500万元，有两种可选方案：方案1，A公司发行580万股股票并支付50万元人民币购买B公司；方案2，A公司发行400万股股票并支付500万元人民币购买B公司。请问：A公司采取何种购并方案为佳？为什么？

第七章

跨国税收筹划

改革开放以来,来华的跨国自然人和跨国公司不断增加,跨国自然人和跨国公司利用主体和客体转移等各种方式进行全球税收筹划,以降低全球总体税负水平,实现税收利益最大化。

第一节 跨国公司税收筹划概述

一、跨国税收筹划概述

(一)跨国税收筹划的概念

跨国税收筹划是国内税收筹划在国际范围内的延伸和发展,是指跨国纳税义务人(包括公司和个人)运用合法的方式,在税法许可的范围内减轻或消除税负的行为。具体来讲,它是纳税人在国际税收大环境下,为了保证和实现最大的经济利益,以合法或非违法的方式,利用各国税收法规的差异和国际税收协定中的缺陷,采取人(法人或自然人)或物(货币或财产)跨越税境的流动或非流动,以及变更经营地点或经营方式等方法,最大限度地规避或消除纳税义务的经济现象和经济活动。

(二)跨国税收筹划产生的主要原因

1. 各国税收管辖权的差别

税收管辖权是一个国家在征税方面所掌握的权力,它是各级征税当局行使征税权力的依据。根据属地原则和属人原则,税收管辖权可区分为地域税收管辖权和居民(公民)税收管辖权。世界上绝大多数国家都实行两种或两种以上的税收管辖权,但也有单一行使一种税收管辖权的。各国行使的税收管辖权不同,导致各国征税依据不同,从而为跨国纳税人提供了税收筹划的空间。

2. 各国税制的差别

世界各国由于经济发展水平、结构和政治历史等原因,税制差别很大,税制结构、税率以及税基等方面都各不相同。就现行公司所得税而言,我国现行税率为25%,预提所得税为20%,减半按10%征收,而中国香港特区的所得税税率为18.5%,新加坡的税率则为20%。各国征税的广度和深度也大相径庭,给跨国纳税人在各国间进行税收筹划提供了可能。

3. 税收优惠措施的差别

在国际资本充分流动的前提下,各国出于经济发展与政治目的,在税收上实行了千差万别的税收优惠政策与措施。各国为吸引更多的国际投资,不时出台新的税收优惠和减免方案,这也构成纳税人进行国际间的投资决策和税收筹划的一个重要因素。

4. 避免国际双重征税方法的差异

两个或两个以上国家,对同一跨国纳税人的同一征税对象进行重复征税就是国际双重征税。为消除国际双重征税,各国都采取了各种不同的方法,给规避税收负担带来了机会。

5. 征收管理水平的差别以及国际协作的层次不一

由于生产力发展水平不同、政府重视程度不同等原因,各国税务机关的征收管理水平参差不齐。有的国家的税收管理水平极为低下,使本国的法规如一纸空文。加之各国税收情报交换不力,使得各国的合作协调不力,更为税收筹划提供了客观条件。

(三) 跨国税收筹划的基本技术

跨国税收筹划是国内税收筹划在国际大环境内的发展和延伸,所以,跨国税收筹划的基本技术与国内税收筹划有相同之处,但其适用的环境和条件大相径庭。总地来说,跨国税收筹划的技术可以归纳为七类。

(1) 国际免税技术:跨国纳税人争取免税待遇和使免税期最长化的一种技术。

(2) 国际减税技术:跨国纳税人争取减税待遇,使减税额最大化,减税期最长化的一种技术。

(3) 国际税率差异:跨国纳税人利用各国税率的差异,使节减税收最大化的一种技术。税率差异包括各国之间和不同企业组织形式之间的税率差异。

(4) 国际分割技术:跨国纳税人将所得或财产,在两个或更多国家的纳税人之间进行分割的一种技术。

(5) 国际扣除技术:跨国纳税人使税收扣除额、宽免额和冲抵额最大化的一种技术。

(6) 国际抵免技术:跨国纳税人使税收抵免额最大化的一种技术。世界各国在本国税法和国际税收协定中往往都规定有多种税收抵免,如已纳国外税收抵免、税收饶让、已纳国内预提税抵免、消除双重征税的抵免等。

(7) 国际延期纳税技术:跨国纳税人利用延期纳税税款规定的一种技术。

二、跨国公司税收筹划的主体

跨国公司税收筹划的主体是跨国公司。所谓跨国公司,是指集团的公司内部结构体系,这种结构体系包括总持股公司和分布在与母公司非同一税收管辖区内的其他国家中的子公司、分公司、代表处等。当然,建立跨国集团的目的是在经济国际化的条件下,实现生产、销售和管理过程的最优化、成本费用最小化和利润的最大化,从而巩固跨国公司在国际市场中的地位。但是,在构建跨国公司内部结构的策划过程中,经营活动中的税收问题不能被置于最后地位。公司国际税收筹划的目的恰恰是实现跨国公司内部结构的最优化,从而使公司的总利润最大化。

三、跨国公司税收筹划的客体

跨国公司税收筹划的客体是跨国公司的利润,为了使集团的全球利润最大化,必须使跨国公司经营活动所面临的主要税收最小化。这些税收包括跨国公司经营活动的所有所在国的当地税收,以及公司管理中心所在国的公司所得税。这些税收按种类划分为直接税和间接税。其中,直接税包括:① 所得税,即公司所得税,以股息、利息和特许权使用费为形式的利润分配税,以及出售不动产和有价证券的资本利得税;② 财产税,即资本税、财富税(不动产、土地);③ 社会保障税及其他的直接税。间接税包括:① 增值税和消费税;② 关税及其附加税;③ 交易税,即销售税、不动产交易税、股票交易税等。

第二节 跨国公司课税主体的税收筹划

一、利用跨国纳税人身份的变化来逃避税收

(一) 适用法律标准的国家

跨国公司的"国籍"是由在该国依法登记注册而获取。因此,为避免成为高税国的公民,逃避公民税收管辖权,跨国法人可转移或避免国籍国,撤销在原国籍国的登记注册,改在其他低税国登记注册。

(二) 适用户籍标准的国家

世界上的大多数国家,采用的是居民税收管辖权。判断居民公司的重要标准是公司实际控制和管理的主要地点。因此,跨国公司可以通过细致的安排,设法消除构成管理机构存在的因素来避免居所的存在。例如:改变其参与公司管理的股东和常务董事的国籍;改变其股东大会和董事会召开的所在国;改变其保管公司账册和公布公司盈余分配方案的地点;改变其发出经营决策指令的国家等。这些均可安排在低税国进行。此外,还可以采用管理机构虚假迁出的做法,即通过变更登记而将总机构改变为分支机构,并更改公司体制,把新的董事会和总管理机构相应设在低税国等。当然,跨国法人也可以把管理机构或实际有效管理中心,真正从高税居住国迁往某一低税国。这是跨国法人摆脱某一高税居住国居民管辖权的最彻底的方式,但要真正实行起来比较困难。

二、滥用税收协定进行税收筹划

(一) 滥用税收协定的概念

滥用税收协定是指一些非税收协定缔约国双方居民的跨国纳税人通过某些手段获得本

应只有缔约国居民才可享受的协定税收优惠,以达到逃避税收的目的。当今世界,为了解决国际双重征税和调整两国间税收利益分配的问题,国家间普遍缔结双边税收协定。双边税收协定中有适用于缔约国双方居民的优惠条款,能享受税收协定优惠条款条件的跨国纳税人,必须是缔约国一方或双方的居民。滥用税收协定是指跨国纳税人设法获得或利用中介体的居民身份,主动靠上某国的居民管辖权,以享受税收协定的优惠待遇,从而减轻在另一非居住国的有限纳税义务,这些义务主要集中在减轻和逃避来源国对股息、利息和特许权使用费等消极投资所得征收的预提税方面。滥用税收协定的实质,是本无资格享受某一特定税收协定优惠的跨国纳税人,设法享受了协定优惠。

(二)滥用税收协定的常见方式

滥用税收协定的基本特征是建立各种中介公司,借助这类公司享受税收协定待遇的好处。具体方法大致可归纳为三类。

1. 设置直接的导管公司

所谓"直接导管公司"(direct conduit companies),是指为获得某一特定税收协定待遇的好处,而在某一缔约国中建立的一种具有居民身份的中介机构。

【案例7-1】 假设A国的a公司想购买C国c公司的股份,c公司每年向a公司支付股息,C国的预提所得税税率为20%。A、C两国间尚未签订税收协定,如果每年c公司都直接向a公司支付股息,则要负担较重的税收。如果有一个国家B国,同时与A、C两国签订了税收协定,规定B国居民来源于A、C两国股息所得的预提所得税税率为5%。于是,A国的a公司可在B国组建一个b公司,由b公司来购买C国c公司的股份,并收取来自c公司的股息。c公司作为C国的居民,按B、C两国协定规定仅在B国负担5%的预提所得税,然后再享受A、C两国税收协定的优惠,将来自B国b公司的股息所得转付给A国的a公司,这样就使A国a公司来源于C国c公司股息收入的税负得以减轻(见图7-1)。

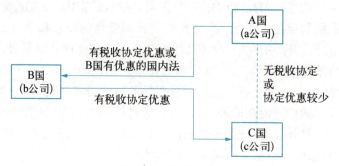

图7-1 直接导管公司

显然,在B国组建b公司的真正目的,并非出于投资生产的实际需要,而是为了利用A国、B国和B国、C国之间签订的协定,以获得本来得不到的税收利益。此时,B国的b公司被称为"直接导管公司"。

2. 设置踏脚石导管公司

所谓"踏脚石导管公司"(stepping stone conduit companies),是指在两个以上的国家设立的子公司,以一种更间接、更迂回的避税方式来利用有关国家所签订的税收协定,最终达到规避税收和减轻税负的目的,我们用【案例7-2】来说明这种避税方式的运作。

【**案例7-2**】 A国a公司准备在C国进行投资,A国与B、C两国之间都没有签订税收协定,但A国与D国之间有税收协定,规定对来源于D国的所得给予税收优惠。在B国,由B国公司向外国公司支付的费用可作为纳税扣除项目。由于B国和C国之间有税收协定,B国b公司在C国建立一个100%的控股公司c,公司的绝大部分收入来源于其100%控股的C国c公司的利息、股息和特许权使用费等投资所得。这些所得,按协定可以享受很低的预提所得税或完全免税。这样一来,来源于C国的所得,在几乎没有税负的情况下,就可以经B国b公司和D国d公司转移到A国的a公司。在a公司从C国获得所得的过程中,b公司和d公司如同两块供过渡的踏脚石,故将它们称为踏脚石导管公司(见图7-2)。

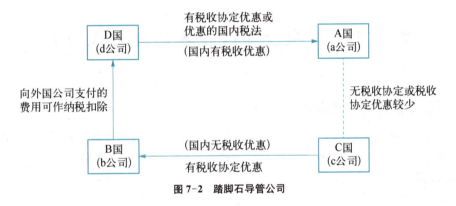

图 7-2 踏脚石导管公司

3. 直接利用双边关系设置低股权控股公司

这种方法无须通过第三国迂回,而是将中介公司设在缔约国的某一方。由于一些国家对外签订的税收协定中有明确规定,缔约国一方居民公司向缔约国另一方居民公司支付股息、利息或特许权使用费享受协定优惠的必要条件是,该公司由同一外国投资者控制的股权不得超过一定比例。针对这种要求,外国投资者可以精心组建外国低股权的控股公司,以获得税收优惠。

【**案例7-3**】 A国与C国签订的税收协定中规定,两国的居民企业要享受协定中的税收优惠政策,要求一国居民企业拥有另一国居民企业的比例不得超过25%。如A国a公司拥有C国c公司100%股权,则A国a公司不得享受两国协定中的税收优惠待遇。如果A国a公司在A国成立5个子公司,再由5个子公司分别控制c公司20%的股份,即可达到外国控制者控制股权低于25%的协定要求,享受优惠待遇(见图7-3)。

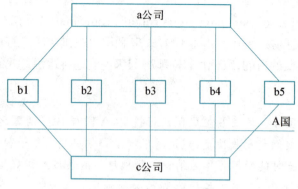

图 7-3 设置低股权控股公司

第三节 跨国公司课税客体的税收筹划

一、利用常设机构进行税收筹划

常设机构是指企业进行全部和部分经营活动的固定场所,由于各国对常设机构的判断标准不尽相同,而且国家之间有关常设机构的税收条约或协定中有许多优惠规定,给企业国际避税活动提供了大量的机会。

1. 避免成为常设机构

是否有设在非居住国的常设机构是决定非居住国的非居民(公民)的营业利润是否纳税的标准。各国的税法,尤其是税收协定中规定了一些不视为常设机构场所,这些规定为避税活动提供了空间。

各国签订的税收协定中,通常会列举不包括在常设机构范围内的项目和活动,如货物的储存或保留存货、采购、广告宣传、情报搜集、进行准备性和辅助性活动的场所等。由于这些项目和活动不在纳税之列,跨国公司可以依靠从事一项或多项免税活动来避税。跨国公司也可以使用某种类型的服务公司,这种公司由税务当局核定,按某一较低固定税率纳税,在母公司设在避税地或设在对外没有签订税收协定的国家内的情况下,这些安排很容易奏效。

对于建筑工地或安装项目,有关税收协定往往是按持续时间在 12 个月以上或 6 个月以上来判断其是否为常设机构,因此,跨国公司通过精心安排施工力量,设法在期限之前完工并撤出,就可以避免成为常设机构而在非居住国纳税。

2. 利用常设机构进行收入与费用转移

在常设机构无法避免时,可以巧妙地利用总机构与常设机构、常设机构与常设机构之间的交易,达到避税的目的。

在实践中,这类问题主要体现在总机构与分支机构,以及不同分支机构之间的利润分配上,其形式多种多样,常见的有三种。

(1) 利用常设机构转让营业资产。总机构与常设机构之间转让营业资产,通常面临两个问题。一是资本转出机构是否产生一笔资本利得,在账面上是否反映出由此担负的纳税义务,这里就涉及对这笔资本利得如何进行估价的问题。二是资产转入机构对资本价值应如何计算,以便确定计提折旧的基础。这种计算有两种方法:一种是以转出机构的账面原值减去其已提折旧;另一种是按重置成本价格,即按转入该资本的真实市场价格计算。由于转入方所在国对营业资产评估、计算和税率规定上的差异,通过总、分机构或两个常设机构间营业资产的转移,可减少当期或未来的纳税义务。

(2) 利用常设机构转移成本费用。通常,税务当局要调查了解国外常设机构在多大程度上受总机构的管理,以及总机构为了国外常设机构的管理付出了多少成本和费用。如果这种管理确有其事,那么相关成本费用就应由国外常设机构负担,并从国外常设机构中扣除。可以用直接分配这些成本的方法做到这一点,或用假设由分支机构向总机构支付报酬的方法替代成本分配法。这样,跨国公司可以通过总机构成本转移摊入常设机构成本的方法,增加常设机构的成本和费用,利用常设机构所在国的一些税率和优惠措施,成功地减少一部分税收。

对于为使用借贷资本而支付的利息,为使用专利技术而支付的特许权使用费,以及类似的使用非专利化专有知识、技术、商业秘密、商誉等所支付的费用,都可以由一个法人的不同机构支付。例如,总机构可以通过某一金融机构和技术服务中心,向自己的驻外机构提供财力和技术上的援助。这种援助有时可以采用完全虚拟的海外机构从容地将这些费用计入成本,冲减利润,减少纳税。

对于管理费用,可以由受益于总机构的有关管理活动的各种常设机构直接分摊管理费用。企业纳税人可以采取适时地在许可范围内从高或从低分配管理费用的方法来实现避税。例如,为了使一个处于高税国的盈利常设机构既能多汇回利润又减少纳税,可将总机构的某些与常设机构活动关系不大的管理费用额外摊入常设机构的产品成本中去,如将总机构对经理人员的补贴和退休金等统统摊入常设机构的管理费用,以此方法变相将常设机构的利润转移回总机构。

(3) 利用常设机构亏损。跨国公司通常都要在其母国(居住国或国籍国)计算损益,其国外常设机构的当年损益也要一并汇总计算。但发生在高税国的亏损和发生在低税国的亏损,有时会产生大为不同的结果,由于各国对企业亏损的税务处理规定差别很大,所以设法在最有利的国家使某一常设机构在最有利的时间列为亏损,这就为跨国公司减轻税负提供了很大的回旋余地。

二、利用延期纳税的税收筹划

所谓延期纳税,是指奉行属人主义原则。实行居民(公民)管辖权的国家,对本国居民(公民)建立在国外的子公司所取得的利润等收入在没有以股息形式汇回母公司之前,对本国母公司不就其外国子公司的利润征税。跨国公司利用这个规定,在合适的低税国或避税地建立子公司,然后再利用其他客体转移的手段,使利润在该子公司得以形成和积累,这些利润可能根本就不汇回母公司,也可能拖延一段时间再汇回居住国,相当于取得了一笔无息贷款。

三、选择国外经营方式进行税收筹划

(一) 总机构与分支机构的选择

当一个跨国公司决定在国外投资和从事经营活动时,可以通过选择常设机构或子公司的不同形式,达到减轻税负的目的。

仅从税务角度分析,分支机构有四个有利条件。

(1) 可以不缴纳资本注册税和相应的印花税。

(2) 可以避免对利息、股息和特许权使用费征收的预提税。

(3) 可能有机会利用消除国际双重征税方法中的有利条件——免税法。

(4) 在一项新的投资活动的初期往往会出现亏损,作为税收惯例,跨国公司总机构所在国一般允许用其国外分支机构的这类损失冲抵总机构的利润。这种做法也可以用来处理由于货币兑换而产生的盈利或损失。

分支机构的不利条件体现在三个方面。

(1) 因为在东道国没有设立独立的法人身份而无资格享受当地政府为子公司提供的免税期或其他投资鼓励措施。

(2) 假如分支机构今后转变为子公司,可能须就由此产生的资本利得纳税。

(3) 分支机构一旦取得利润,总机构在同一纳税年度内须就这些境外利润向居住国纳税。因此,当国外税率高于居住国税率时,无法获得延期纳税的好处。

相比之下,子公司与分支机构的优缺点恰好相反。由于各国的具体规定不同,分支机构与子公司的优缺点在各国也不尽一致。一般而言,分支机构最大的优点就在于其亏损可以冲抵总机构的全球利润,而子公司的最大优点就在于便于转让定价。跨国公司应根据自身业务特点,反复权衡利弊做出精心选择。一种常见的做法是:营业初期以分支机构形式经营,当分支机构由亏转盈后,设法转变为子公司。

(二) 合伙企业和公司的选择

合伙企业的营业利润不缴纳公司所得税,而是按合伙人的出资比例,直接计入合伙人的个人所得,缴纳个人所得税,从而避免了既对公司利润征收公司所得税,又对股东所得征收个人所得税。然而,合伙企业在法律上负有无限连带责任,份额不可以自由转让,不能自由发行股票,不能享受税收协定待遇的优惠,利润要直接反映在合伙人当年的纳税义务中,故此在选择时应综合考虑。

(三) 利用税收优惠,选择投资经营中的低税点

各国税制之间存在着很多差异,这些差异的存在,给跨国公司提供了选择的余地,使其

能巧妙地利用税负较轻的投资经营形式和税负较轻的收入项目。我们把这些有助于减轻税负的投资经营形式和收入项目称为低税点,跨国公司在对外投资经营中,更注重利用非居住国中的低税点。

低税点大量存在于各项优惠中,如加速折旧、投资抵免、差异税率、专项免税、亏损结转、减免税期等。如果跨国公司从事投资经营活动的非居住国与其居住国之间签订有包含税收饶让抵免条款的税收协定,跨国公司可以通过利用这些低税点大受其益。此外,利用税收鼓励,开辟新的低税点的现象,也很普遍。另一种利用减免期的做法,是在合资企业税收减免期临近期满时,设法从原企业中分离一部分出去,成立新的合资企业,或转变成为新的合资企业,以谋求新的减免期优惠。

各国税法中对不同收入和费用处理方式上的差异,有时也会被跨国公司作为低税点加以利用。例如,对于公司支付的利息,税收上一般允许将其作为费用扣除,而支付的股息则不扣除。在这种情况下,跨国公司可以采取各种形式举债进行投资,尽量扩大债务与产权的比率。

(四)利用电子商务的税收筹划

电子商务(electronic commerce)是指实现整个贸易过程中各阶段贸易活动的电子化。电子商务的出现打破了原有的商业模式,现行国际税收原则中相关的居民、常设机构、属地管辖权等概念已无法对其进行有效约束,也无法准确区分销售货物、提供劳务或是转让特许权。跨国公司可利用常设机构判断标准、电子商务的所得性质以及电子商务征收管理上的空白和漏洞来避税。

第四节 跨国公司利用国际避税地的税收筹划

一、国际避税地的概念

国际避税地是指不课征某些所得税和一般财产税,或者课征的所得税和一般财产税税率远低于国际一般负担水平,或者向非居民提供特殊税收优惠,从而形成国际避税活动中心的国家和地区。国际避税地可分为三种类型。

(1)不征收所得税和一般财产税的国家和地区,这类国际避税地被称为"纯国际避税地"。在这些国家和地区,完全不征收个人所得税、公司所得税、资本税、净财产税、继承税、遗产税等直接税。属于这一类国际避税地的国家和地区有巴哈马、百慕大、开曼群岛、瑙鲁、瓦努阿图等。此外,格陵兰、法罗群岛、新喀里多尼亚、索马里、圣皮埃尔和密克隆基本上也属于此类。

(2)不征收某些所得税和一般财产税,或虽征收所得税和一般财产税,但征收税率远低于国际一般水平,或对来源于境外的所得和存在于境外的一般财产价值免征税收的国家和地区。属于这一类国际避税地的国家和地区有:阿尔德尼岛、安道尔、巴林、巴巴多斯、英属马恩岛、塞浦路斯、中国澳门、瑞士、中国香港、新加坡等。

(3) 虽有规范税制，但有某些税收特例或提供某些特殊税收优惠的国家和地区。这些国家和地区在按照国际规定制定税法的同时，又制定了某些税收特例或提供某些特殊税收优惠。属于这类国际避税地的国家和地区有卢森堡、荷兰、比利时、希腊、菲律宾等。

二、利用国际避税地进行税收筹划的主要方法

跨国公司利用国际避税地进行避税活动的形式多种多样。涉及课税主体转移避税和课税客体转移的各个方面，其采用的方法主要是：以避税地作为基地，设立外国基地公司，虚构避税地营业进行避税。

（一）在基地国设立具有法人身份的基地公司

所谓基地国，是指被外国公司用作国外经营活动基地的国家，对设在基地国的法人来源于国外的收入，通常只征收轻微的所得税或资本税，甚至完全不征收这类税，基地国成为低税国或避税地的代名词。在避税地出于与第三国进行经营的目的，在基地国中组建的具备法人资格的公司，称为基地公司。在国际税收领域中，基地公司成为避税地公司，可分为典型的基地公司和非典型基地公司两种：典型的基地公司是以对外国投资和经营为目的而设立的公司；非典型的基地公司则是出于母国对投资的需要而设立的。基地公司是高税国的企业为避税而合法利用的，具有独立法律地位的实体，是受控于高税国纳税人的虚构的纳税实体，除少数基地公司在基地国有一些真实活动外，绝大多数基地公司在基地国并没有实质性的经营活动，只是租用一间办公室或简单的办公设备，甚至只有一块公司的招牌，最基本的形式是信箱公司。

跨国公司在避税地设立基地公司，通常运用转让定价的方式将分布在全球范围内的子公司和分支机构获得的利润转移到基地公司账下，并利用避税地国家延缓课税的规定，将利润保留在基地公司而不向高税国的股东和权益所有人分配，从而达到避税的目的。基地公司积累起来的利润可用于全球范围内的再投资。

（二）开展中介业务

跨国公司在避税地建立了各种独立法人实体，尤其是信箱公司之后，就要让这些公司介入其国际交易活动，使之成为经营链条上的一个重要环节。通过避税地公司转手进行的业务，通常称为中介业务。

开展中介业务的基本做法是母公司将本应直接销售或提供给另一国子公司的原材料、产品、技术和劳务等，通过避税地中的受控基地公司转手进行，将本来只涉及两方面的交易，设法变为涉及三方的业务，从而将一部分甚至全部所得转入并滞留在避税地，借以躲避在高税国应承担的税负。

（三）在中介业务中使用转让定价手段

跨国公司在基地公司的中介业务中，若原原本本按正常交易价格进行交易，就会使虚构的中介业务失去存在的意义，只有借助于转让定价的手段，采用低进高出的定价政策，才能

使利润大量向避税地转移,发挥避税地的避税功能。

以上包括建立基地公司、开展中介业务和使用转让定价在内的三个方面,构成了虚构避税地营业来进行税收筹划的三部曲,所以,我们把虚构避税地营业综述为:跨国公司通过建立基地公司,开展虚买虚卖的中介业务,借助转让定价手段,向避税地转移营业利润和其他所得,以逃避居住国(国籍国)的较高税负的一种避税地的模式。

【案例7-4】 假定高税国母公司分别在甲国、乙国设有甲、乙两个子公司,甲公司与乙公司间发生实际业务往来。为了减轻甲、乙公司之间销售收入产生的税负,A国母公司在避税地D国建立了基地公司,由避税地受控公司出面低价购买甲公司的零件,然后转手高价卖给乙公司使用。在这一过程中,甲公司的原材料并没有转运到避税地,仍然直接发运给乙公司,避税地受控公司只是在账面上购买和出售这些原材料。由于避税地受控公司的介入,甲公司的销售收入下降,减少了应税所得;而乙公司则因原材料进行成本提高,利润减少,税负随之减轻(见图7-4)。

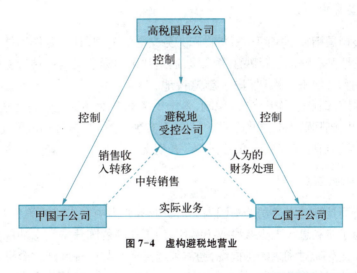

图7-4 虚构避税地营业

三、利用国际避税地组建各类公司进行税收筹划

跨国公司从事各种各样的跨国经营活动,形成了不同的收入。例如:贷款会获得利息收入;入股投资会获得股利、红利收入;技术转让会获得特许权使用费收入;从事工商营销活动则会带来营业利润;等等。跨国公司可根据各种不同性质的收入,设立不同形式的基地公司,通过虚构避税地营业,滥用税收协定以及转让定价等原理处理不同的业务和收入,达到规避税负的目的。

(一) 组建国际控股的公司

控股公司是指为了控制而不是为了投资的目的,拥有其他一个或若干公司的大部分股票或证券的公司。在避税地建立控股公司是避税手段之一,因为在避税地对股息收入和资本利得往往不征税或只征收很轻微的税。在实践中,出于国际避税的某些考虑,跨国法人也有把控股公司设在某些高税国的,这主要是想利用有关国家之间税收协定提供的特殊待遇。利用控股公司避税的主要手段有两种。

(1) 将受控外国子公司所获得利润,以利息形式汇到基地国控股公司账下,可以躲避母公司所在国对股息的征税。在对外没有签订税收协定的避税地国家,预提所得税往往是不可避免的。

(2) 控股公司可以把从各国子公司、孙公司汇来的股息、利息,用于各种经营活动或进行再投资,享受新的免税或减税的好处。

控股公司的主要目的和功能是避税或减少对所得或资本利得项目的课税,为本集团的公司提供资金来源,发挥资金"转盘"的作用,把筹集来的资金再投资,利用延期纳税,逃避外汇管制。适宜建立国际控股公司的国家和地区有荷兰、瑞士、列支敦士登、卢森堡、荷属安的列斯等。

(二) 组建国际贸易公司

国际贸易公司是指在国家间从事货物和劳务交易的公司,其主要作用是为购买、销售和租赁等业务开发票并在账面上反映业务流程,通过并无实际意义的中转贸易业务,把高税国公司的销售利润和其他来源的利润转移到避税地。

目前很多国家都制定了转让定价税制,各国税务局会对转让定价行为进行或宽或严的干涉和调整,因此,国际贸易公司的税收利润能否实现,还得视具体情况而定。理想的建立国际贸易公司的地点有巴哈马、巴拿马、百慕大、列支敦士登。

(三) 组建国际金融公司

国际金融公司是指跨国公司为集团内部借贷业务充当中介人或为第三方提供贷款的机构。跨国公司为了使利息收入少缴税或不缴税,为了在高税国获得利息纳税扣除,或借助于税收协定来减少或免除对利息的预提税,通常须选择在某些避税地建立金融公司,从事中介业务。这些金融公司的作用主要有两个方面:一是充当公司集团内部借款与贷款的中介人,为其成员从一国向另一国贷款;二是从事向无关联企业的正常贷款业务,以赚取利息收入。

一般认为,国际金融公司的建立通常取决于以下因素:① 国际税收协定网络密布的国家和地区,可以享有协定提供的税收优惠;② 利息支出免交预提税;③ 金融公司的利息收入不纳入公司所得税的税基;④ 对净财富不征财产税;⑤ 没有反对滥用税收协定的法律规定等。另外,还要考虑当地政治、经济是否稳定,有无外汇管制,通货是否比较坚挺等因素,列支敦士登、卢森堡、巴拿马、利比里亚、荷属安的列斯是一些跨国公司比较青睐的国家和地区。

(四) 组建专利持有公司

专利持有公司是指专门从事专利、商标、版权、牌号或其他工业产权的获取、利用、发放使用许可证、转发许可证等活动的专业公司。建立这类基地公司的目的,在于减轻或免除特许权使用费或其他支付所承担的纳税义务。

在专利和专有技术之类的工业产权形成过程中,往往会发生大量的研究与开发费用,回收这类成本费用最重要的渠道,就是在专利或专有技术转让中收取特许权使用费。减轻或免除这些费用的税负,就意味着降低成本和加快资金回笼,从而增加利润。

建立专利持有公司的有利地点,应具有以下两个条件:① 签订的税收协定对特许权使用费的预提税有优惠规定;② 当地实行低税。在具有这些条件的避税地建立了专利持有公司后,高税国的跨国纳税人可将其研究成果转让给专利持有公司,由后者申请专利,对外发放专利使用许可证和收取特许权使用费。从专利发明人居住国收取的特许权使用费,能够在税收协定优惠规定的作用下,几乎不承受任何税负而流入专利持有公司。

(五) 组建受控保险公司

受控保险公司是由跨国公司组建的、由集团完全拥有的、主要为本集团成员提供保险和分保的一种公司组织。

因跨国集团成员企业支付给受控保险公司的保险费通常允许在公司所得税中作为费用扣除,假定成员企业设在高税管辖的国家和地区,超额的保险费支付,随着本企业应税所得的减少和受控保险公司收益的增加,算总账便可以得到一笔额外的税收收益。另外,受控保险公司如果设在低税国和地区,或设在不征收所得税的国家和地区,保险费收入除了可以少征或免征所得税外,其税后所得如不及时汇回母公司,一般还可以递延缴纳母公司所得税,因此,自20世纪60年代以来,一些大的跨国公司集团便开始利用避税地的便利条件,纷纷组建自己的受控保险公司。

(六) 组建各种服务公司

服务公司是指从事基金管理、卡特尔协定组织以及其他类似劳务的服务单位,可以起一个企业总机构的作用或控股公司的作用。利用服务公司避税有两种方法:① 企业在某国际避税地建立服务公司,然后通过向国际避税地的服务公司支付劳务费等来转移资金,以规避相关税收;② 高级管理人员可以通过在国际避税地服务公司工作以规避相关税收。

此外,还可以为了某个暂时的交易和业务组建其他公司。一旦该项交易完成,逃避税收的目的实现,这种公司也就解散或消失了。

第五节 跨国公司利用转让定价的税收筹划

一、关联企业与转让定价的概念

当今国际贸易的一个重要问题是跨国公司日益扩大的内部交易,跨国公司利用关联企业实现转让定价。所谓关联企业,是指在国际和国内经济往来中,因在管理、控制或资本以及人事等方面存在直接或间接参与,或者相互有特殊利益关系的企业。关联企业范围广于联属企业,联属企业着重于同一集团内的各成员因全部或部分控制而形成的隶属和旁属关系(如母公司—子公司—孙公司或同一母公司下的子公司、孙公司之间),关联企业除此之外还包括因某些业务关系或人事关系而形成的关联关系。

转让定价是国际关联企业内部基于共同利益的需要,经过人为安排的,背离正常市场交易价格的各种内部交易价格和费用收取的标准。由转让定价而来的价格是转让价格(见图7-5)。转让价格是跨国法人集团及其内部有关联关系和利益关系的各个企业之间为相互销售货物、提供劳务、借贷资金以及租赁和转让有形与无形财产等经济往来而制定的一种结算价格。这是一种不同于一般市场的价格,它可能高于、低于或等于正常交易价格。这也是跨国公司根据其全球战略目标,为谋求利润最大化,由公司集团内部确立的一种价格。

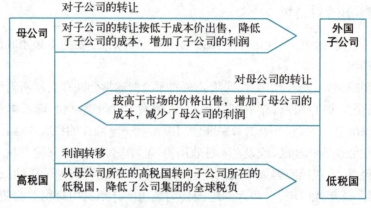

图 7-5 转让定价示意

二、转让定价的表现形式

在实践中,转让定价的表现形式多种多样,主要包括以下五个方面。

(一) 货物购销中的转让定价

货物购销包括原材料、燃料、低值易耗品、零部件、半成品、产成品的购销,是转让定价最常见的形式。跨国公司在关联企业间的购销活动中,往往通过提高或压低价格的办法,来增加或减少有关企业的收入和费用,从而影响购销双方的利润。例如,高税国的母公司向低税国的子公司压价供应原材料,或低税国的子公司向高税国的母公司提价出售零部件或产品,从而导致利润向低税国的子公司集中,达到从整体上减轻跨国公司税负的目的。

(二) 信贷融资中的转让定价

贷款是跨国公司内部进行投资的一种常见形式,贷款利率的高低,可以影响对方企业的费用成本,关联企业还可以利用有的国家或地区对贷款利息征税而对存款利息不征税进行避税。例如,一个需要借款的公司利用关联企业持有的银行存款作为抵押,获得银行贷款,然后要求就该贷款扣除利息;另一方面,持有银行存款的关联企业,做出安排来收取无须课税的存款利息。

(三) 提供劳务中的转让定价

跨国公司内部之间相互提供劳务,通过提高或降低劳务收费标准的办法,影响企业之间的收入与费用,转移利润,逃避税收。跨国公司内部企业之间相互提供的劳务包括的范围很广,如设计、维修、广告、研究、管理、咨询等。

(四) 固定资产购置中的转让定价

母公司对子公司以固定资产投资,作价的高低既影响母公司对子公司的股权份额,也影响子公司每年折旧费的多少。当固定资产的购置涉及关联方之间可折旧资产的转让时,由于各国对资本利得的税务处理方式不同,还会使跨国纳税人通过转让定价转移利润或将利润化为资本利得。此外,在设备租赁领域中,由于各国对国际租赁业务应由哪一方计提折旧,由谁承担风险等问题的规定不尽相同,跨国公司可以利用这些差异达到避税目的。

(五) 无形资产使用与转让中的转让定价

无形资产包括专利、专有技术、商誉、商标、版权等。这类无形资产的使用与转让,可以取得特许权使用费。母公司通过对这些无形资产的转让和使用,提高或降低收取特许权使用费,可以对子公司的成本和利润施加影响,从而达到减少税收负担的目的。

三、转让定价的限制因素

从以上我们对转让定价形式的分析可以看出,转让定价涉及面非常广,为跨国公司进行税收筹划开辟了有利途径。但是,在实践中,转让定价的运用往往受到诸多因素的约束,跨国公司并不能随心所欲地利用转让定价来达到目的。

(一) 双重征税的威胁

跨国公司的跨国转让定价交易,至少会涉及两个国家,而转让定价会引起这些国家间税收利益的冲突。跨国纳税人在内部制定转让价格来进行交易,可能会引起一国对之进行纳税调整而另一国不给予相应补偿调整的风险,从而导致国际双重征税。这种风险对于专利等方面的特许权使用费、服务费、管理费和利息支付等而言,尤为严重。

(二) 部门间收入冲突的威胁

在同一国家的不同政府主管部门之间,也存在着与上述国家间收入冲突相似的情况。外汇管制部门和征收所得税的部门,希望交易中的进口价格低一些,而关税和反倾销部门则希望进口价格高一些。同一国家不同部门之间的这种收入冲突,使得跨国纳税人的转让定价政策有顾此失彼之忧,难圆避税之梦。特别是有关税务当局对转让定价的调整有可能增加跨国公司的税负,或加大其税收风险。

(三) 会计公司的威胁

跨国公司的账目，一般是由能运用全球调查手段的国际会计公司进行审计。出于维护本公司信誉和取得各国政府部门信任的需要，这些国际会计公司常常严审细查，这也给跨国法人在转让定价过程中利用种种税收筹划手段设置了障碍。

四、预约定价安排

目前，越来越多的国家建立了严格的转让定价税制，跨国公司摆脱转让定价税制的税收筹划的方法是：预约定价安排（Advance Pricing Arrangement，APA）。具体来讲，预约定价安排是指纳税人事先将其和境外关联企业之间的内部交易与财务收支往来所涉及的转让定价方法向税务机关申请报告，经税务机关审定认可后，可作为计征所得税的会计核算依据，并免除事后税务机关对定价的调整的一项制度。在实践中，预约定价安排包括三种形式：一是单边预约定价安排，它是由一国的税务机关与单个纳税人订立的；二是双边预约定价安排，它是由两个国家的税务机关同时分别与其境内从事活动的跨国纳税人订立的；三是多边预约定价安排，它是由三个或三个以上的国家的税务机关同时分别与某境内从事活动的跨国纳税人订立的。

预约定价的实质是将转让定价的事后调整转变为事前的一种约定和安排，是纳税人和税务机关就关联企业间的收入、费用、折让、摊销、补贴等的分配和分摊达成一项协议。协议一旦签署，对征纳双方皆具有约束力。若跨国纳税人按协议的相关内容进行定价和交易，则税务机关对其不做调整；若跨国纳税人违背有关规定，税务机关则保留调整权。我国自1998年第一次引入预约定价安排以来，已经陆续签订了多个单边和双边的预约定价安排。

第六节 跨国个人的税收筹划

一、跨国个人税收筹划的主体

跨国个人税收筹划的主体是所有非公司形式的各类经营组织以及自然人。经济中非公司成分的经营组织主要包括个体所有企业和合伙企业。个人国际税收筹划也可能被某些混合型的经济结构所利用，如跨国公司的某些分支部门是一些以合伙企业的形式登记注册的企业，而合伙企业的某个合伙人是外国公司。

跨国个人税收筹划的主要目的是以自然人税收负担最小化，实现所得总额的最大化。对于那些居住在自己的国籍国和居住国的自然人而言，即使他们不从事走出国门的对外经济活动，也能够利用个人国际税收筹划的原理为自己带来收益。显然，如果在其他管辖区内个人所得及业务活动所承担的税收较低，那么必然会产生一种可能性，即将个人的资本转移到低税的国家和地区去。资本总是从那些高税国流向税收环境良好、低税率的国家，并且，这种资本流向在将来也未必会有所改变。因此，对于每个自然人纳税人来说，了解个人国际税收筹划是十分有益的。对于从事对外经济活动的自然人而言,国际税收筹划所能带来的利益可以反映在两个方面:第一,使产生于外国税收管辖区内的所得达到最大化;第二,可避免国际双重征税所带来的沉重的税收负担。为了达到这两个目的,可充分利用税收抵免、税收免除,以及国际税收协定所提供的各种优惠条件。

二、跨国个人税收筹划的客体

跨国个人税收筹划的对象是自然人在所有不同管辖权所获的全部所得。这些所得可能会面临一些直接税和间接税。其中,直接税包括:① 个人所得税,包括某纳税人的全部分配收入,其中也有股息、利息、稿酬、特许权使用费、动产与不动产的资本利得、受赠等;② 财产税,即资本税、动产税和不动产税;③ 社会保障税;④ 遗产和赠与税。间接税包括:① 增值税和消费税;② 交易税,即对不动产、有价证券的交易征收的税;③ 关税和其他与进出口相关的税收。

三、跨国个人税收筹划的主要方式

如前所述,税收总是对一定课税主体的课税客体进行课征的。一般来说,按某个课税权主体的统一国内税法,一定课税主体的课税客体所承担的税负是既定的。但是,如果这个课税主体或课税客体在空间上向另一不同课税权主体国家转移,那么,由于这两个不同课税权主体国家的国内税法不同,同时它们在处理各自的国际税收关系方面所遵循的国家间的税收协定也互有差异,这就势必带来税负不同程度的变化。因此,当跨国纳税人有意识地利用这一点,为其实现规避和减轻税负的目的服务时,课税主体及课税客体的国际转移,也就构成了个人国际避税的主要方式。

(一)适用法律标准的国家

跨国自然人的无限纳税义务是由于其国籍和公民身份的存在,如同无形的纽带,紧紧地将跨国纳税人与其国籍国的公民税收管辖权连在一起。跨国自然人想转移或规避其高税国国籍,摆脱公民管辖权的约束,唯一的途径就是放弃原国籍,获得别国国籍。然而,跨国自然人变更国籍,手续繁杂,往往难以奏效。

(二)适用户籍标准的国家

在适用户籍标准的国家,跨国自然人的身份往往是由居住的状况和居住的时间确定的。因此,在高税国居住的跨国纳税人,要为国际避税目的而转移或避开其居住国,就得设法通过各种方式,消除在高税国的这些居住因素。其方法主要有五种。

1. 住所的真正迁移

一个生活在具有较高所得税、遗产税和赠与税国家的纳税人,若在国外拥有大量财产和收入,为减轻无限纳税义务,可直接将其住所迁往低税国,有效地终止原居住国的无限纳税义务。该行为通常发生在高税国纳税人退休之后。移居的去处,往往是地理位置很近的避税地,或一些风景优美、生活环境好的低税国。在国际上,这种纯粹为了躲避高税而真正移居国外的人,被称为"税收流亡者"(tax exiles)。

2. 住所的短期迁移

住所的短期迁移是指高税居住国的跨国纳税人,为了某些特定的避税目的,移居国外一两年,待实现特定的避税意图以后,再迁回原居住国,又称假移居。

【案例7-5】 加拿大在1971年12月税收制度改革前,对资本利得免于征税。一个荷兰人拟出售他在一家荷兰公司拥有的一部分股票,他可以暂时移居加拿大取得加拿大的居民身份,在加拿大出售他的股份。这样,他就可以避免荷兰的资本利得税。

3. 缩短居住时间和中途离境

跨国纳税人利用有关国家之间确定居住身份的不同规定,选择或缩短在一国的居住时间,从而规避居民身份,避免对该国的无限纳税义务。

【案例7-6】 甲、乙两国税法规定,在本国居住满一年的人,为本国税收上的居民。一个跨国纳税人在甲国居住不满一年,到乙国居住也不满一年,那么,此人既不是甲国的居民,也不是乙国的居民,可以避免对甲、乙两国的居民纳税义务。

有的跨国自然人,针对一些国家以连续居住半年或一年的时间标准确定居民身份的做法,采取在各国间旅行,不满足任何一个国家的时间标准的方法来避免居所,以规避居民税收管辖权。在国际文献中,这些为躲避居民管辖权而东奔西走的人,被称为"税收难民"(tax refugees)。

4. 成为临时纳税人

被派往另一国从事临时性工作的人,能够得到临时工作所在国减免所得税的特殊优惠待遇,或享受该国对只有临时住所或第二住所的居民的优惠待遇。这样的人在国际上被称为"临时移居者"(provisional immigrants)。个人如果利用有关国家的这种临时纳税人的规定,就可以避免或减轻一部分税负。一些国家对未有正式居民或公民身份的人,一概称为"临时入境者",这些人不负纳税义务。还有一些国家为吸引更多的外国专家来本国工作,采取提供税收优惠的办法,以补偿其出国工作的额外费用。这些税收优惠很容易被利用来作为国家避税的方法。

5. 住所的部分迁出

所谓部分迁出,是指迁出者并未实现完全迁移,仍与原居住国保留某种社会经济关系。各国对构成住所的条件在税法上都有不同的规定。这里所说的"部分迁移",是指跨国纳税人将法律规定的构成住所的部分迁往低税国的国际避税方法。例如,本人迁出,家属并不迁出,或将构成居民身份的一部分财产迁出,但在该国仍有临时工作和保持银行账户等社会和经济的联系。因此,由于各国税制之间存在差异和税务机关配合不够,纳税人可以利用在住所判断与非居民税收待遇界限划分上的模糊点,进行避税。

(三) 虚构避税地信托财产进行避税

跨国自然人通过采用在避税地建立信托的方式进行避税。在实践中,许多避税地的国家和地区都允许外国人在其境内成立信托组织,同时,跨国纳税人也乐于利用信托方式从事避税活动。

虚构避税地信托财产的基本途径,就是跨国纳税人在避税地建立一个受控信托公司,然后把高税国财产转移到避税地。在避税地建立个人持股公司可使跨国自然人把在高税国的财产信托给个人持股公司经营,造成财产所有权的分离,这样,财产所得不必在高税国纳税而可以把所得转移到避税地。例如:高税国甲国纳税人在避税国乙国设立了一家信托子公司,然后把自己的财产和所得委托给这家子公司,并通过契约或合同使受托人按自己的意愿行事。这样,信托财产与委托人分离,纳税义务就从高税国转移到低税国,从而可使委托人免于纳税和减少纳税。并且,在因委托人去世而将财产转归受益人时,还可以避免全部或大部分遗产税。由于信托种类繁多、方式灵活,跨国纳税人利用避税地不征或少征所得税和遗产税的条件,虚设避税地信托财产的方法也较多,主要有三种。

1. 建立个人持股信托公司

根据某些国家的法律,受托人有权自由支配受益人信托所得,可合法地将积累下来的所得转变为信托资本。这些积累下来的钱财在将来被分配时,可获得信托资本的待遇,即可不作为信托所得对待,因而受益人又可不必就此缴纳所得税。此外,受托人还有权自由处置信托资本,由于不存在销售、交换等活动,所以对所分配的款项也不作为资本利得处理,受益人既不必缴纳资本利得税,又不必为其财产缴纳遗产税。跨国纳税人常在具有上述特征的国家和地区设立个人持股信托公司,从事消极投资,并以委托人为受益人,借以躲避资本利得税,或者以亲属为受益人,借以同时躲避遗产税。

所谓个人持股信托公司,是指消极投资收入占总收入的60%以上,股份的50%以上被五个或五个以下的个人所持有的公司。由于这种公司被五个或五个以下的个人所控制,很容易被跨国自然人利用其亲属的化名来顶替,成为实际上由一个人控制的公司。这样,就可以利用避税地不征收所得税或遗产税的特殊条件进行避税活动。

2. 订立其他形式的信托合同

这种方法相较于第一种方法可节省一定的费用开支和省去管理上的不便,因而大量存在。

若跨国纳税人不想迁出高税国,可采用订立信托合同的形式达到减轻税负的目的。例如,跨国纳税人如果想减轻股息的预提税,而其所在国与股息支付国又没有签订税收协定,在这种情况下,跨国纳税人可以与在一个与股息支付国签订了减征预提所得税的税收协定的避税地银行签订信托合同,委托银行收取股息,从而避免一部分的预提税。

3. 以信托掩饰股东的权利

例如,一个跨国纳税人在国际避税地建立一个控股公司,通过控股公司进行投资活动,然后把控股公司信托给某个避税地银行或信托公司来逃避税收。

本 章 小 结

在国际经济活动中,国际避税的表现形式多种多样、千差万别,涉及的范围和内容也极其广泛。本章主要系统地讲述了跨国公司利用主体、客体、国际避税地以及转让定价等各种手段进行国际税收筹划和安排,以降低其全球总体税收负担的情况;同时,本章也介绍了跨国自然人利用税收筹划来减轻税收负担的一些途径。

练 习 题

1. 什么是跨国税收筹划?产生的原因是什么?
2. 什么是滥用税收协定?主要方法有哪些?
3. 选择国外经营方式进行税收筹划的具体有哪些方式?
4. 什么是转让定价?常见方式有哪些?
5. 虚构避税地信托财产进行避税的方法有哪些?
6. 利用国别税法差别是跨国公司避税的一贯做法,虽然各国一直在防堵法律漏洞,但基于各国发展程度和战略的差异,"避税天堂"一直存在。查找资料分析说明苹果公司如何利用"避税天堂"构建轻税、低税王国?它采用了哪些筹划的手段?税基侵蚀和利润转利(BEPS)行动计划公布后,我国反避税有何新举措?有何应对措施?

第八章

税收筹划综合案例[①]

纳税人,尤其是企业纳税人,在生产经营过程中往往涉及多个税种,因此,在税收筹划中,不能仅考虑一个税种,而须全盘综合考虑,从总体税负来进行方案的选择。本章以企业的生产经营过程为基点,通过各环节涉及的多个税种介绍税收筹划案例。这些案例主要涉及增值税、土地增值税、城建税及教育费附加、房产税、企业所得税、个人所得税等税种,通过对税种、税额、税率和纳税期限等精心筹划,实现纳税人的利益最大化。

第一节 企业合并的税收筹划

一、案情简介

甲企业(被兼并方)是一家塑料加工厂,经评估确认资产总额为2 000万元,负债总额为3 000万元。甲企业有一条生产前景较好的生产线,原值700万元,评估值为1 000万元。甲企业已严重资不抵债,无力继续经营。合并方乙企业的生产加工以甲企业成品为主要原材料,并且乙企业具有购买甲企业生产线的财力。甲、乙双方经协商,达成初步并购意向,并提出三种并购方案。

方案1:乙方以现金1 000万元(不含税)直接购买甲方生产线,甲方宣告破产。

方案2:乙方以承担全部债务的方式整体并购甲方。

方案3:甲方首先以生产线的评估值1 000万元重新注册一家全资子公司(以下称丙方),丙方承担甲方债务1 000万元,即丙方资产总额1 000万元,负债总额1 000万元,净资产为0,乙方购买丙方,甲方破产。

[①] 本章介绍的案例有相当一部分是根据《中国税务报》登载的税收筹划案例整理得出。

二、案例筹划

(一) 甲方的税负分析

1. 方案1：属固定资产买卖行为

(1) 增值税。如果生产线购买时进项税款未抵扣，而且根据财务会计制度已计提折旧，则要将3%减按2%缴纳增值税20万元(1 000×2%)。如果购进后进项税款已抵扣，则应纳增值税为1 000×13%－700×13%＝39(万元)。

(2) 企业所得税。按照企业所得税有关政策规定：企业销售非货币性资产，要确认资产转让所得，依法缴纳企业所得税。生产线原值为700万元，评估值为1 000万元，并且售价等于评估值。因此，要按照差额300万元缴纳企业所得税，税额为300×25%＝75(万元)。因此，甲方共承担95万元(或114万元)税金(城建税和教育费附加忽略不计)。

2. 方案2：属企业产权交易行为

(1) 增值税。按现行税法规定，企业产权交易行为不缴纳增值税。

(2) 企业所得税。按规定，在被兼并企业资产与负债基本相等，即净资产几乎为0的情况下，合并企业以承担被兼并企业全部债务的方式实现吸收合并，不视为被兼并企业按公允价值转让、处置全部资产，不计算资产转让所得。甲企业资产总额为2 000万元，负债总额为3 000万元，已严重资不抵债，不缴纳企业所得税。

3. 方案3：属企业产权交易行为

甲方先将生产线重新包装成一个全资子公司，即从甲公司先分立出一个丙公司，然后再实现乙公司对丙公司的并购，即将资产买卖行为转变成企业产权交易行为。

(1) 增值税。同方案2，企业产权交易行为不缴纳增值税。

(2) 企业所得税。可从如下两个步骤进行分析。

第一步，从甲企业分立出丙企业，甲企业破产，不属于"分立企业和被分立企业均不改变原来的实质经营活动"条件。按照规定，被分立企业应视为按公允价值转让其被分离出去的部分或全部资产，计算被分立资产的财产转让所得，依法缴纳企业所得税。分立企业接受被分立企业的资产，在计税时可按评估确认的价值确定成本。甲企业分立出丙企业后，甲企业应按公允价值1 000万元确认生产线的财产转让所得300万元，依法缴纳所得税75万元。另外，丙企业生产线的计税成本可按1 000万元确定。

第二步，丙企业被乙企业合并。乙方和丙方不属于同一控制下。

根据规定，企业发生合并，被合并企业及其股东都应按清算进行所得税处理，被合并企业的亏损不得在合并企业结转弥补。合并企业应按公允价值确定接受被合并企业各项资产和负债的计税基础。

但是，如果企业股东在该企业合并发生时购买的股权不低于被收购企业全部股本的50%，且股权支付金额不低于其交易支付总额的85%，以及同一控制下且不需要支付对价的企业合并，可以享受特殊税务处理；合并企业接受被合并企业资产和负债的计税基础，以被合并企业的原有计税基础确定；被合并企业合并前的相关所得税事项由合并企业承继;允许由合并企业弥补的被合并企业亏损的限额=被合并企业净资产公允价值×截至合并业务发生当年年末国家发行的最长期限的国债利率;被合并企业股东取得合并企业股权的计税基础,以其原持有的被合并企业股权的计税基础确定。在企业吸收合并中,合并后的存续企业性质及适用税收优惠的条件未发生改变的,可以继续享受合并前该企业剩余期限的税收优惠,其优惠金额按存续企业合并前一年的应纳税所得额(亏损计为零)计算。

因此,被合并企业应视为按公允价值转让、处置全部资产,计算资产转让所得,依法缴纳企业所得税。丙企业生产线的资产评估价为1 000万元,计税成本也为1 000万元,因此,转让所得为0,不缴纳企业所得税。

从被兼并方甲企业所承担的税负角度考虑:方案2税负最轻,为零;其次是方案3,为75万元;最后是方案1。

(二) 合并方(乙方)经济负担能力的分析与选择

方案1:虽然乙方只需出资购买甲方生产线,不必购买其他没有利用价值的资产,而且不用承担甲企业巨额的债务,但是,乙企业要支付现金(1 000万元),对乙企业来说,经济压力巨大。

方案2:乙企业要购买甲企业全部资产,对于乙企业来说,没有必要;同时,乙企业还要承担大量不必要的债务,因此,在经济上不可行。

方案3:乙方和丙方不属于同一控制下,不符合企业合并享受的特殊税务处理条件,乙企业要按公允价值1 000万元计入资产价值,同时承担负债1 000万元。由于丙公司只承担甲企业的一部分债务,资产与负债基本相等,乙企业购买丙公司无须支付现金。

从乙企业经济上的可行性分析,方案3是首选,其次是方案1,最后是方案2。

综合考虑,无论是从合并企业的支付能力分析,还是从被兼并企业的税负承受能力分析,方案3对于并购双方来说都是较好选择。

第二节 不妨将"买十送二"改为"加量不加价"

一、案情简介

A公司生产山楂休闲食品、罐头、饮料三大类产品200多个品种,目前,公司的账面库存余额中有3 600万元为虚假库存。其中的2 000万元是企业搞促销"买十送二",在会计核算时只核算了10个的成本,余下2个没有做处理而形成虚的库存数;其余1 600万元(3 600−2 000)产生的原因是,企业采取预收货款方式销售产品发货后,未转相应的收入和销售成本而产生虚的库存数,企业的预收账款为1 600×(1+20%)×(1+13%)=2 169.60(万元)。该企业适用城建税7%,教育费附加5%(3%+2%),成本毛利率为20%,其中成本毛利率=(不含税销售收入−产品成本)÷产品成本。

(一) 买十送二部分的两个涉税问题

(1) 需缴纳增值税=2 000×(1+20%)×13%=312(万元)

(2) 需缴纳城建税与教育费附加=312×(7%+5%)=37.44(万元)

(3) 依据企业所得税法的规定:纳税人销售货物给购货方的折扣销售,可按折扣后的销售额计算征收所得税;纳税人销售货物给购货方的回扣,其支出不得在所得税前列支;企业将自产、委托加工和外购的原材料、固定资产、无形资产和有价证券用于捐赠,应分解为按公允价值视同对外销售和捐赠两项业务进行所得税处理。企业对外捐赠,除符合税收法律法规规定的公益救济性捐赠外,一律不得在税前扣除。

① 视同销售应缴企业所得税=2 000×20%×25%=100(万元)

② 因直接捐赠应补企业所得税=(2 000+312)×25%=578(万元)

③ 城建税及教育费附加可抵扣企业所得税=37.44×25%=9.36(万元)

需缴纳企业所得税=100+578-9.36=668.54(万元)

综合以上(1)(2)(3)项,对于 A 公司"买十送二"的部分:

合计应纳税款=312+37.44+668.64=1 018.08(万元)

(二) 预收账款部分涉税问题

依据增值税暂行条例和实施细则的规定:销售货物或者应税劳务的纳税义务发生时间,因销售结算方式的不同而不同,其中,采取预收货款方式销售货物,纳税义务的发生时间为货物发出的当天。根据企业合同签订情况,本月预收账款全部结转到主营业务收入,涉税问题计算如下:

(1) 需缴纳增值税=2 169.6÷(1+13%)×13%=249.60(万元)

(2) 需缴纳城建税与教育费附加=249.60×(7%+5%)=29.952(万元)

(3) 需缴纳企业所得税=(1 600×20%-29.952)×25%=72.512(万元)

综合以上(1)(2)(3)项,对于 A 公司预收账款部分:

合计应纳税款=249.60+29.952+72.512=352.064(万元)

A 公司"十送二"和预收账款两项合计缴税=1 018.08+352.054=1 370.144(万元)

二、案例筹划

企业"买十送二"的促销行为,可以更改为"加量不加价"的促销行为。

将销售额和折扣额在同一张销售发票上分别注明,可以依法从销售额中减除折扣额后计征增值税,将"送二产品"的成本计入产品销售成本,相应的进项税额亦可在税前扣除,如此可节约1 018.08万元的税款。

企业的预收款销售,可改为赊销方式,根据合同约定的收款时间结转销售收入。

即使在合同约定的收款期前已收到款,只要不开具发票,亦可不确认收入,从而获得税款的资金价值。

第三节 电力施工企业筹划方案如何"四选一"

一、案情简介

某国有控股集团公司下设两家独立核算的分公司,分别位于集团同省内的 A 市及 B 市。该集团及分公司主要从事电力施工安装、咨询等业务,并有若干子公司。某年,该集团预计能实现收入约 10 亿元(均为不含税收入),该集团合同采用包工包料的形式(其中,劳务费产值约为 4.9 亿元,设备费产值为 2.8 亿元,材料产值为 2.3 亿元),成本约为 8.83 亿元(其中,劳务成本为 3.95 亿元,含外包费用 1 亿元,设备成本为 2.67 亿元,材料成本为 2.21 亿元)。经初步了解,该公司具有四个特点。

(1) 公司拥有相对固定的客户,一般工程均由母公司承接,并由其签订总包合同,主体工程(施工安装部分)由分公司负责,设备、材料由控股子公司采购后卖给母公司。

(2) 总承包合同可以按需求分割为设备采购及提供建安劳务两部分,分别签订合同在理论上也是可行的。

(3) 工程所需设备材料,均由负责施工的分公司购买,没有自产设备材料。

(4) 工程所需的材料中,除总包合同中列明的设备材料外,客户还自行采购部分设备材料。

二、案例筹划

1. 第一种方案:分开纳税

《增值税暂行条例实施细则》规定,纳税人提供建筑业劳务的同时销售自产货物的行为,应当分别按照提供建筑劳务和销售货物缴纳税率为 9%、13%的增值税。由于该公司设备、材料均为外购,不满足自产条件,在总包的情况下,不能分开纳税。此外,提供建安服务和设备销售的对象均为建设方,此项行为是既涉及货物又涉及非应税劳务的混合销售行为,缴纳 9%的增值税。因此,分别核算的方案不可行。

2. 第二种方案:全额缴纳 13%的增值税

该公司将变成以销售为主、安装为辅的增值税一般纳税人,并能为客户提供增值税专用发票。此举对公司发展不利,该公司也不大可能考虑该方案。

3. 第三种方案:剥离设备、材料

由于该公司在行业中具有垄断地位,设备材料与安装工程的合同分别签订后,由该公司的控股子公司负责采购,然后由子公司向客户开具增值税专用发票。但是,分开签订合同后,该公司预计会失去 3%的毛利。

分离前,如果项目属于 2016 年 5 月 1 日前的老项目,则该公司增值税、城建税及教育费附加合计 0.30 亿元,其中:

增值税＝(10－1)×3％＝0.27(亿元)

城建税及教育费附加＝0.27×(7％＋5％)＝0.032 4(亿元)

毛利＝10－8.83－0.032 4＝1.14(亿元)

分离前,如果项目属于 2016 年 5 月 1 日后的新项目,该公司增值税、城建税及教育费附加合计 0.20 亿元,其中:

增值税＝10×9％－(2.67＋2.21)×13％－1×9％＝0.18(亿元)

城建税及教育费附加＝0.18×(7％＋5％)＝0.022(亿元)

毛利＝10－8.83－0.022＝1.15(亿元)

分离后,母公司收入为 4.9 亿元,成本为 3.95 亿元,外包费仍为 1 亿元。控股子公司接收剥离的设备、材料销售收入为 5.1 亿元,成本为 4.88 亿元。如果项目属于 2016 年 5 月 1 日前的老项目,母公司应缴增值税、城建税及教育费附加合计 0.13 亿元,其中:

增值税＝(4.9－1)×3％＝0.117(亿元)

城建税及教育费附加＝0.117×(7％＋5％)＝0.014 04(亿元)

控股子公司应缴增值税、城建税及教育费附加为 0.032 亿元,其中:

增值税＝5.1×13％－4.88×13％＝0.028 6(亿元)

城建税及教育费附加＝0.028 6×(7％＋5％)＝0.003 432(亿元)

母公司毛利＝(4.9－3.95－0.014 04)×(1－3％)＝0.91(亿元)

控股子公司毛利＝(5.1－4.88－0.003 432)×(1－3％)＝0.21(亿元)

分离后,如果项目属于 2016 年 5 月 1 日后的新项目,母公司应缴增值税、城建税及教育费附加合计 0.39 亿元,其中:

增值税＝4.9×9％－1×9％＝0.351(亿元)

城建税及教育费附加＝0.351×(7％＋5％)＝0.042 12(亿元)

控股子公司应缴增值税、城建税及教育费附加为 0.032 亿元,其中:

增值税＝5.1×13％－4.88×13％＝0.028 6(亿元)

城建税及教育费附加＝0.028 6×(7％＋5％)＝0.003 432(亿元)

母公司毛利＝(4.9－3.95－0.042 12)×(1－3％)＝0.88(亿元)

控股子公司毛利＝(5.1－4.88－0.003 432)×(1－3％)＝0.21(亿元)

两者相比较,分离后,若为老项目:

该公司毛利减少额＝1.14－(0.91＋0.21)＝0.02(亿元)

税负减少额＝0.30－(0.13＋0.032)＝0.14(亿元)

分离后,若为新项目:

该公司毛利减少额＝1.15－(0.88＋0.21)＝0.06(亿元)

税负增加额＝(0.39＋0.032)－0.20＝0.22(亿元)

4. 第四种方案：仅剥离设备

在签订合同时，母公司仍保留材料和劳务部分，设备采用由控股子公司提供。分开签订合同后，该公司预计会失去2%的利润空间(劳务材料部分)。

剥离设备后，母公司收入为7.2亿元，成本为6.16亿元，外包费仍为1亿元；控股子公司接收剥离的设备销售收入为2.8亿元，成本为2.67亿元。如果项目属于2016年5月1日前的老项目，母公司增值税、城建税及教育费附加合计0.208 32亿元，其中：

增值税＝(7.2－1)×3%＝0.186(亿元)

城建税及教育费附加＝0.186×(7%＋5%)＝0.022 32(亿元)

控股子公司应缴增值税、城建税及教育费附加为0.019亿元，其中：

增值税＝(2.8－2.67)×13%＝0.016 9(亿元)

城建税及教育费附加＝0.016 9×(7%＋5%)＝0.002 028(亿元)

母公司毛利＝(7.2－6.16－0.022 32)×(1－2%)＝1.00(亿元)

控股子公司的毛利＝(2.8－2.67－0.002 028)×(1－2%)＝0.13(亿元)

如果项目属于2016年5月1日后的新项目，母公司增值税、城建税及教育费附加合计0.30亿元，其中：

增值税＝7.2×9%－1×9%－2.21×13%＝0.270 7(亿元)

城建税及教育费附加＝0.270 7×(7%＋5%)＝0.032 484(亿元)

控股子公司应缴增值税、城建税及教育费附加为0.019亿元，其中：

增值税＝(2.8－2.67)×13%＝0.016 9(亿元)

城建税及教育费附加＝0.016 9×(7%＋5%)＝0.002 028(亿元)

母公司毛利＝(7.2－6.16－0.032 484)×(1－2%)＝0.99(亿元)

控股子公司的毛利＝(2.8－2.67－0.002 028)×(1－2%)＝0.13(亿元)

与不分离相比，分离设备后，若为老项目：

该公司毛利减少额＝1.14－(1.00＋0.13)＝0.01(亿元)

税负减少额＝0.30－(0.21＋0.02)＝0.07(亿元)

分离后，若为新项目：

该公司毛利减少额＝1.15－(0.99＋0.13)＝0.03(亿元)

税负增加额＝(0.30＋0.019)－0.20＝0.12(亿元)

从以上对各方案的分析可见，该公司采用混合销售方式按照提供建筑劳务缴纳增值税最为有利。

第四节 商场促销"满就送",何种方案税负轻

一、案情简介

某大型商场为增值税一般纳税人,企业所得税实行查账征收的方式。假定每销售100元商品,其平均商品成本为60元。年末,商场决定开展促销活动,拟定"满100送20"的方案,即每销售100元商品,送出20元的优惠。所有价格均为含税价。具体有五种选择。

(1) 顾客购物满100元,商场送8折商业折扣的优惠。
(2) 顾客购物满100元,商场赠送折扣券20元(不可兑换现金,下次购物可代币结算)。
(3) 顾客购物满100元,商场另行赠送价值20元礼品。
(4) 顾客购物满100元,商场返还现金"大礼"20元。
(5) 顾客购物满100元,商场送加量,顾客可再选购价值20元商品,实行捆绑式销售,总价格不变。

现假定商场单笔销售了100元商品,按以上各方案逐一分析其税收负担和税后净利情况(不考虑城建税和教育费附加等附加税费)。

二、案例筹划

1. 方案1:满就送折扣

这一方案下,企业销售100元商品,收取80元,只要在销售票据上注明折扣额,销售收入即可按折扣后的金额计算。假设商品增值税率为13%,企业所得税税率为25%,则:

应纳增值税 $= (80 \div 1.13) \times 13\% - (60 \div 1.13) \times 13\% = 2.30$(元)

销售毛利润 $= 80 \div 1.13 - 60 \div 1.13 = 17.70$(元)

应纳企业所得税 $= 17.70 \times 25\% = 4.43$(元)

税后净收益 $= 17.70 - 4.43 = 13.27$(元)

2. 方案2:满就送赠券

按此方案,企业销售100元商品,收取100元,但赠送折扣券20元。如果规定折扣券占销售商品总价值的比例不高于40%(该商场销售毛利率为40%,规定折扣券占商品总价40%以下,可避免收取款项低于商品进价),则顾客相当于获得了下次购物的折扣期权,商场本笔业务应纳税及相关获利情况为:

应纳增值税 $= (100 \div 1.13) \times 13\% - (60 \div 1.13) \times 13\% = 4.60$(元)

销售毛利润 $= 100 \div 1.13 - 60 \div 1.13 = 35.40$(元)

应纳企业所得税 $= 35.40 \times 25\% = 8.85$(元)

税后净收益 $= 35.40 - 8.85 = 26.55$(元)

但当顾客下次使用折扣券时,商场就会出现按方案 1 计算的纳税及获利情况,因此与方案 1 相比,方案 2 仅比方案 1 多了流入资金增量部分的时间价值而已,也可以说是"延期"折扣。

3. 方案 3:满就送礼品

此方案下,企业赠送礼品的行为应视同销售行为,应计算销项税额;同时,由于属于非公益性捐赠,赠送的礼品成本不允许税前列支(假设礼品的进销差价率同商场其他商品)。相关计算如下:

应纳增值税=(100÷1.13)×13%-(60÷1.13)×13%+[(20÷1.13)×13%-
(12÷1.13)×13%]=5.52(元)

销售毛利润=100÷1.13-60÷1.13-(12÷1.13+20÷1.13×13%)=22.48(元)

应纳企业所得税=[22.48+(12÷1.13+20÷1.13×13%)]×25%=8.85(元)

税后净收益=22.48-8.85=13.63(元)

4. 方案 4:满就送现金

商场返还现金行为亦属商业折扣,与方案 1 相比只是定率折扣与定额折扣的区别,相关计算同方案 1。

5. 方案 5:满就送加量

按此方案,商场为购物满 100 元的商品实行加量不加价的优惠。商场收取的销售收入没有变化,但由于实行捆绑式销售,避免了无偿赠送,所以加量部分成本可以正常列支,相关计算如下:

应纳增值税=(100÷1.13)×13%-(60÷1.13)×13%-(12÷1.13)×13%
=3.22(元)

销售毛利润=100÷1.13-60÷1.13-12÷1.13=24.78(元)

应纳企业所得税=24.78×25%=6.20(元)

税后净收益=24.78-6.20=18.58(元)

在以上方案中,比较方案 1 与方案 5。若再把 20 元的商品作正常销售,相关计算如下:

应纳增值税=(20÷1.13)×13%-(12÷1.13)×13%=0.92(元)

销售毛利润=20÷1.13-12÷1.13=7.08(元)

应纳企业所得税=7.08×25%=1.77(元)

税后净收益=7.08-1.77=5.31(元)

按上面的计算方法,方案 1 最终可获税后净收益为(13.27+5.31)=18.58(元),与方案 5 相等。若 20 元的商品仍作折扣销售,则两个方案的税后净收益还是有一定差距,方案 5 优于方案 1。此外,方案 1 的再销售能否及时实现具有不确定性,因此,还得考虑存货占用资金的时间价值。

综上所述,商场"满就送"的最佳方案为"满就送加量——加量不加价"的方式,其次为赠送折扣券的促销方式,再次为打折酬宾和返还现金的方式,最后,赠送礼品方案不可取。

第五节　充分利用所得税减免优惠

一、案情简介

王某准备从事农业开发与生产,注册成立了一人有限公司,系小规模纳税人(且符合小型微利企业条件),目前有两种方案可供选择。

方案1:王某承包滩涂800亩,从事水稻种植并进行稻米加工销售,2019年收获水稻39万千克,其中用于大米加工34万千克,直接销售5万千克,取得收入6万元。该企业平均出米率为70%,皮糠14%,稻壳13%,加工大米每千克耗电0.032千瓦小时,电价按0.735元/千瓦小时计算,加工每千克大米耗电0.023 52元。2019年,该企业销售大米23.8万千克,取得销售收入80.92万元。

方案2:2019年,该企业以1.10元/千克的价格收购水稻39万千克,其中大米加工34万千克,直接销售5万千克,取得收入6万元。该企业平均出米率为70%,皮糠14%,稻壳13%。加工大米每千克耗电0.032千瓦小时,电价按0.735元/千瓦小时计算,加工每千克大米耗电0.023 52元;人工费及其他耗用共计扣除34万元。销售大米23.8万千克,取得收入80.92万元;销售皮糠取得收入4.25万元;销售稻壳取得收入1.84万元。

二、案例筹划

方案1:水稻、大米属于"自产农业产品",销售收入可以免征增值税;稻谷种植、大米加工属"农产品初加工",按照所得税法规定可以免征企业所得税。因此,该企业这两项主体业务的税收负担为0。

方案2:王某是非"直接从事种植业、养殖业、林业、牧业、水产业的单位和个人",根据增值税法的规定,"单位和个人销售的外购的农业产品,以及单位和个人外购农业产品生产、加工后销售的仍然属于注释所列的农业产品,不属于免税的范围,应当按照规定税率征收增值税",王某不享受增值税税收优惠。"免税农林产品初加工业范围"中的"粮食初加工"是指"通过对小麦、稻谷、玉米、高粱、谷子以及其他粮食作物,进行淘洗、碾磨、脱壳、分级包装、装缸发制等加工处理,制成的成品粮及其初制品",并不包括糠麸等下脚料,因此,皮糠、稻壳等不属于"农产品初加工品",不享受企业所得税税收优惠。王某应纳增值税、城市维护建设税(税率假设为5%,以下同)、教育费附加、企业所得税(不考虑其他税费的影响)计算如下。

(1) 销售大米应纳增值税额=80.92÷(1+3%)×3%=2.356 9(万元)

销售水稻应纳增值税额=6÷(1+3%)×3%=0.174 8(万元)

销售皮糠、稻壳应纳增值税＝(4.25＋1.84)÷(1＋3％)×3％＝0.177 4(万元)
合计应纳增值税 2.709 1 万元。

(2) 应纳城市维护建设税＝2.71×5％＝0.14(万元)
(3) 应纳教育费附加＝2.71×3％＝0.08(万元)
(4) 应纳企业所得税＝(78.56＋5.83＋5.91－1.10×39－0.02×34－34－0.14－0.08)×25％×20％＝0.63(万元)

方案 2 的税负比方案 1 高的原因在于：方案 1 始终抓住"蔬菜、谷物、薯类、油料、豆类、棉花、麻类、糖料、水果、坚果的种植"和"农产品初加工"开展生产经营活动，充分利用增值税、企业所得税的免减税政策；方案 2 则因其是非"直接从事种植业、养殖业、林业、牧业、水产业的单位和个人"，尽管其生产、加工后销售的仍然属于注释所列的农业产品，但不属于增值税和企业所得税免税范围，因此，应当按照规定缴纳增值税、企业所得税等。

第六节　土地转让三种方式税负比较

一、案情简介

A 房地产开发商手中有 N 个房地产开发项目，其中有一地块在福州市，是于 2016 年 5 月 1 日之前购置的，原地价款为 4 000 万元，其余契税及出让印花税等不计，公司期间费用为零。现该地块市价为 8 000 万元，A 公司欲以 8 000 万元的价格转让该地块给 B 公司，有三种转让方式(暂不计土地过户的印花税)。

二、案例筹划

下面就 A 公司与 B 公司的土地转让，运用不同的转让方式对纳税情况进行分析计算，以选择最优节税方案。

1. 方案 1：直接办理土地交易转让
(1) A 公司应纳的各税：

应纳增值税＝(8 000－4 000)×5％＝200(万元)
应纳城建税及教育费附加＝200×(7％＋5％)＝24(万元)
土地增值税扣除项目金额＝4 000＋24＝4 024(万元)
土地增值额＝8 000－4 024＝3 976(万元)
增值率＝3 976÷4 024＝98.81％，因此，
应纳土地增值税＝3 976×40％－4 024×5％＝1 389.2(万元)
应纳企业所得税＝(8 000－4 000－24－1 389.2)×25％＝646.70(万元)

(2) B 公司应纳的各税：

契税税率为 3％，因此，B 公司应缴契税＝8 000×3％＝240(万元)。

综上计算，如采用土地直接转让交易，A 公司与 B 公司共须缴纳税款＝224＋1 389.2＋646.7＋240＝2 499.90(万元)。

2. 方案 2：生地变熟地后再办理交易转让

假设 A 公司将地块进行开发整理，投入建设费用 10 万元。

(1) A 公司应纳的各税：

$$应纳增值税额＝(8\,000－4\,000)×5\%＝200(万元)$$

$$应纳城建税及教育费附加＝200×(7\%＋5\%)＝24(万元)$$

按规定，对取得土地使用权后投入资金，将生地变为熟地转让的，计算其增值额时，允许扣除取得土地使用权时支付的地价款、交纳的有关费用和开发土地所需成本，加上开发费用的 10％，再加计开发成本的 20％以及在转让环节缴纳的税款。

$$土地增值税扣除项目金额＝(4\,000＋10)×1.3＋24＝5\,237(万元)$$

$$增值额＝8\,000－5\,237＝2\,763(万元)$$

$$土地增值率＝2\,763÷5\,237＝52.76\%$$

$$应纳土地增值税＝2\,763×40\%－5\,237×5\%＝843.35(万元)$$

$$应纳企业所得税＝(8\,000－4\,000－24－10－843.35)×25\%＝780.66(万元)$$

(2) B 公司应纳的各税：

$$应缴契税＝8\,000×3\%＝240(万元)$$

A 公司与 B 公司须缴税款＝224＋843.35＋780.662 5＋240＝2 088.01(万元)，比方案 1 的直接土地转让少缴税款 411.89 万元。

3. 方案 3：变土地转让为转让股权

假设 A 公司将地块开发整理，投入建设费用 10 万元。再用 10 万元现金注册一全资子公司 C，将已开发整理土地对全资子公司 C 进行增资，土地过户后将 C 公司 100％的股权以 8 010 万元直接转让给 B 公司。

(1) A 公司应纳的各税。A 公司投资转让土地不征收增值税，根据规定，以无形资产、不动产投资入股，参与接受投资方利润分配，共同承担投资风险的行为，不征收增值税。

财政部、国家税务总局《关于土地增值税若干问题的通知》(财税〔2006〕21 号)第五条规定，对于以土地(房地产)作价入股进行投资或联营的，凡所投资、联营的企业从事房地产开发的，或者房地产开发企业以其建造的商品房进行投资和联营的，均不适用《财政部、国家税务总局关于土地增值税一些具体问题规定的通知》(财税字〔1995〕48 号)第一条暂免征收土地增值税的规定。因此，A 公司应缴纳土地增值税。

$$土地增值税可扣除项目金额＝(4\,000＋10)×1.3＝5\,213(万元)$$

土地增值额=8 000-5 213=2 787(万元)

土地增值率=2 787÷5 213=53.46%

应缴土地增值税=2 787×40%-5 213×5%=854.15(万元)

A公司应缴企业所得税=(8 000-4 000-10-854.15)×25%
=783.46(万元)

(2) B、C公司应纳的各税。《财政部税务总局关于继续支持企业事业单位改制重组有关契税政策的通知》(财税〔2018〕17号)的规定,公司制企业在重组过程中,以名下土地、房屋权属对其全资子公司进行增资,属同一投资主体内部资产划转,对全资子公司承受母公司土地、房屋权属的行为,不征收契税。同时,如果两个以上公司合并,且原投资主体存续的,对其合并后的公司承受原合并各方的土地、房屋权属,免征契税,所以B、C公司无须交纳契税。

另外,由于A公司将C公司100%的股权作价8 010万元转让给B公司,根据规定,对股权转让,不征收增值税,对无股权转让所得也不征企业所得税。

因此,A公司将土地对全资子公司进行增资,再将公司股权全部转让,应税总额=854.15+786.46=1 640.61(万元)。

根据上述分析,方案1中,A公司直接转让土地,A公司、B公司总应缴税款为2 499.90万元;方案2中,A公司将地块开发整理再行转让,A公司、B公司须上缴税款2 088.01万元;方案3中,公司先开发整理土地,再用土地注册公司,然后以转让公司股权的形式转让土地,总税负为1 640.61万元。显然,方案3为最优。

第七节 委托加工的税收筹划

一、案情简介

某市一家商行是增值税一般纳税人,从事印刷纸张及辅料的批发、零售业务,没有印刷设备和从事印刷生产的能力。2019年10月,该市税务部门对这家企业进行税务稽查时发现,该商行为了招揽生意,将其印刷纸张、辅料等商品赊销给一些小印刷厂或经营中间人。这些小印刷厂、中间人将赊购的材料加工为印刷成品后,出售给第三方购货人,再由该商行为第三方购货人代开赊销商品金额范围之内的增值税专用发票(因小印刷厂、经营中间人不具备增值税一般纳税人资格而不能使用增值税专用发票),发票上的货物名称为印刷品。第三方购货人将货款直接以银行转账的方式支付给该商行,抵减小印刷厂、中间人原先赊欠的货款。不足或超出的货款,由该商行直接向小印刷厂、经营中间人收取或以货补足差额。

该商行在此项业务的财务处理中,在记账凭证上记录销售印刷纸张、辅料等商品收入,记账凭证附件中则附有代开的增值税专用发票和出售印刷纸张、辅料等商品的相关原始资料,记账凭证中所计提的增值税销项税额与所附的增值税专用发票的销项税额一致。并且,该商行每月向当地税务部门申报的纳税资料中,都有为他人虚开代开增值税专用发票的销项税额和其他具体、详细的明细资料。

最终,该市税务部门认定,该商行在 2019 年 1 月至 9 月期间,有为他人虚开、代开 398 份增值税专用发票的违法事实。虚开专用发票的票面金额为 118.77 万元,销项税额为 15.44 万元。税务部门作出了按票面所列货物的适用税率全额补征增值税款 15.44 万元、加收滞纳金 4 万余元和处以一定数额罚款的处理。同时,税务部门也对此案涉及的小印刷厂、经营中间人进行了立案检查,查补增值税款 7.6 万元,加收滞纳金并处以了一定数额的罚款。

其实,如果该商行一开始从税收筹划的长远眼光出发,在经营此项业务之前,采用符合税法规定的委托加工方式进行详细周到的策划,不仅不会出现上述涉税法律风险,还可以招揽生意,进一步把企业做大做强,甚至还会降低企业所得税的税负。

二、案例筹划

小印刷厂接受第三方购货人的加工印刷业务后,只须先与该商行协商妥当利益分配,将此加工业务转让给该商行。小印刷厂再与该商行签订委托加工合同,由商行提供主要的印刷纸张、辅料等原材料,并委托小印刷厂进行此项业务产品的印刷加工。完工后,由商行提货再发送给第三方购货人,由商行开具增值税专用发票给第三方购货人,并及时收回货款。

小印刷厂因不具备增值税一般纳税人资格,可直接到当地税务部门申请代开 3% 的增值税专用发票给商行,收取加工费或经营业务利益。

这样,商行不仅不会做出虚开代开发票的涉税违法行为,还可享受抵扣加工费 3% 的进项税额,并增加准予企业所得税前扣除的经营成本,降低所得税负担。同时,小印刷厂也无须承担商行所提供的印刷纸张、辅料等货物这部分收入的税收负担,更减少了企业所得税(或个人所得税)的应税收入。

该商行在 2019 年 1 月至 10 月,为他人虚开代开 398 份增值税专用发票(以下简称前者),价税合计 134.21 万元,其中,商行提供的印刷纸张、辅料等原材料计 93.947 万元,小印刷厂提供的加工费及辅助性材料计 40.263 万元。如果该商行采用委托加工方式(以下简称后者)进行此项业务经营,有以下三个明显的效果。

1. 增值税方面筹划前后的对比

(1) 小印刷厂前者应纳增值税 $=134.21\div(1+3\%)\times3\%=3.9090$(万元),后者应纳增值税 $=40.263\div(1+3\%)\times3\%=1.1727$(万元),两者差异税额为 2.7363 万元。同时,前者还要承担所偷税额 50% 至 5 倍以下的罚款,而后者没有任何涉税违法风险。

(2) 商行前者应纳增值税额 $=[134.21\div(1+13\%)\times13\%]-[93.947\div(1+13\%)\times13\%]=4.6320$(万元),后者应纳增值税额 $=4.6320-1.1727=3.4593$(万元),两者差异税额为 1.1727 万元。同时,前者要承担涉税违法行为的责任并被处以一定数额的罚款,而后者没有任何涉税违法风险。

2. 企业所得税方面筹划前后的对比

(1) 小印刷厂前者应纳企业所得税(或个人所得税)的收入总额=134.21÷(1+3%)=130.301(万元),后者应纳企业所得税(或个人所得税)的收入总额=40.263÷(1+3%)=39.0903(万元),两者应纳税收入差异数额为91.2107万元,并且前者还要承担涉税违法风险。

(2) 商行前者应纳税所得税(或个人所得税)的收入总额=134.21÷(1+13%)=118.77(万元),后者应纳企业所得税(或个人所得税)的收入总额=93.947÷(1+13%)=83.14(万元),两者差异数额为35.63万元,同时前者还要承担涉税违法风险。

采用委托加工方式筹划,明显规范了商行、小印刷厂和第三方购货人三者之间的财务核算,也避免了第三方购货人因取得虚开代开增值税专用发票而进项税额不允许抵扣所造成的损失,为企业合法经营、做大做强创造了有利条件。

当然,在具体操作筹划方案时,一定要谨慎细微,既要懂税法的具体规定又要熟悉业务经营,不能出现丝毫差错,否则会得不偿失。

第八节 房地产销售筹划:比税负,更要比收益

一、案情简介

某外商投资房地产企业甲为了扩大销售,委托境外企业乙在境外包销其房产。根据合同的约定,双方就所包销的房产办理了产权转移手续,由乙企业以自己的名义向境外购房者销售。某季度,双方以1000万元的价格签订了15套房子的包销合同,乙企业在境外实现的销售额为1200万元。该项目属于2016年5月1日前的老项目。双方主要涉税事项包括四个方面。

(1) 增值税。甲企业应按"销售不动产"缴纳增值税,应缴纳增值税=1000×5%=50(万元);乙企业因其所销售的不动产在境内,所以应就所包销房产在境外的销售额缴纳增值税,乙企业应缴纳增值税=(1200-1000)×5%=10(万元)。

(2) 契税。甲、乙双方在履行包销合同时办理了产权转移手续,因而乙企业作为境内房地产的"承受者",应当缴纳契税,假设当地契税税率为3%,则乙企业应纳契税=1000×3%=30(万元);同时,在乙企业向境外购房者销售房地产时,境外购房者作为该境内房地产的"承受者",仍须缴纳契税36万元(1200×3%)。

(3) 土地增值税。假设甲企业扣除项目金额合计600万元(含城建税等税金),增值额=1000-600=400(万元),增值额与扣除项目金额之比为67%,则应纳土地增值税=400×40%-600×5%=130(万元);假设乙企业扣除项目金额为1040万元,增值额为160万元,与扣除项目金额之比为16%,则乙企业应缴土地增值税=160×30%=48(万元)。

(4) 企业所得税。甲企业以包销价格1000万元作为销售收入,减去相关的成本、费用

后作为应税所得,缴纳企业所得税;乙企业的该项包销业务属于境外企业转让我国境内财产的性质,其取得的境内房地产转让收益应缴纳企业所得税。乙企业转让收益＝1 200－1 000－30－48＝122(万元),应缴纳所得税＝122×10％＝12.2(万元)。

二、案例筹划

甲企业的税务顾问认为,在这种包销形式下,所包销的房屋经过了两道流转环节,相应地对于包销对象——房屋所涉及的增值税、契税、土地增值税,都得经过两个纳税环节。同时,在这种包销形式下,乙企业还得就其房产转让收益缴纳所得税。于是,税务顾问提出了自己的方案,建议甲乙双方在签订销售协议时,约定一定期间内乙企业在境外应销售的房地产数量,乙企业按约定价格向境外购买者销售,甲企业支付 8.4％的佣金。在规定销售期内乙企业仍未销售的房地产,由其以包销价格向甲企业购买。

假设某季度双方签订了 15 套房地产的销售合同,约定销售价格为 1 200 万元。规定期内,乙企业将所销的房地产全部销售完毕,取得佣金 100.8 万元。双方主要涉税事项包括四个方面。

(1) 增值税。根据规定,从事房地产业务的外商投资企业与境外企业签订房地产代销、包销合同或协议,委托境外企业在境外销售其位于我国境内房地产的,应按境外企业向购房人销售的价格,作为其销售收入,计算缴纳增值税和企业所得税。所以,甲企业应纳增值税为 60 万元(1 200×5％);乙企业所提供的劳务发生在境外,但接受方甲在境内,所以该项劳务交增值税为 6.05 万元(1 200×8.4％×6％)。

(2) 契税。双方履行包销协议时,并没有发生房屋产权的转移,所以乙企业不用缴纳契税,只需在向境外购买者销售房产时,由境外购买者缴纳契税 36 万元(1 200×3％)。

(3) 土地增值税。甲企业扣除项目金额约为 700.8 万元(与原方案相比,扣除项目中增加佣金 100.8 万元),增值额＝1 200－700.8＝499.2(万元),增值额与扣除项目金额之比为 71.23％,应纳土地增值税＝499.2×40％－700.8×5％＝164.64(万元)。乙企业未以自己的名义销售房地产,不涉及土地增值税。

(4) 所得税。甲企业应以乙企业在境外的销售价格 1 200 万元作为计算所得税的依据,其支付给乙企业的佣金,经主管税务机关审核确认后,可作为外商投资企业的费用列支,但实际列支的数额不得超过销售收入的 5％。甲企业支付的佣金超过销售收入的 5％的部分不可在税前扣除。与原方案相比,增加应纳税所得额＝[(1 200－1 000)－(164.64－130)－1 200×5％]＝105.36(万元),适用税率 25％,因此,要多交所得税 26.34 万元(105.36×25％)。乙企业作为境外企业,其所得来源于中国境内,应缴纳所得税＝1 200×8.4％×10％＝10.08(万元)。

甲企业税负增加额＝[(60－50)＋(164.64－130)＋26.34]＝70.98(万元),同时,税后收益比原方案的增加额＝[(1 200－1 000)－(164.64－130)－26.34]＝139.02(万元),乙企业的所得税和税后收益未变。

从以上计算的对比分析看,采用税务顾问的方案,对于甲企业而言,虽然总体税负有所增加,但同时也增加了税后收益,乙企业税后净收益没有变化。

第九节 租赁还是销售需算细账

一、案情简介

A企业是一个拥有8个子公司的中型企业集团,为了便于管理并减少费用支出,集团决定各子公司与母公司集中办公,为此,母公司建造了一幢价值为7 000万元(其中土地价值2 000万元,其余全部为允许在土地增值税前扣除的房产建造成本费用),于2016年5月1日前完工的办公楼,集团各成员企业(含母公司)均为盈利企业且都适用25%的所得税率。在都按公开市场价格交易的前提下,目前有两个方案可供选择:一是由母公司向各子公司出售办公楼;二是各子公司向母公司租赁办公场地。下面就上述两个方案对集团税负的不同影响作一讨论。

二、案例筹划

方案1:集团母公司按照市场价格将成本为7 000万元的办公楼出售给各子公司,集团母公司取得销售收入8 400万元。这时,A集团母公司将办公楼出售的行为从现行税法来看,属于自建后对外销售的行为。因此,母公司应纳增值税=8 400×5%=420(万元),城建税及教育费附加=420×12%=50.4(万元),印花税=8 400×0.5‰=4.2(万元)。土地增值率=(8 400−7 000−50.4−4.2)÷(7 000+50.4+4.2)×100%=19.07%,未超过20%,但由于出售的是写字楼且集团母公司不是房地产开发公司,因此,须缴纳土地增值税=1 345.5×30%=403.62(万元)。若不考虑其他因素的影响,则:母公司将因此而增加的发生当期的所得税=(8 400−7 000−50.4−4.2−403.62)×25%=235.45(万元)。母公司上述交易行为的总税负为1 113.67万元。

各子公司合计需承担的税负为契税=8 400×3%=252(万元),印花税为4.2万元,不考虑过户费、手续费及其他费用,上述房产作为固定资产的入账价值为8 656.2万元。房产税依照房产原值一次性减除10%~30%后的余值计算缴纳,当地省级政府确定的减除比例为30%。则A企业集团各子公司办公楼每年的房产税合计为70.56万元(8 400×70%×1.2%)。

办公用房的使用年限按50年计算,则:

每年因交易而增加的固定资产折旧=(8 400−7 000+252+4.2)÷50
=33.12(万元)(不计残值)

增加的房产税=(8 400−7 000)×70%×1.2%=11.76(万元)

可抵免所得税=(33.12+11.76)×25%=11.22(万元)

50年因交易而须缴纳的房产税折算成现值=70.56×15.76
=1 112.16(万元)

抵减的所得税折算成现值=11.22×15.76=176.84(万元)(折现率6%)

子公司该项业务50年的税负总现值=252+4.2+1 112.16-176.84=1 191.52(万元)

所以,A企业集团在上述业务中的税负总现值为1 997.37元。

方案2：A企业母公司将上述办公楼租赁给各子公司使用,租赁期与房屋的使用年限一致,确定为50年,租赁期满后房产仍归母公司所有,租金按公开市场原则确定,每年共计为640万元。则该交易行为中,A企业母公司每年增值税=640×9%=57.60(万元),城建税及教育费附加=57.6×12%=6.91(万元),房产税=640×12%=76.80(万元),印花税=640×0.1%=0.64(万元),所得税(不考虑其他因素的影响)=(640-6.91-76.80-0.64)×25%=138.91(万元)。由于在方案1的讨论中考虑了因内部交易而增加的房产原值折旧及房产税对所得税抵免的影响,这里不再考虑房产折旧对所得税抵免的影响。故而A企业母公司在出租办公楼这一交易过程中每年的总税负为280.86万元,50年总税负折算成现值为4 426.95万元。这过程中,各子公司每年只有印花税0.64万元;同时,由于支付的办公楼租金可以在税前扣除,每年可抵免所得税=640×25%=160(万元)。上述两项折算成50年的现值分别为10.09万元和2 521.90万元,实际税负现值为负2 511.81万元。因此,A企业集团在方案2中的总税负折算成现值=4 426.95-2 511.81=1 915.14(万元)。

比较方案1和方案2可以看出,采用租赁方式可以给A企业集团在今后50年内带来现值为82.23万元(1 997.37-1 915.14)的节税效益。从企业集团的整体来看,无论是将办公楼出售还是租赁给各子公司使用,都不能给集团带来真正的经济效益,只不过是各种资源在集团内部的重新分配和调整,而在交易过程中承担的税负却是实实在在的资源流出。因此,交易过程中总体税负的高低就成了评价方案优劣的唯一经济标准,因而,方案2优于方案1。

当然,在具体的方案选择过程中也要考虑别的因素的影响,首先是母公司及子公司的盈利水平和盈利能力。如果子公司中始终有部分公司甚至全部为亏损,而母公司每年始终为盈利,或者相反,则必然会影响方案的选择。其次,还要考虑租金水平与销售价格水平的配比是否合理,折现率的高低及成员企业所得税率的差别等,这些都会影响方案的实施效果。总之,集团公司在确定内部交易方式时,要综合考虑对集团总体税负的影响,从中选出最佳方案,从而使承担的税负最低,达到企业利益最大化的目的。

第十节 吸引人才,如何提供住房

一、案情简介

某内资企业于2018年12月高薪引进一名技术人员梁某。梁某每月的工资报酬为3万元。为了保证梁某能够发挥其聪明才智,为企业服务,企业与梁某协商,为梁某在市中心购置价值60万元的商品房一套,但前提条件是梁某必须为企业服务6年,如果未满6年,则企业收回房产。另外,按照市场发展趋势估算,6年后,该商品房价值将会升值至110万元。

面对这样的情况,企业实际上有三种方案可供选择。

方案1:企业直接出资购买商品房,所购房屋发票和产权证均填写梁某姓名,6年后,房产归梁某所有。

方案2:以企业的名义购置商品房,所购房屋发票和产权证上均为企业,6年后,企业再将房产赠与梁某。赠与时的房屋评估价格为80万元。

方案3:由梁某写具借条后向企业借钱60万元,由梁某购置商品房,所购房屋发票和产权证均填写梁某姓名。同时,企业以年终一次性奖金的形式在6年内按每年10万元将60万元房款支付给梁某。

从税收筹划角度,企业应采取哪种方案?

二、案例筹划

1. 方案1

梁某应当在取得该商品房时,将其价值与当年工资收入合并,计算缴纳个人所得税。假设无专项扣除额。

在取得房产当年应纳的税款 = (600 000 + 30 000 × 12 − 5 000 × 12) × 35% − 85 920
= 229 080(元)

6年中其他5年合计须缴纳个税 = [(30 000 × 12 − 5 000 × 12) × 20% − 16 920] × 5
= 215 400(元)

6年中梁某合计缴纳个税 = 229 080 + 215 400 = 444 480(元)

在该方案下,由于是以个人名义购置商品房的,对企业来说,这一部分支出是不能在所得税税前列支的,而只能用税后利润支付,因而对企业来说,不能减少任何的所得税应纳税额。

6年中,企业与个人负担的税款合计为444 480元。

2. 方案2

梁某不用缴纳任何的个人所得税,因为按照现行的个人所得税法律和政策的规定,个人获赠房产是不用缴纳个人所得税的。但是,梁某每年取得的工资、薪金须按照规定计算缴纳个税。

6年中,合计应当缴纳个税 = [(30 000 × 12 − 5 000 × 12) × 20% − 16 920] × 6
= 258 480(元)

由于该房产是以企业名义购置的,企业除了可以计提固定资产折旧之外,在将房产赠与给梁某时又会多出视同销售的税收义务,进而增加税收负担。

假设房产残值为0,那么,6年中企业可以计提的折旧为180 000元(600 000 ÷ 20 × 6)。为此,企业将少缴纳企业所得税。假设其适用税率为25%,则少纳税额为45 000元(180 000 × 25%)。

企业将房产赠与给梁某,按照增值税政策的规定,应当视同销售不动产。

应纳增值税＝1 100 000×9％－600 000×9％＝45 000

城建税和教育费附加＝45 000×(7％＋5％)＝5 400元

按照土地增值税的规定,企业将房产赠与梁某时,须计算缴纳土地增值税。允许扣除的税金为城建税、教育费附加计5 400元以及印花税550元(1 100 000×0.5‰)。

扣除项目金额合计＝(600 000＋5 400＋550)＝605 950(元)

增值额＝(1 100 000－605 950)＝494 050(元)

增值率＝494 050÷605 950＝81.53％

应纳土地增值税＝494 050×40％－605 950×5％＝167 322.5(元)

同时,按照企业所得税政策的规定,企业将房产赠与给梁某时按照视同销售不动产确认应纳税所得。

应纳企业所得税＝[1 100 000－(600 000－180 000)－5 400－550－167 322.5]×25％
＝126 681.875(元)

企业为此而发生的税额合计＝45 000＋5 400＋550＋167 322.5＋126 681.875
＝344 954.375(元)

6年中企业与个人所负担的税款总计＝258 480＋344 954.375＝603 434.375(元)

3. 方案3

梁某每年取得10万元的年终一次性奖金时须按照规定计算缴纳个人所得税。

2019—2021年缴纳的个人所得税＝(100 000×10％－210)×3＝29 370(元),后3年年终奖并入综合所得缴纳个人所得税。

2019—2021年,梁某工资薪金缴纳个税＝[(30 000×12－5 000×12)×20％－16 920]×3＝129 240(元)

2021—2023年,梁某工资薪金缴纳个税＝[(30 000×12－5 000×12＋100 000)×25％－31 920]×3＝204 240(元)

6年合计应纳税额＝29 370＋129 240＋204 240＝361 850(元)

而且,由于是以个人名义购置房产的,房产不可能作为企业的资产计提折旧。但是,由于企业以奖金的形式向梁某支付房款,该部分奖金也成为工资总额的组成部分。该部分支出可以在税前扣除。为此,企业可以少缴纳所得税15万元。

比较3种方案后,不难发现,方案2的总体税收负担水平最重,方案1次之,税收负担最轻的则是方案3。

第十一节 捐 赠 筹 划

一、案情简介

甲公司的邻近地区前不久发生地震,公司全体干部职工从报纸、电视等媒体上了解到,地震灾区人民正在奋力建设新的家园,但因倒塌房屋较多,人民生活仍较为艰苦,于是公司干部职工纷纷要求捐款、捐物。公司经董事会讨论,拟通过当地民政局捐款180万元。

公司因成立时间不长,正处于成长期,2019年,其财务预算预计利润总额为1 000万元(未考虑该捐赠因素)。公司职工人数为700人,人均每月发工资3 000元。公司适用的企业所得税率为25%,假定无其他纳税调整因素。公司应如何捐赠呢?

二、案例筹划

方案1:公司如通过当地民政局捐款100万元,在年度利润12%以内的部分,准予扣除。税前扣除标准=1 000×12%=120(万元),公司将纳税所得调增为60万元(180-120),多缴企业所得税为15万元(60×25%)。

方案2:如果公司通过向职工人均多发工资1 000元,职工自愿人均捐款1 000元,700名职工捐款70万元,而公司只捐赠110万元,则公司和公司职工合计捐款=70+110=180(万元)。

公司捐赠110万元,无须纳税调增。职工人均多发工资1 000元,工资总额增加700 000元(700×1 000),如果能被税务机关认为是合理的工资水平,则也无须调整所得。较方案1中公司全部直接捐赠的方式,可少缴企业所得税15万元。

至于职工个人所得税方面,根据税法有关规定,个人将其所得通过中国境内的社会团体、国家机关向教育和其他社会公益事业以及遭受严重自然灾害地区、贫困地区捐赠,捐赠额未超过纳税义务人申报的应纳税所得额30%的部分,可以从其应纳税所得额中扣除(有些特殊项目的捐赠扣除比例不同)。

公司在扣除按当地规定比例确定的住房公积金(月人均300元)和养老保险金(月人均100元)等之后,实发2 600元工资,无须缴纳个人所得税。

不过,值得注意的是,须在工资发放时直接用于捐赠(工资实发数是扣除捐赠后余额),若在工资发放后再用现金捐赠,则不好认定。

本 章 小 结

纳税人在生产经营过程中往往涉及多个税种,因此,税收筹划就不能仅着眼于个别税种,而须把税收筹划放在一个企业的具体生产经营过程的大环境中来分析探讨。本章对税收筹划综合案例的分析点评,主要结合纳税人涉及的增值税、城建税及教育费附加、企业所得税、个人所得税以及其他税种进行方案的比较和选取,尽量覆盖现行税制中税种的筹划方法技巧。当然,税收负担和经济效益受诸多因素影响,并不能简单量化,因此,税收筹划的思路也不是一成不变的,要随着经济形势的变化,适时调整。

练 习 题

1. 如何进行企业的合并、分立的税收筹划?

2. 企业在生产经营过程中进行税收筹划的立足点是什么？主要围绕哪些方面进行安排？

3. 企业为了吸引人才，往往采取优厚待遇，在税收筹划时应注意哪些方面？

参 考 文 献

1. 盖地.税务筹划学.6版.北京：中国人民大学出版社,2018.
2. 盖地.税务会计与纳税筹划.14版.大连：东北财经大学出版社,2019.
3. 葛惟熹.国际税收学.4版.北京：中国财政经济出版社,2007.
4. 黄凤羽.税收筹划策略、方法与案例.3版.大连：东北财经大学出版社,2014.
5. 计金标.税收筹划.6版.北京：中国人民大学出版社,2016.
6. 李大明.税收筹划.北京：中国财政经济出版社,2005.
7. 刘蓉.税收筹划.北京：高等教育出版社,2015.
8. 梁云凤.所得税筹划策略与实务.北京：中国财政经济出版社,2002.
9. 梁俊娇.税收筹划.6版.北京：中国人民大学出版社,2017.
10. 倪俊喜.税收筹划学.天津：天津大学出版社,2007.
11. 宋效中.企业纳税筹划.北京：机械工业出版社,2008.
12. 童锦治.税收筹划.北京：科学出版社,2017.
13. 汪华亮.企业税务筹划与案例解析.4版.上海：立信会计出版社,2018.
14. 王乔,姚林香.中国税制.3版.北京：高等教育出版社,2018.
15. 伊虹.纳税筹划.北京：清华大学出版社,2014.
16. 应小陆,姜雅净.税收筹划.上海：上海财经大学出版社,2018.
17. 张中秀.税收筹划教程.北京：中国人民大学出版社,2011.
18. 中国注册会计师协会.2019年注册会计师全国统一考试辅导教材(税法).北京：中国财政经济出版社,2019.

图书在版编目(CIP)数据

税收筹划教程/姚林香,席卫群主编. —3 版. —上海:复旦大学出版社,2019.9
(复旦博学. 财政学系列)
ISBN 978-7-309-14608-0

Ⅰ.①税… Ⅱ.①姚…②席… Ⅲ.①税收筹划-高等学校-教材 Ⅳ.①F810.423

中国版本图书馆 CIP 数据核字(2019)第 204814 号

税收筹划教程
姚林香 席卫群 主编
责任编辑/方毅超 李 荃

复旦大学出版社有限公司出版发行
上海市国权路 579 号 邮编:200433
网址:fupnet@fudanpress.com http://www.fudanpress.com
门市零售:86-21-65642857   团体订购:86-21-65118853
外埠邮购:86-21-65109143
上海崇明裕安印刷厂

开本 787×1092 1/16 印张 13.25 字数 298 千
2019 年 9 月第 3 版第 1 次印刷

ISBN 978-7-309-14608-0/F·2619
定价:34.00 元

如有印装质量问题,请向复旦大学出版社有限公司发行部调换。
版权所有 侵权必究